极地科普系列

北极航道

改变世界的未来

Arctic Passage

余春一 编著

上海交通大學出版社
SHANGHAI JIAO TONG UNIVERSITY PRESS

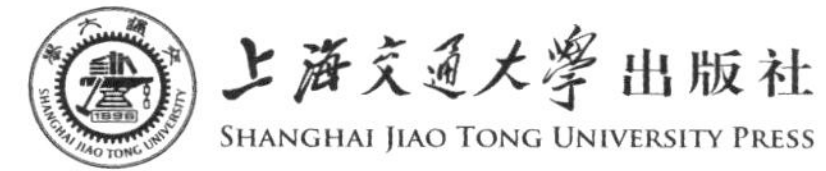

内容提要

本书介绍了北极的古老传说以及北极地区的生态环境，阐述了北极航线的战略价值以及各国对其的展望；描述了古往今来，人类寻找北极航道前赴后继、可歌可泣的史实，数以千计的探险家进入北极地区，与酷寒、黑夜、饥饿和疾病展开了艰苦卓绝的斗争，全景式地表现了他们的悲壮事迹和开辟北极航道的全过程。

本书旨在向社会各界普及北极知识，了解北极的发展与未来；本书适合关注、研究北极的相关人员阅读参考。

图书在版编目（CIP）数据

北极航道：改变世界的未来/余春编著. —上海：上海交通大学出版社，2021

ISBN 978-7-313-24050-7

Ⅰ. ①北…　Ⅱ. ①余…　Ⅲ. ①北极—航道

Ⅳ. ①U612.32

中国版本图书馆 CIP 数据核字（2021）第 028586 号

北极航道：改变世界的未来

BEIJI HANGDAO：GAIBIAN SHIJIE DE WEILAI

编　　著：余　春

出版发行：上海交通大学出版社　　地　　址：上海市番禺路 951 号

邮政编码：200030　　电　　话：021-64071208

印　　制：常熟市文化印刷有限公司　　经　　销：全国新华书店

开　　本：880mm×1230mm　1/32　　印　　张：9.5

字　　数：218 千字

版　　次：2021 年 5 月第 1 版　　印　　次：2021 年 5 月第 1 次印刷

书　　号：ISBN 978-7-313-24050-7

定　　价：68.00 元

丛书编委会

作者简介

余春，毕业于清华大学自动控制专业，进修于中山大学研究生院现代文学专业。曾任《海军装备》杂志总编辑、编审、大校军衔、专业技术四级；第三届中国期刊协会理事，广东省作家协会会员，海军兵种指挥学院客座教授，海军飞行安全管理专家，武器装备管理专家，资深编辑。

长期坚持文学创作、撰写科技文章、举办专题讲座，从事武器装备的发展研究，尤其在高科技装备的风险管理研究领域成果显著。出版作品涉及文学和科技多个领域。二十余次获得军内外文学创作奖和军队科技进步奖，三次被评为海军先进出版工作者，三次荣立三等功。

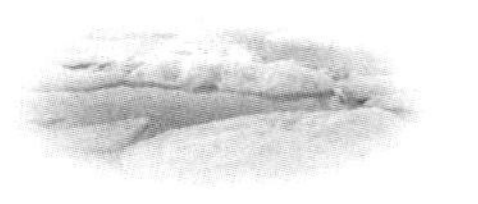

序

记得儿时第一次上地理课时，老师教我们看地图，熟悉地球的方向，“上北下南，左西右东”，地球围绕地轴转动，地轴的两端便是被冰雪覆盖的两极地区，那是世界的尽头。

那时，我们好奇地问老师：“为什么凶猛的北极熊从不伤害可爱的企鹅?”老师说，它们生活在不同的地方，南极的代表性动物是企鹅，北极的代表性动物是北极熊。据说北极早年也曾有一种企鹅，但后来灭绝了。这样一来，便成了南极没有北极熊，北极也不见企鹅的踪影，自然，北极熊就无法去伤害企鹅了。

从那时起，笔者便有了自己的理想——立志当一名海洋学家去探索极地的奥秘，这些都深深地影响了笔者的人生，与那茫茫的海洋，冰天雪地的极地结下了不解之缘，以至于到了“七十而从心所欲”之年，依然保持着儿时对极地的那颗好奇心。

人类对极地的探索由来已久。当你从北极点踏出一步，不管是朝哪个方向，这一步都是向南的，没有东西之分。站在北极点，不禁胆寒，脚下看似是被冰雪覆盖的陆地，实则不然，那其实是海冰。茫茫冰封的北极环境恶劣，极端的气候让人望而生畏。北极是一片海洋，周围环绕的是陆地；而南极却是一块大陆，周围环绕的是海洋。这一根本的区别导致了它们很大的不同。南极是世界的风极，连绵不断的大风也能导致极度的寒冷；南极拥有世界上最大的冰盖，使之成为世界上第一大“冷源”。南极境内没有一个国家，也不属于任何一个国家。北极并不如此，挪威、丹麦、加拿大、美国、俄罗斯、芬兰、冰岛、瑞典等国家的领土都伸入北极圈。

地球尽头的两极，是地球上至今未被开发、未被污染的洁净之地，蕴藏着无数的科学之谜和信息，隐藏着时光遗留的密码；是时间和空间变换出的魔方，是探险、科学研究和实验的圣地；是与全球环境变化、经济可持续发展、人类的生存和命运休戚相关的最后疆土。

地球的南北两极，蕴藏着丰富的资源。从亿万年的冰封之地到今天能源开发的热土，加之便利的航道以及得天独厚的战略位置，极地已成为全球关注的热点。透明极地、安全极地、生态极地、科技极地、智慧极地、人文极地是极地未来的发展方向。

在世界航海史上，哥伦布发现美洲新大陆开辟了人类“大航海时代”。如果北极航道全面开通，将是继哥伦布 1492 年的地理大发现后拉开的人类“新航海时代”的帷幕。大航海时代彻底改变了欧洲、美洲人的命运；新航海时代，必将改变全人类的命运。

目前，世界发达国家大多处于北纬 30°与北纬 60°之间，这个地带生产了当今世界 80％的工业产品，占据了 70％的国际贸易。随着北极航道的开通，这些国家的海运将逐渐放弃走传统绕大圈的大西洋、印度洋、太平洋航道，可改道直接走北极航道，极大缩短了运输距离、时间，节省了成本。北极航道将是世界上最繁忙的航道，它的开通将改变世界贸易格局，成为“国际海运新命脉”。世界上 80％的海运都集中在北纬 30°与北纬 60°之间的国家，影响着整个世界的经济和地缘政治格局。它在告诉未来，“新的历史，人类未来的希望在极地。”

北极离我们并不遥远，在中国的传说中，大禹派天神竖亥用脚步测量过；在童话故事里，极光是中国黄帝轩辕氏降生时向宇宙发出的信息，这可能是世界上关于极光最古老的神话传说之一。

当神话、传说与现实相遇时，现实的北极比传说中的北极更加丰富多彩，更富有挑战性。是的，北极离我们越来越近，在北极有我们的科考站，有我们的科考船和常年在北极航行的船舶。

笔者从 2015 年开始收集北极的相关资料，包括北极的生物资源储量、生态环境、地理信息、人类与北极的生存状态、有关传说、游记和科考记事，以及环北极国家在该地区的军事行动与战略规划；熟悉了当前有关北极开发、治理的主要制度和法律等；采访了有关专家，涉及海洋管理、海洋测绘、海洋气象、海洋资源开发、海洋工程、船舶设计等相关学科专业；考察了我国建造的可在极地航道航行的极地运输船、半潜船以及海洋工程作业平台；研究了我国对北极的海洋科技、环境保护、资源利用等方面的方针、政策、法规以及海洋科技与国民经济可持续发展战略的关系。这些都为本书的创作打下了坚实基础，为其正式出版创造了有利条件。

在本书中，让我们共同分享北极探险、航道、船舶的故事；揭秘自然北极、生命北极里隐藏的秘密。

目录

哥伦布的地理大发现
迎来人类大航海时代

1493 年，哥伦布第一次从美洲探险凯旋，在巴塞罗那贝尔港正式宣布发现新大陆，使贝尔港声誉鹊起。他给西班牙带来了财富，改写了西班牙的历史进程；西班牙的海军拯救了这个灾难深重的民族，让一个贫穷荒蛮、充满暴力、政局动荡的社会，一个毫无希望、混乱落后的南欧国家，迅速发展成世界海洋强国。

为了纪念他，人们在巴塞罗那兰布拉大街（La Rambla）的东南端树立了哥伦布纪念碑，这座纪念碑高 60 米，意大利航海家哥伦布站立在碑顶，手指大海，眼望远方。纪念碑中部环绕着五个飞翔的自由女神，下部有当时资助哥伦布远航的西班牙国王和王后的雕像，底座四周塑有八只巨大的黑色雄狮。塔身上有“光荣属于哥伦布”“向哥伦布致敬”两行大字。

哥伦布（1452—1506 年）是意大利著名航海家，地理大发现的先驱者和新航线的开辟者。他生于意大利热那亚，先后移居葡萄牙和西班牙，卒于西班牙巴利亚多利德，一生从事航海活动。他相信大地球形说，认为从欧洲西航可达东方的印度和中国。在西班牙国王的支持下，先后 4 次出海远航（1492—1493 年，1493—1496 年，1498—1500 年，1502—1504 年），开辟了横渡大西洋到美洲的航线，将人们的地理视野进一步扩大，他也因此成为名垂青史的航海家。

年轻时的哥伦布深受《马可波罗行纪》（又译《马可·波罗游记》）中关于东方国家传说的影响，马可·波罗描写的东方国家到处都充满着财富，连地砖都是用黄金铺成的。西方经济萌芽

需要大量黄金，这就是他们航海探索的原动力。他深信这些富饶的国家都在东方，那时葡萄牙人已开辟了向东的航线，于是，哥伦布到各国游说，宣讲在球形的地球上，向西航行同样也能够到达东方，希望借此能够得到经费等多方面的支持。

哥伦布曾经游说过殷富的英国、法国、意大利，但都被拒绝，他们根本不相信哥伦布所说的一切，视他为江湖骗子。再者，哥伦布急不可待地提出了一些匪夷所思的要求，例如，他要求获得“航海司令”的头衔，10%的战利品回报，并且将他发现的每个国家的总督权力过继给他的后代等，对方认为这简直是无稽之谈。

他将目光投向了南欧。哥伦布首先来到葡萄牙，介绍他的西行航海计划，寻求财政支持。在哥伦布发现美洲之前，葡萄牙人已经控制了从非洲好望角直达印度的航线。葡萄牙人经过精密的计算发现，从欧洲到达亚洲东方的最近路途就是他们控制的航线。哥伦布清楚葡萄牙人的航线是通往东方的要道，他们已经牢牢控制了半个大西洋。如果，葡萄牙人重新选择一条新的西方道路，就可以控制整个大西洋。然而，目光短浅的葡萄牙人拒绝支持哥伦布，说哥伦布的西行计划无异于痴人说梦。拒绝哥伦布的西行计划，是葡萄牙近代史上最大的失误，错过了再一次向海洋纵深发展的历史机遇。

1485 年，执着的哥伦布来到西班牙，向伊莎贝拉一世女王求助。此时的西班牙正处于局势动荡之中。西班牙王国是由几个不同的王国构成，而每个王国在早些时候就形成了各自独立的疆域，活脱脱的一派“军阀割据”乱世争霸的局势。西班牙主要以联姻、遗产继承或征服形式合并在一起，置于一王的统辖之下。伊莎贝拉本人就是卡斯蒂利亚王国的女王，1469 年她和阿拉贡王国的斐迪南二世联姻，两国随后合并，夫妇两人成为新成立的西班牙“共治君主”。当时，西班牙社会等级划分严明，造成国内矛盾激化；周边的领土被日益强盛的敌手占领；放荡不羁的海盗活动旋即出现。

伊莎贝拉女王可谓是慧眼识英雄，她对哥伦布的到来十分感兴趣。当时对东方物质财富的需求除传统的丝绸、瓷器、茶叶外，西班牙王室还看到了有可能在与对手高利润的香料贸易的竞争中取得先机的美好前景，更看到了一个民族兴盛的曙光。为了完善哥伦布的西行计划，伊莎贝拉女王指定了一个皇家委员会，对哥伦布的计划进行了充分论证，同他签订了航海协议，并同时决定将哥伦布纳入皇家供奉，解决他的后顾之忧。此外，对哥伦布提出的各种要求都一一满足，授予他“海上大将军”称号，任命他为所发现的岛屿和陆地的总督，准其从这些地方的产品和投资所得中抽取一定的比例作为收入，他和他的后代封为西班牙开拓殖民地的总督，并获得一成的利润。皇室答应给予哥伦布必要的财政和物质支持，由于财政吃紧，伊莎贝拉拿出一个自己的装满首饰的首饰盒给哥伦布作为资助，这事在世界航海史上传为佳话。在西班牙女王的资助下，哥伦布 4 次横渡大西洋，到达美洲大陆，掠夺金银财宝，使得西班牙很快成为欧洲最富有的海上帝国。

历史定格在 1492 年 10 月 12 日，它是世界历史上重要的一天，这天上午，受西班牙派遣的哥伦布一行，终于抵达和登上了西半球的第一块陆地，从此拉开了发现新大陆的帷幕，并开辟了从欧洲横渡大西洋到美洲并安全返回的新航线，从而把美洲和欧洲，进而把新大陆和旧大陆紧密地联系起来。很多国家把这一天定为美洲发现日、哥伦布日，而西班牙更是将其定为国庆节予以庆祝。西班牙女王伊莎贝拉成就了哥伦布，而哥伦布又成就了西班牙帝国。

哥伦布对新大陆的发现是大航海时代的开端。15～17世纪，史称大航海时代，它是地理学发展史上的辉煌年代。大航海时代使人类的地理知识和航海技术在前人的基础上得到极大发展。

地理大发现改变了世界历史的进程。在此之前，欧洲地区的航海活动频繁出现在地中海，而地中海基本上是一个封闭的内陆海。它有两个出口，东部是土耳其海峡，西边是直布罗陀海峡。这样的环境封闭了人们的视野，只让人感到在地中海航行相对安全、可靠。

地理大发现，西方终于走出了中世纪的黑暗，开始以不可阻挡之势崛起于世界，“谁能控制海洋，谁就能控制世界”。

西方人冲出中世纪的黑暗，在海洋上获取更大利益的同时，开阔了视野，思想观念为之一新，他们体会到：社会的改变并不是权力和利益结构的变化，而是当权者将新的思想观念付诸实践。改变不是发生在既得利益者受挫的时候，而是发生在他们运用不同策略追求利益的时候，或者他们的利益被重新界定的时候。

哥伦布开辟了跨越大西洋的新航线，为欧洲殖民者入侵美洲打开了方便之门，开始了持续数百年的殖民统治、殖民掠夺、殖民扩张，奴役和屠杀而夺得的财宝，源源不断地流入欧洲。一种全新的工业文明，成为世界经济发展的主流。

哥伦布的远航是大航海时代的开端。新航线的开辟，改变了世界历史的进程。它使海外贸易的路线由地中海转移到大西洋沿岸。西方在之后的几个世纪中，成就了海上霸业。

有谁能知道，那个曾经黑暗、愚昧、落后、可怜的欧洲很快会称霸世界。不论在哪里，你都能发现欧洲人的影响无处不在，他们竟然占领了全球84%的领地，几乎在所有有人居住的地方都拥有殖民地。欧洲人已将自己的语言、理念、文化传播至世界各地，并在各地部署海军军事力量。地理大发现彻底改变了人类的历史进程。

开辟北极航道

千百年来，探险者们一直梦想取道常年冰封的北冰洋航道。跨越北冰洋，开辟北极航道，缩短东西方距离，造福人类是航海家的梦想。开辟北极航道与哥伦布以掠夺为目标的地理大发现有着本质上的区别。

北极航道的开启，与全球气候变暖有着密切关系。北极航道被称为“传说中的航道”，北冰洋常年被冰层覆盖，气候条件恶劣，难以计数的雪峰、冰川是北极的“守护神”，这条理论上存在的航线，历史上却难以穿越。

人类对北极探索的历史可追溯到公元前331年，亚历山大时代的一位天文学家、航海家毕塞亚斯最早进入北极圈，进行有目的的考察，测量了纬度和地磁偏差。

马可·波罗的中国之行，使西方人相信中国是一个黄金遍地、珠宝成山、美女如云的人间天堂。于是，西方人开始寻找通向中国的最短航线——海上丝绸之路。当时的欧洲人相信，只要从挪威海北上，然后向东或者向西一直航行，就一定能够到达东方的中国。因此，中世纪的北极探险考察史是与北冰洋东北航道和西北航道的发现分不开的。

16世纪，由于绕过非洲和拉美南端的航线被葡萄牙和西班牙垄断，西欧和北欧的探险家希望从北大西洋寻找一条穿越北冰洋，与财富遍地的东方建立起直接贸易关系的新航线，由此展开了长达数个世纪的航道探险。从16世纪至19世纪，数以百计的西方探险家为了探寻这条航道，葬身冰海。直到19世纪中叶，航海家才分段走过这条航道。持续了大约400年的打通东北航道和西北航道的探险活动，被称为北极航线时期。

1500年，葡萄牙人考特雷尔兄弟，沿欧洲西海岸往北一直航行到了纽芬兰岛。第二年，他们继续往北，希望找到那条通往中国之路，但却一去不复返，成了为西北航道捐躯的第一批探索者。

16世纪，欧洲殖民国家为了扩大他们的帝国版图和寻求进入东亚地区的贸易路线，开始探索通往神秘东方的路线。

16世纪50年代，荷兰人和英国人进入探险行列。因为这条“假想”的航道位于西欧东北方，故名东北航道。

1553年，英国航海家休·威洛比率领115名船员，驾驶3艘船舶，首次探寻北极东北航道，不幸也没能驶出北冰洋的冰天雪地。

之后，俄国人又向北极发起挑战，试图打通东北航道，最远到达巴伦支海南面的白海。但结果除了一艘船得以幸免之外，其余两艘船上的官员和水手共70多人全部因饥寒而丧命。

1555年，英国商业探险公司组织了一次探险性航行，这次他们绕过科拉半岛进入喀拉海，却没有寻找到任何陆地的影子。然而，英国人仍然不甘心。到了1580年，他们又派出两艘船进入喀拉海，企图东进，结果又有一艘船失踪，30多人死于非命。至此，英国人才被迫放弃打通东北航道的最后希望，而把探索的目光转向了西北方。这些探险队当时希望能绘制出东北航道西部的海图，但结果不是探险队失事，就是由于恶劣的冰情被迫返回。

从1594年起，荷兰探险家、航海家威廉·巴伦支开始了他的3次航行，进入了北极核心区域。1596年，他发现了挪威北部的斯匹次卑尔根群岛，深入至北纬79°49′，创造了人类在北极航行的新纪录，成为第一批在北极越冬的欧洲人。1597年6月20日，年仅47岁的巴伦支由于饥寒劳顿而病死在一块漂浮的冰块上。为了纪念巴伦支，人们将他生前所探险的海洋命名为“巴伦支海”。在巴伦支死后，两百多年里没有人敢再进入北极核心区和东北航道。

16世纪50—80年代，英国先后派出3支探险队前往北冰洋，即1553年由休·威洛比爵士、1556年由斯蒂芬·巴勒和1580年由亚瑟·佩特率领的探险队。他们的共同目的都是探寻北冰洋的东北航道。他们驾驶海船从英国出发，经巴伦支海往东北航行，顺洋流漂流。由于气候寒冷和缺乏经验，其航行均告失败，最远只到达新地岛。其中，以威洛比爵士率领的探险队的损失最为惨重。威洛比和有经验的海员理查德·钱塞勒试图通过开辟东北航道开展与亚洲的直接贸易。在威洛比所率领的3艘海船中，只有一艘安全返回了英国；其余两艘海船均被困于摩尔曼斯克，不得不在那里过冬。正是在这个冬天，包括威洛比在内的63名英国船员死于严寒和坏血病。1556年11月，钱塞勒也不幸在亚伯道尔湾去世。

由于威洛比和钱塞勒的不幸遭遇，实际上英国人结束了考虑从东北航道抵达中国的时代，转而试图开辟北冰洋上的西北航道。1576—1578年，马丁·弗罗比歇爵士为一家伦敦联合体中国公司开展3次探险航行，意在开辟西北航道。他从南面绕过格陵兰岛，到达巴芬岛。他把格陵兰岛称为“弗里兹兰”（意为

“冻土之地”）和新英格兰。继弗罗比歇之后，又有许多著名航海家从西北航道进入北冰洋探险，其中有约翰·戴维斯、亨利·哈得孙和威廉·巴芬等，尤以哈得孙的探险成果最为显赫。

1576年，英国著名探险家马丁·法贝瑟在北极恶劣天气下，由于经验不足，犯了很多错误，失去了5名手下，但是他不怪天气，却怪起了土著因纽特人。随意瞎猜使他开始绑架、杀害因纽特人，这给人类的北极探险蒙上了一层厚厚的道德阴影。

1583年6月11日，英国吉尔伯特爵士的船队从朴次茅斯出发，于8月3日抵达纽芬兰的圣约翰斯，宣布该地为女王所有，使纽芬兰从此成为英国殖民地。他也因此被王室封为爵士，并成为国会议员。1583年9月，吉尔伯特率领3艘船由纽芬兰向南行驶。9月9日，他随所乘指挥船在大西洋亚速尔群岛附近的海域遭遇暴风雨，大海吞没了所有的船只和船员。

16世纪，西欧的北极探险终于以荷兰人在巴伦支殒命冰海的悲剧而告终。

据不完全统计，到16世纪末期，死于北极的探险者至少有150人，但东北航道仍然没有走通的希望。当西班牙和葡萄牙从东方源源不断运回稀缺物品获得巨大利润的时候，英国、荷兰探索东北航道的积极性大大下降了，人们对东北航道的探索冷却了两个世纪。

1610年，受雇于商业探险公司的英国著名探险家哈得孙驾驶着他的航船“发现”号向西北航道发起冲击，探险队到达了后来以哈得孙名字命名的海湾。不幸的是，22名探险队员中有9人被冻死，5人被因纽特人杀死，1人病死，最后只有7人活着回到了英国。

1610年，哈得孙再次率队寻找西北航道。这次的探索很悲惨，中途部分船员叛乱，另一部分船员遭到极其痛苦的虐待，而哈得孙船长被叛乱的船员逼上了一艘小艇，然后在北冰洋里随波漂流到加拿大东北地区，再也没回来。后人把他漂流死亡的地方命名为“哈得孙湾”。

1619 年，丹麦探险家詹斯·蒙克率队探索西北航道，却经历了最“黑暗”的冬天。从欧洲出发时蒙克一行共 64 人，到达哈得孙湾时正值冬天，他们不幸染上了坏血病，船员大批病死。看着同伴一个个死去，余下的人怀着极其失败的心情，不得已而返航，回程时只有 3 个人还活着。

1719 年，一家名为哈得孙湾的公司董事詹姆士·奈特也去探索西北航道，但出发之后再也没回来。

1725 年 1 月，彼得大帝任命丹麦人维他斯·白令为俄国考察队长，去完成“确定亚洲和美洲大陆是否连在一起”这一艰巨任务。白令和他的 25 名队员离开圣彼得堡，自西向东横穿俄国，旅行了 8 000 多千米后，到达太平洋海岸。然后，他们从那里登船出征，向西北方向航行。在此后的 17 年中，俄国换了 5 个统治者，白令却坚定不移地前后完成了两次极其艰难的航行。在第一次航行中，他绘制了堪察加半岛的海图，并且顺利通过了阿拉斯加和西伯利亚之间的航道，也就是现在的白令海峡。1739 年他开始了第二次航行。到了 1740 年，队员中已有 42 人死于坏血病，只有 9 人幸运地活下来。60 岁的白令带领幸存者继续奔波，终于到达了北美洲的西海岸，发现了阿留申群岛和阿拉斯加。由于他的发现，使得俄国对阿拉斯加的领土要求得到了承认。当然，俄国为此也付出了沉重的代价，前后共有 100 多人在这两次探险中死去，其中也包括白令自己。1741 年，他的船触礁了，他自己也因坏血病而死去。船员们将他的尸体绑在厚厚的木板

上，并盖上松软的沙土，然后推入海中，让他慢慢沉入海底。就这样，这个为俄国做了 36 年探险航海的英雄，在航行了数万千米之后，终于找到了自己的归宿，又回到了大海里。

1775 年，英国延长了发现西北航道提供奖金的法案期限，奖金也增加到 20 000 英镑。英国海军又派出已退役的詹姆斯·库克船长去西北航道进行探险。于是，1776 年，库克开始了他的第三次太平洋探险。库克船长的这次航行，来到了北纬 70°，他证明了白令海峡北边是冰封的海洋，不存在什么西北航道。从白令海峡回到夏威夷，在一场冲突中，库克船长被当地土著杀死。那一天是 1779 年 2 月 14 日情人节。

1819 年，英国海军的帕瑞船长率领船队坚持冲入冬季冰封的北极海域，差一点就打通了西北航道。但是他们失败了，他们在浮冰上行进了 61 天，吃尽了苦头，步行了 1 600 千米，而实际上却只向前移动了 270 千米。这是因为，冰盖移动的方向与他们前进的方向正好相反，当他们往北行进时，冰层却载着他们向南漂去。由此，他们发现了一个极其重要的事实，即北极冰盖原来是在不停地移动着的。

1845 年 5 月 19 日，英国海军部又派出富有经验的极地探险家约翰·富兰克林开始第三次北极航行。全队 129 人在 3 年多的艰苦行程中陆续死于寒冷、饥饿和疾病。这次无一生还的探险行动是北极探险史上最大的悲剧，而富兰克林的英勇行为和献身精神却使后人无比钦佩。富兰克林的第三次北极航行十分珍贵，对在北极船舶遇难时如何实施援救，探险人员的衣食、治疗以及丰富船员的文化生活方面都留下了宝贵的经验和启示，更重要的是为人类最终打通北极的西北航道提供了可行性。

美国探险家罗伯特·埃得温·皮里、乔治·内尔斯 1875 年率领的英国探险队在北极的探险历经磨难，有的队员因为冻伤失去了手指和脚趾，有的队员在饥寒交迫中离场。

1903—1906 年，挪威探险家罗阿尔德·阿蒙森乘坐一艘 47 吨单桅风帆渔船从东向西出发，首次打通了西北航道，中途他被冰封搁阻将近两年，历时 3 年才完成艰苦的航行。

1940—1942 年，加拿大皇家骑警的一艘木质双桅补给机帆船“St. Roch”号从西向东出发，花了 27 个月才实现船舶第二次走通西北航道；1944 年，“St. Roch”号利用更靠北的一条新航线返回西海岸的温哥华。1969 年，“曼哈顿”号油轮穿越西北航道将原油从阿拉斯加运抵纽约。以上是 20 世纪人类史上仅有的几次成功利用北极航行进行探索的故事。

然而，这些以极其沉重的代价换来的成功，并没有给人类带来多少喜悦。因为穿越北冰洋的航行实在太艰难了，对他们而言，没有像哥伦布那样给自己的家园带来黄金和任何财富，甚至付出了自己的生命。然而，他们当之无愧是开拓北极航道史上的英雄。

北极航道是指穿过北冰洋，连接大西洋和太平洋的海上航道。北极有两条航道，分别是大部分航段位于俄罗斯北部沿海的东北航道，以及大部分航段位于加拿大北极群岛水域的西北航道。其实还存一条航道暂不被人关注，那就是中心航道。

中心航道是北极航道理论上的一条穿越北极点的航线。这条航线从白令海峡出发，不经俄罗斯或北美沿岸，而是直接穿过北冰洋中心区域到达格陵兰海或挪威海。由于北冰洋中心区域被多年累积的海冰覆盖，海冰最为密集和厚实，因此这条航线预计将是最后被开通和被利用的。

19 世纪中叶，西方各国相继完成了产业革命，实现了手工

业向机器工业的过渡，英国、荷兰、俄罗斯等邻近北极圈的国家加快了向北极探险的节奏。从北冰洋的四周向北极点（北纬 90°）挺进，采取了一切可以和可能使用的手段，使得北极探险既惊心动魄，又精彩纷呈。北极探险就是在北冰洋上与海洋、冰山和浮冰打交道，科学地揭示北极的奥秘。而在地理大发现时期，受到商业利益吸引的英国探险队，首先对北极产生了浓厚的兴趣，他们急于在北冰洋上开辟航线。于是，英国人接踵进入北冰洋地区，开始了驾船漂流的地理探险。

在北极探险的历程中，探险家们往往独辟蹊径，始终都在寻找新的途径和新的手段，其中包括从空中飞到北极。1897 年 7 月 11 日，以瑞典工程师萨洛蒙·安德烈为首的 3 名探险家，驾驶“鹰”号气球从斯匹次卑尔根群岛西北的维果港起飞，向东北方向飘去。为此，他们携带了必备的物资和器具，其中包括足够使用 4 个月的食物、两艘小船、50 只信鸽，还有一些特制的雪橇。然而，“鹰”号气球出发后便再也没有回来，人们只得到了一只信鸽带回的消息：“7 月 13 日中午 12 时，北纬 82°02′、东经 15°05′，我们平安地朝东方飘流，走的不是直线，但一切很顺利。这是第三只鸽子。萨洛蒙·安德烈。”

两年后，有人在冰岛北岸发现了从“鹰”号气球上抛下来的一根浮标，上面留下了由安德烈执笔的第一天飞行记录。又过了一年，人们在挪威东北面巴伦支海海岸又找到了另一根浮标，但 3 位探险家仍音讯全无。直到 1930 年夏季，安德烈等 3 人的遗骸及他们生前拍摄过的胶卷等物品才被挪威人在斯匹次卑尔根群岛以东人迹罕至的别累伊岛发现。

自从“鹰”号气球失踪后，有很长一段时期无人尝试北极飞行探险。直到 1925 年 5 月，挪威探险家阿蒙森和两名美国飞行员一起驾驶两架飞机前往北极。由于气候异常恶劣，他们在抛弃了一架破损的飞机后，驾着另一架飞回了斯匹次卑尔根群岛。

第二年，美国飞行员理查德·伯德和意大利飞船设计师昂伯托·诺毕尔乘坐飞船，从斯匹次卑尔根群岛起飞，终于飞临北极上空，并在上面盘旋了一会。这是人类第一次乘飞船到达北极上空。不久，探险家阿蒙森乘坐“挪威”号飞船从斯匹次卑尔根群岛出发，成功地飞越北极，然后安全降落在美国阿拉斯加的巴罗角。

1928年，一些意大利探险家和飞行员组成“诺毕尔探险队”，乘上“意大利”号飞船，成功飞抵北极。但在返回途中，飞船在斯匹次卑尔根群岛以北地区失事坠毁，部分人员死亡，部分人员则被苏联“克拉辛”号破冰船救回。自此以后，北极飞行探险又长期无人问津。

1936年8月，由契卡洛夫、拜杜科夫和别里亚科夫3名苏联飞行员组成机组，驾驶着“安特-25”型单翼飞机，首次完成了跨越北极的斯大林航线的飞行。他们从莫斯科起飞，连续飞行56小时20分不着陆，途经维多利亚岛、法兰士约瑟夫地群岛、北地群岛、勒拿河口、堪察加半岛的彼得罗巴甫洛夫斯克，直达鄂霍次克海的伍德岛，整个行程9 374千米。为了纪念这次飞行，伍德岛被改名为“契卡洛夫岛”。1937年5月，为了筹建“北极1”号浮冰漂流站，苏联探险家斯米德率领一支由34人组成的探险队，乘飞机飞临北极。这是人类飞行器第一次在极地降落。这年6月，契卡洛夫机组再度驾机从莫斯科起飞，穿越北极上空，经加拿大北极群岛西部，顺利抵达美国西海岸城市波特兰。在第二次世界大战中，苏联、美国等盟国的飞行员正是沿着这条航线空运人员和物资的。

随着飞行技术的提高与飞机质量的改进，逐渐地，飞越北极不再是一项充满危险的飞行了。1953 年 5 月，斯堪的纳维亚航空公司的“DC－6B 型”飞机由奥斯陆出发，飞越北极点后抵达东京，全程飞行时间为 33 小时 55 分钟。这条航线的试飞结果令人满意。这是大型民航飞机首次成功地穿越北极的飞行。由于北极航线是连接欧亚美三洲的捷径，随后北极空域出现了多条国际航线。1957 年，从日本东京经美国阿拉斯加的安科季雷到丹麦哥本哈根的航线开通，把原本 15 600 千米的航程缩短了 2 700 千米。从此，北极上空成为西欧、中欧和北欧同远东联系的主要空中航道之一。

北极航道——新航海时代的标志

21 世纪以前，北极航道并不具备商业通航价值。之后，全球气候变暖加快，北冰洋海冰快速消融，随着航运和破冰技术的发展，北极航道开始苏醒。今天，我们看到北极东北航道水域夏季的无冰期时间已超过 30 天。全球气候变暖逆转了北极的自然冷却趋势，北极地区的温度目前处于近 2 000 年来的最高水平。观测表明，北极的春季已提前到来，并且更加暖和；夏季海冰温度平均每 10 年增加 1.22℃，海冰融化的季节每 10 年要提前 10～17 天；温暖的秋季持续的时间延长。北极地区平均地面温度上升幅度是全球平均温度上升幅度的两倍，这一升温幅度足以带来巨大的变化。北极地区正在变暖，每逢夏日，覆盖北极的海冰会逐步消融。不久的将来，人们梦寐以求的北冰洋“黄金水道”有望开通，到那时，船只可以穿越太平洋，沿北美洲和欧亚大陆的北海岸驶进大西洋。

北冰洋上的海冰正在渐渐减少，多年来在北极上空的臭氧层也有季节性的破洞。北冰洋冰面的减少会使地球的反照率下降，可能在全球气候暖化上有正反馈的效应。研究表明，根据如今全球气温升高的趋势，北冰洋到 2040 年时会完全没有浮冰，这将是人类历史中头一次出现这样的情形。随着全球气候的变暖，北极的战略地位越来越重要，环北极航线已部分开通。未来北极在全球的战略地位会不断上升。除了拥有丰富的自然资源外，气候变暖引起北极冰盖加速融化，便利的北极航道正成为连接大西洋和太平洋的“新纽带”和“高速路”。一旦北极航线启用，北极沿岸港口地区将兴起新的物资转运中心，势必会带来世界海上贸易重心的转移，对地区和国际局势将产生深远影响。

北极航道是指穿越北冰洋，连接太平洋和大西洋的海上航线集合。由于受海冰季节性变化的影响，北极航道的航线并不固定，是一系列航线的集合。按照不同的分类方案，北极航道可进一步细分。

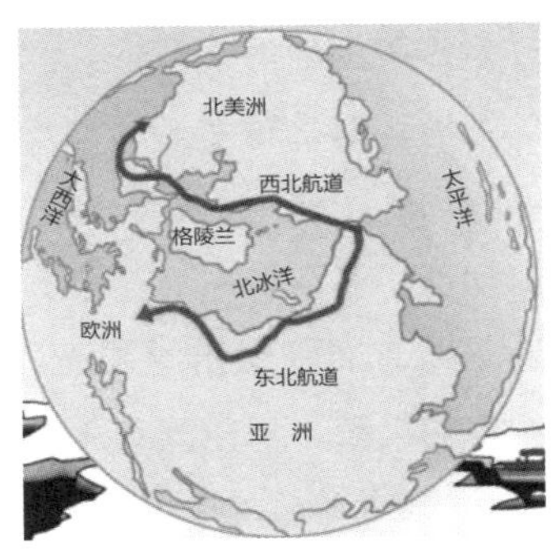

北极航道示意图

19 世纪 60 年代以后，在苏联北极地区国际商业开始兴盛。挪威的皮毛商在夏季频繁穿梭于喀拉海，美国捕鲸者及商人已经穿过白令海峡经楚科奇海直达叶尼塞河口，并与当地部落进行贸易。东北航道的开发在很大程度上借助于外资，外来投资是促进东北航道开发的主要动因。夏季北极东北航道的开通，使得东亚至欧洲的海上运输更为迅捷，为区域经济乃至世界经济发展带来了巨大便利。

东北航道东段地处俄罗斯专属经济区内，东北航道是指西起冰岛，经巴伦支海，沿欧亚大陆北方海域向东，直至白令海峡的航道。俄罗斯称其为“北方海航道”。根据俄罗斯海事河运管理总署规定，穿过加拿大北极群岛的西北航道一并被称为北极航道。所有通过“北方海航道”的船只必须使用俄罗斯船只破冰和导航服务。

所谓西北航道是指由格陵兰岛经加拿大北部北极群岛到阿拉斯加北岸的航道，这是大西洋和太平洋之间最短的航道。西北航道是经数百年努力寻找而形成的一条北美大陆航道，由大西洋经北极群岛（属加拿大）至太平洋。航道在北极圈以北 800 千米，距北极不到 1 930 千米，是世界上最险峻的航线之一。一旦能够进行商业通航，将产生显著的经济效益。

随着北极航道的开通，越来越多的国家及公司开始着眼于这条航道的商业价值。业内人士认为，北极航道一旦开通，将改变长期以来巴拿马运河和苏伊士运河作为连接太平洋和大西洋的交通要道，甚至需绕道非洲南部好望角的局面，使航程大大缩短，减少运输成本。如日本的集装箱从横滨到荷兰的鹿特丹港，经非洲的好望角需要航行 29 天，若经马六甲海峡、苏伊士运河需要 22 天；但如果同样的船舶采用北极航线，则仅需 15 天就可以到达，而且可以避开索马里海盗和印度洋海盗的威胁。

北极航道的开通不仅会直接改变原有的世界海洋运输格局，还将使北极地区的战略地位整体提升。新航线将带动沿线经济发展，催生一些新的居民点，促进现有港口、城市规模壮大，航道沿线国家在世界上的地缘政治影响力也将随之增强。

同时，新航线将分散一部分原有航道的贸易货物，将改变全球原有航运线的分量和地位，航道沿线国家的影响和地位也将受影响。地球中路战略地位下降，北极地区战略地位抬升，这种变化将导致世界重心向北方偏移，在一定程度上改变世界格局。

目前，世界发达国家大多处于北纬 30°以北地区，这个地带生产了当今世界 80%的工业产品，占据了 70%的国际贸易。北极航道的开通将改变世界贸易格局，促成俄罗斯、北美、北欧为主体的超强的环北极经济圈，进而影响整个世界的经济和地缘政治格局。

跨越北冰洋，开辟北极航道，缩短东西方距离，不单单是航海家的梦想，也是地球村村民的梦想，也许在不久的将来，普通百姓乘坐舒适的豪华客轮或者驾驭着私家游艇向着北极星指引的方向，一直向北去观赏雪峰，与雪峰、冰川等北极的“守护神”零距离接触；与北极熊、鲸鱼、海象、麝牛、雪枭、北极狐、雪鹀、雷鸟、柳雪鸟、朱顶雀、大乌鸦、海东青分享宇宙的空旷、寥廓和清寂；到格陵兰生存独异的因纽特人家里做客，品味其民族美食，生吃鲸鱼片、干嚼鲸鱼油、分享腌海雀，那可是原生态的生猛海鲜。

因纽特人也被称为爱斯基摩人，“爱斯基摩”一词是由印第安人首先叫起来的，即“吃生肉的人”。因为历史上印第安人与爱斯基摩人有矛盾，所以这一名字显然含有贬义。因此，爱斯基摩人并不喜欢这名字，而将自己称为“因纽特”人，即“真正的人”“土地上的主人”。2004 年，因纽特民族发布了一个声明，自此以后所有的官方文件都称其为“因纽特”人。

哥伦布的地理大发现彻底改变了欧洲人、美洲人的命运，而开辟北极航道迎来新航海时代，必将改变全人类的命运。

北极印象

北极是一块原生态、宁静而完好的土地，寒带的它自带与世隔绝的属性，但寒冷并没有阻碍人们探索的脚步，让人们做起了一个又一个北极梦，去寻觅传说的北极，领略自然的北极，探秘生命的北极，感受北极的气候，探索北极的资源，会从内心深处向北极呼唤，“北极，我想为你做点什么。”

传说的北极

在第一次上地理课时，老师首先教会我们看地图，熟悉地球的方向，“上北下南，左西右东”，地球围绕地轴转动，地轴的两端便是被冰雪覆盖的两极地区，那是世界的尽头。

小时候，我们喜欢听神话故事，看神话书，许多故事发生在北极，像神话里描述的北极星、北极光、“北方乐土”，这些情节听起来津津有味。我们期待着童话里圣诞老人骑着驯鹿给小朋友们送来礼物。

相传大约在 5 000—8 500 年前后，因纽特人的祖先亚洲蒙古人横跨西伯利亚和阿拉斯加的陆桥来到美洲大陆。大约在 4 500 年前，来到加拿大北极地区，约 4 000—4 500 年间来到格陵兰岛。因纽特人这么大规模地远距离迁移，主要是因为后冰川时期气候变暖，其主要食物麝牛和驯鹿北迁，也就是说，他们是尾随着猎物而至的。

因纽特民族是北极原住民中分布地域最广的民族，分布在俄罗斯的楚科奇半岛、美国的阿拉斯加半岛、加拿大北部、格陵兰岛东南沿海等地区。现在因纽特民族总人口大约有 20 万人。尽管各地的因纽特人存在语言和文化上的一些差异，但真正让人惊奇的是他们之间的相似性。不管是居住在哪里的因纽特人，都有着相似的面孔、生活方式、经济形态，似乎找不出他们之间本质性的差别。

北欧还是圣诞老人的故乡。圣诞老人相传来自一个真实的故事，他的原型人物是圣·尼古拉斯，他生活在公元 4 世纪小亚细亚的每拉城，是一位善良、慷慨、对孩子们非常好的有钱人。他把财产都捐给了贫穷的人，自己加入教会，终身为社会服务。后来，尼古拉斯做了神父，升到了主教，在他死后，人们称他为圣徒，是一位穿着红袍，头戴红帽的白胡子老人。尼古拉斯的一生中做了许许多多的善事，他总是喜欢在暗中帮助穷苦人民，后来圣诞老人就成为人们对他的爱称。

北极是一个神秘的地方，北极是人类“北方乐土”一样的福地，是“冰之星球”时期留下的最后记忆。

文明人类将目光投向北极，最早是从古希腊开始，北极圈首先是由古希腊人确定出来的。他们发现天上的星星可以分成两组，其中一组处在世界的北方，一年到头都能看得见。而另外一组则在天顶附近及偏南的位置，它们随着季节周期性地循环出现。这两组星星之间的分界线是由大熊星座所划出来的一个圆，而这个圆正好是北纬 66°34′内的纬度圈，也就是北极圈。

在希腊神话中，远古时代有一个民族生活在北极地区，那时北极阳光灿烂，是片温暖的地方，被称为“北方乐土”。近年来，随着北极地区远古时期动物和人类活动遗迹的发现，有人开始相信“北方乐土”的真实存在，探险家和研究人员纷纷寻找这一从未探查过的神秘之地。

古希腊数学家、哲学家毕达哥拉斯（公元前 582—公元前 500 年）和他的学派，极端鄙视大地是正方形或者矩形的说法。他们的哲学思维使他们坚定地相信，大地只有呈球形才是完美的，才能符合“宇宙和谐”与“数”的需要。

柏拉图（公元前 427 年—公元前 347 年）这位古希腊伟大的哲学家，也是全部西方哲学乃至整个西方文化中最伟大的哲学家和思想家之一，他和老师苏格拉底，学生亚里士多德并称为希腊三贤。柏拉图的学生亚里士多德（公元前 384—公元前 322 年）则为“地球”这一概念奠定了基础。他认为与北半球的大片陆地相平衡，南半球也应当有一块大陆。而且，为了避免地球“头重脚轻”，造成大头（北极）朝下的难堪局面，北极点一带应当是一片比较轻的海洋。

近代以来的人类科学考察，不但证实了亚里士多德的推断，而且发现，北极与南极之间存在着惊人的相似。北冰洋的形态，与南极大陆非常吻合；北冰洋的面积是 1 475 万平方千米，而南

极大陆的面积为 1 405.1 万平方千米。在茫茫的两极，埋藏着无数科学之谜。那里，漫长的极夜甚至吞没了人类赖以生存的阳光，酷寒的气候和远比台风还强劲的下降风暴让生命难以延续，被下降风卷起的百丈高雪柱冰花美丽而恐怖……多少年来，科学家们一直迷恋着神奇的极地，那里成为人类科学探索的圣地。

传说，北极的地下生活着一群远古部落，他们在地表下有很好的住所。神秘学家认为，到达地球的 UFO 首先不是来自太空，而是来自地球北极下面的一个巨大洞穴中。有关空洞地球的大多数猜测是基于推测而不是科学数据，这就是为何严谨的研究人员不会评论这些理论，但有些研究人员确实相信地表下有石灰岩洞穴。

在柏拉图时代，人们最先猜测地球里面可能也存在生命，柏拉图认为地球里面充满地道和洞穴。有人研究了地球磁场，认为地球可能同时有几个磁场。研究人员猜测地球里面有另一个自带磁场的球体，当靠近极地时，指南针失常很正常，指南针摆动是在努力地指向极地。指南针在北极大部分地区是可以用的，但在北极点上指南针失灵。

地磁场是指地球内部存在的天然磁性现象，磁场是地球最神秘的特征之一。地磁场是守护地球的屏障，它对所有生命体都至关重要，能够确保大气层不会被太阳风剥离，不被太阳发出的高能粒子破坏，保护地球上的生命免受有害辐射的影响。长时间以来，科学家将磁场理论化为地核动力作用的结果。

根据今天地磁场的规律，指南针的 N 极指向北方，S 极指向南方。但实际上，在过去的岁月中，地球已经多次发生过指南针所指示方位颠倒的“地磁（极性）倒转”现象。这一现象的痕迹，通过磁性矿物的沉积保留在地层中，被称为“古地磁”。

长久以来，行星有空洞的这一想法在科幻小说中普遍存在。2019 年春节，笔者在广州看了国产硬科幻大片《流浪地球》。其在题材上显得格外冷酷，但十分独特，让人心生好奇。

《流浪地球》宣传海报

影片讲述了这样的故事：许多年以后，太阳内部能量耗尽，即将巨大化并吞噬临近的几个星球，也包括地球。太阳灭亡得太快，地球和人类的末日提前来临。庞大的地球逃脱计划开始实施。然而人类所能制造的普通尺寸人造环境无法承受漫长的逃脱之旅。所以人类只得在地球的一侧安装上巨大的地球发动机，将整个地球环境圈化为移民的方舟，以此逃离太阳系，前往新家园。

在人类还未到达新家园时，由于太阳已经没有能量，地球陷入了冰川期，人类被移居在地下洞穴城。但地下城空间有限，并非所有人都有资格进入避难，需要抽签决定，那些没有中签的人就只能留在地表等死，是地下的洞穴拯救了人类的延续。

在电影《流浪地球》中还提到，为了人类文明火种的延续，领航者号空间站内储存着 30 万枚人类受精卵、几百万种植物种子，企图冲出太阳系，去寻找新的家园。其实，在现实中同样有

这样一座“世界末日种子库”，只要地球还没有毁灭，这座仓库里的种子就能让人类踏出重新壮大的第一步。“世界末日种子库”的选址依然在地下城空间，并把相关设施比喻为《圣经》故事中拯救人类的“诺亚方舟”。

“世界末日种子库”坐落在距离北极点1 000多千米的挪威斯瓦尔巴特群岛上一座极其有未来感的建筑物里，这座建筑从外面看像是一架坠落地球埋入白雪中的外星战舰。种子库建在北极极寒冻土的地下深120米处，温度保持在－18℃，氧气稀薄。世界各国都在这里存放着大量的种子样本：7万份大麦、15万份水稻和14万份小麦种子。这里最多可存放25亿粒植物种子，是13 000年来人类农业史的结晶。即使地球遭受小行星撞击、核战争等灾难，甚至海平面上升61米后也能保证这些种子安然无恙。这座“世界末日种子库”堪称是全球最大的、最安全的基因储存库，其安全级别甚至可与美国国家黄金储藏库媲美。

有关北极光、北极星的神话和民间传说是人类认识北极的启蒙。

大自然天文奇观：绚丽多彩的北极光，美得令人窒息

相传公元前 2 000 多年的一天，夜来临了。随着夕阳西沉，夜已将它黑色的翅膀张开在神州大地上，把远山、近树、河流和土丘，以及所有的一切全都掩盖起来。一位年轻女子附宝独自坐在旷野上，她眼眉下的一湾秋水闪耀着火一般的激情，显然是被这清幽的夜晚深深地吸引住了。夜空像无边无际的大海，显得广阔、安详而又神秘。天幕上，群星闪闪烁烁，静静地俯瞰着黑黝黝的大地，突然，在大熊星座中，飘洒出一缕彩虹般的神奇光带，如烟似雾，摇曳不定，时动时静，行云流水，最后化成一个硕大无比的光环，萦绕在北斗星的周围。其时，环的亮度急剧增强，宛如皓月悬挂当空，向大地泻下一片淡银色的光华，映亮了整个原野。四下里万物都清晰分明，形影可见，一切都成为活生生的了。附宝见此情景，心中不禁为之一动，自此身怀六甲，生下了个儿子。这男孩就是黄帝轩辕氏。以上所述可能是世界上关于极光的最古老神话传说之一。

在我国的《山海经》一书中也有关于极光的记载。书中谈到北方有个神仙，形貌如一条红色的蛇，在夜空中闪闪发光，它的名字叫烛龙。关于烛龙有如下一段描述："人面蛇身，赤色，身长千里，钟山之神也。"这里所指的烛龙，实际上就是极光。在古代，我国没有极光这个词，所以是根据极光的形状差异分别加以称谓，如称为"天狗""刀星""蚩尤旗""天开眼""星陨如雨"等，它们大部分散落在史书的星象、妖星、异星、流星、祥气的记载中。

极光这一术语来源于拉丁文伊欧斯一词。传说伊欧斯是希腊神话中"黎明"（其实指的是晨曦和朝霞）的化身，是希腊神泰坦的女儿，是太阳神和月亮女神的妹妹，她又是北风等多种风和黄昏星等多颗星的母亲。极光还曾被说成是猎户星座的妻子。在艺术作品中，伊欧斯被说成是一个年轻的女人，她不是手挽一个年轻的小伙子快步如飞地赶路，就是乘着飞马驾挽的四轮车，从海中腾空而起；有时她还被描绘成这样一个女神，手持大水罐，伸展双翅，向世间施舍朝露，如同我国佛教故事中的观音菩萨，普洒甘露到人间。

今天，我们知道了在北极的极夜期间，天空中经常出现五彩缤纷、变幻无穷、美丽动人的北极光。北极光有时呈银白色，凝结不动，有时极为明亮，掩去星月的光芒；有时极为清淡，宛如一片微云；有时如一弯弧光，呈现淡绿、微红的色调；有时如无数彩绸或缎抛向天空；有时如丝质纱巾迎风飘动，反射出紫色乃至深红的色彩；有时出现在地平线上空，如晨光的曙色；有时红色强烈，犹如一片火；有时许多光带密聚在一起，如同窗帘幔帐；有时辐射出许多光束，似打开的彩扇，又像无数飘动的舞裙。尤其引人入胜的是火炬形的北极光。它给人的印象是点燃的火炬，又像从天际滚向天顶的巨浪。在我国新疆和黑龙江地区也有出现北极光的报道，但是非常罕见。

人们把地球称为“蓝色的星球”是因为海洋面积占地球表面的比例高。地球表面被70%以上的蓝色海水覆盖，如果从外太空看地球呈现出的是一颗蓝色的星球，非常美丽，所以地球被称为是“蓝色的星球”。

现在地质学家提出了“雪球地球”的理论。根据“雪球地球”假说，我们所居住的地球，在46亿年的历史中曾三度完全被冰层覆盖。那时的地球，并不是我们熟悉的蔚蓝色的“水之星球”，而是雪白色的“冰之星球”。您或许会认为这只是瑰丽奇异的科幻故事吧？科学家有足够的证据表明，现实世界中很可能确实发生过如此令人难以想象的宏大事件。那么，这一惊人的假说到底是如何产生的？

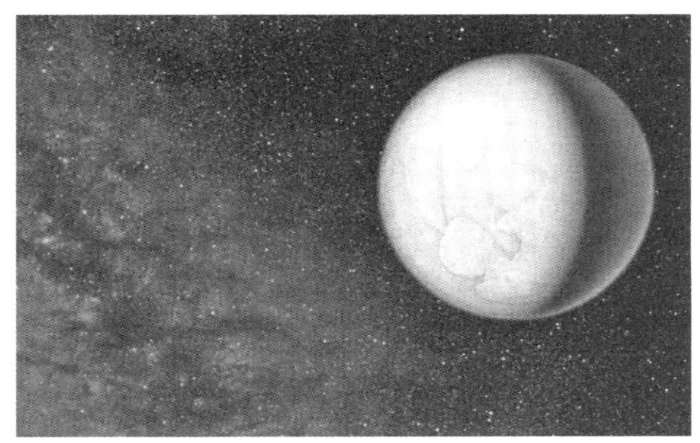

“水之星球”是由“冰之星球”演变而来

第一次全球冻结发生在休伦大冰期（23 亿—22.22 亿年前），那个时期保留下来的地层很少，因此研究极其困难。于是有学者提出，一种被称为“蓝藻”的光合作用藻类的诞生和当时温室气体的减少有很大关系。地球形成之初，大气中几乎不含氧气。大约 27 亿年前，地球上出现了蓝藻，大规模光合作用开始，大气中逐步有了氧气。氧气可以分解大气中的甲烷（温室气体的一种），形成相同数量的二氧化碳。然而，二氧化碳的温室效应只有甲烷的约 1/24，因此，地球开始渐渐变冷。

第二次全球冻结发生在第一次的 10 亿年后，第二次的斯图特大冰期（7.2 亿—6.63 亿年前，在中国被称为长安大冰期和古城大冰期）持续了约 5 700 万年。

第三次的马林诺大冰期（6.39 亿—6.37 亿年前，在中国被称为南沱大冰期），第三次全球冻结几乎是在第二次结束后立刻就发生了，但持续时间较短。

第二次和第三次冰期也被合称为新元古代大冰期。两次冰期的区别以及短时间内地球再次进入全球冻结的原因，至今还未被探明。

全球冻结，很可能对于大气中氧气浓度的升高，甚至对于生命的进化都有着非常重要的意义。

现在教科书上的说法是，全球至少出现过 3 次大冰川期，公认的有前寒武纪晚期大冰川期、石炭纪至二叠纪大冰川期和第四纪大冰川期，小规模的冰川期那可是多了去了，第四纪大冰川期灭绝了很多生物，生物主要集中在热带广大地区，被冰雪覆盖，许多物种如剑齿象、巨貘等都消失了，有些物种如大熊猫、水杉等只在极少地区存活下来，冰川期并不是全球都覆盖冰层。

有人要问，地球可能再次全球冻结吗？学者们普遍认为可能性不大，至少地球相比过去要更加难以被冻结。地球的气温在很大程度上依赖于获得的太阳辐射的多少，而如今太阳辐射中能够到达地球的能量比 6 亿年前全球冻结时期要高出 6%，也就是说，到达地球的太阳辐射比过去增多了，所以相比于过去，地球更加难以被冻结。今天，我们提到的极地可能是全球冻结时期“冰之星球”留下的“胎迹”。

自然的北极

一个自然的北极，比神话和童话中传说的北极更为神秘、传奇、丰富精彩。地球自转轴与地球表面的交点称为地理极，在南半球的地理极称为南极点，在北半球的地理极称为北极点。

位于北极点以内无论向哪个方向走，都是向南走。因为地球是圆形的，在此我们打个比喻，把一个足球挂起来，把它的最上面的部分称为北极，在足球最上面那个点走路，朝哪儿走都是往下走，上北下南，那就是说朝哪走都是南方。

因为地球自转基本是东西转，没有南北转，所以在北和南形成了两极，北极不能再向北，南极不能再向南。在其他位置 4 个方向都是存在的。

同南极相似，北极也有几种概念。北极一词一般泛指北极地区，就在地球的北纬 66°34′内，即北极圈内。包括北冰洋的绝大部分水域、岛屿，欧洲、亚洲和北美洲的北方大陆，总面积 2 100 万平方千米，其中陆地面积约 800 万平方千米。也有人从气候上划分北极地区，以最热月份 10℃的等温线（海洋为 5℃等温线）作为北极地区的南界，则其总面积约 2 700 万平方千米，其中陆地面积约 1 200 万平方千米。有时，也有把全年北极气团占优势的地区作为划分北极地区的依据，这样则不包括格陵兰岛南部和挪威海、格陵兰海的南部，总面积为 2 300 万～2 400 万平方千米。

北极点示意图

海洋是由海水、溶解或悬浮于其中的物质、生活于其中的生物、邻近海面上空的大气、围绕其周缘的海岸和海底等组成的统一体。通常所称的海洋，仅指海洋主体的连续水域，其总面积约为 3.63 亿平方千米，约占地球表面积的 70.8%，平均水深约 3 800 米。海洋中含有 13 亿 7 000 多万立方千米的水，约占地球上总水量的 97%，而可用于人类饮用的只占 2%。地球上有四大洋，为太平洋、大西洋、印度洋、北冰洋，大部分以陆地和海底地形线为界。到目前为止，人类已探索的海底只有 5%，还有 95%大海的海底是未知的。

洋是这一水体的中心部分，面积辽阔，远离大陆，深度在 2 000 米以上，其温度、盐度、透明度等水文状况因不受大陆影响，较为稳定。海是洋的边缘部分，附属于各大洋，占海洋总面积的 11%。它以海峡或者岛链与洋相通或相隔，海比洋要浅得多，其海底情况也与洋相差甚远。由于受大陆影响，其温度、盐度、透明度等水文状况有显著的季节变化。

北冰洋一词源于希腊语，意为正对大熊星座（北斗七星）的海洋。北冰洋位于亚洲、欧洲和北美洲之间，在北极圈内，近似圆形。它是一个近于半封闭的地中海。它通过挪威海、格陵兰海、加拿大北极群岛间各海峡和巴芬湾同大西洋连接，以狭窄的白令海峡沟通太平洋。1650 年，德国地理学家 B. 瓦伦纽斯首次把它划作独立的海洋，称为“极北的海洋”或“寒冷的海洋”。1845 年，伦敦地理学会正式把它命名为北冰洋。

北冰洋是四大洋中最小的一个，也是最浅的一个，其面积为 1 475 万平方千米，与南极大陆相当，约占世界海洋总面积的 4%。北冰洋平均水深为 1 225 米，为太平洋的 1/3；最大深度为 5 527 米，约为太平洋的 1/2。其 2/3 以上的面积属于大陆的水下边缘，即在北冰洋的周围具有非常宽阔的大陆架。

世界四大洋总面积：3.63 亿平方千米。

太平洋面积：约 17 967.9 万平方千米，约占 49%。

大西洋面积：约 9 336.3 万平方千米，约占 26%。

印度洋面积：约 7 492 万平方千米，约占 21%。

北冰洋面积：约 1 475 万平方千米，约占 4%。

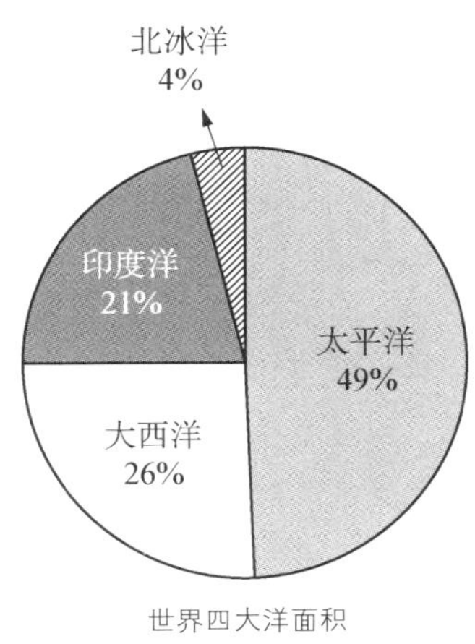

世界四大洋面积

北冰洋的气候变化影响全球。

北冰洋面积不大，但其中的岛屿数量不少，在四大洋中，其岛屿的数量和面积仅次于太平洋，居第二位。北冰洋中岛屿的总面积约为 380 万平方千米（包括属于大西洋的格陵兰岛南部），绝大多数岛屿位于大陆架上，其成因同陆地类似，所以称其为大陆岛。最大的岛屿是格陵兰岛，最大的群岛是加拿大北极群岛。其他主要岛屿和群岛有新地岛、斯匹次卑尔根群岛、北地群岛、新西伯利亚群岛及法兰士约瑟夫地群岛等。这些岛屿在自然条件上绝大部分属于极地荒漠带，少数纬度较低的岛屿属于生长苔藓和地衣的北极苔原带。

因为地球是圆的，所以对于地球这样一个球体来说，南极就在前后左右都是朝北的地方。同理，如果要问北极在哪儿，就是前后左右都朝南的地方。当然，这仅仅指的是地理极点而已，也就是地球自转轴与固体地球表面的交点。当你站在极点上，只需原地转一圈，便可自豪地宣称“已经环球一周”。

除了可以很方便地“环球一周”以外，到达极点的人们也有另一个伤脑筋的问题，就是如何确定时间。大家知道，人类把地球按照经度线分成了不同的时区，每 15°一个时区，全球共 24 个时区，每个时区相差 1 小时。根据约定，从位于 180°经线的国际日期变更线的零时起，世界上第一个时区就算开始了新的一天。世界各国一般按照各自首都所在时区规定本国的地方时间。

而对于极点来说，地球所有经线都收拢到了这一点，所以无所谓时区的划分，也就失去了时间的标准，这的确是一件相当麻烦的事情。由于缺乏共同标准，在极地工作的各国考察队员只好保留各自国家的地方时间。其实，人们通常所说的北极并不仅仅限于北极点，而是指北纬 66°34′（北极圈）以北的广大区域，也称为北极地区。

北极圈内有北冰洋、岛屿和陆地，它们分属于 8 个国家：俄罗斯、美国、加拿大、丹麦、冰岛、挪威、瑞典和芬兰。北极地区有几十个不同的民族，其中因纽特人分布最广。因纽特人是由从亚洲经两次大迁徙进入北极地区的，有 14 000 多年的历史。由于气候恶劣，环境严酷，他们基本上是在死亡线上挣扎，能生存繁衍至今，实在是一大奇迹。他们必须面对长达数月乃至半年的黑夜，抵御零下几十摄氏度的严寒和暴风雪，夏天奔忙于汹涌澎湃的大海之中，冬天挣扎于漂移不定的浮冰之上，仅凭一叶轻舟和简单的工具去和地球上最庞大的鲸鱼拼搏，用一根梭镖赤手空拳去和陆地上最凶猛的动物之一——北极熊较量，一旦打不到猎物，全家人、整个村子乃至整个部落都会饿死。因此，应该说，在世界民族大家庭中，因纽特人无疑是最强悍、最顽强、最勇敢和最为坚韧不拔的民族。因纽特人的生存史也就是人类在北极的发展史。

坚韧不拔的因纽特人

北冰洋因为气候严寒，洋面上常年覆有冰层，所以被称为北冰洋，又称北极海，是世界最小最浅以及最冷的大洋。大致以北极圈为中心，位于地球的最北端，近于半封闭，被亚欧大陆和北美大陆环抱着，通过狭窄的白令海峡与太平洋相通，通过格陵兰海和许多海峡与大西洋相连。

位置：大致以北极为中心，介于亚洲、欧洲和北美洲之间，为三洲所环抱。北冰洋跨经度360°，是世界上跨经度最广的大洋。

范围：在亚洲与北美洲之间有白令海峡连通太平洋，在欧洲与北美洲之间以冰岛—法罗海槛和威维尔·汤姆森海岭与大西洋分界，有丹麦海峡及北美洲东北部的史密斯海峡与大西洋相通。

深度：平均深度约为 1 225 米，南森海盆最深处达 5 527 米，是北冰洋最深点。

北冰洋占北极地区面积的 60%以上，其中 2/3 以上的海面全年覆盖着厚 1.5～4 米的巨大冰层。由于洋流的运动，北冰洋表面的海冰总在不停地漂移、裂解与融化，北极地区的冰雪总量只接近于南极的 1/10，大部分集中在格陵兰岛的大陆性冰盖中，而北冰洋海冰、其他岛屿及周边陆地的永久性冰雪量仅占很小一部分。北冰洋表面的绝大部分终年被海冰覆盖，是地球上唯一的白色海洋。中央北冰洋的海冰已持续存在 300 万年，属永久性海冰。

根据自然地理特点，北冰洋分为北极海区和北欧海区两部分。北冰洋主体部分、喀拉海、拉普捷夫海、东西伯利亚海、楚科奇海、波弗特海及加拿大北极群岛各海峡属北极海区；格陵兰海、挪威海、巴伦支海和白海属北欧海区。北极圈以北的地区称为北极地方或北极地区，包括北冰洋沿岸亚、欧、北美三洲大陆北部及北冰洋中许多岛屿。

北冰洋陆棚发达，最宽达 1 200 千米以上。峰顶一般距水面 1 000～2 000 米，个别峰顶距水面仅有 900 多米，有剧烈的火山和地震活动，它把北极海区分成加拿大海盆、马卡罗夫海盆（门捷列夫海岭将该海盆分隔为加拿大和马卡罗夫两个海盆）和南森海盆。海盆深度均在 4 000～5 000 米之间。北冰洋中部还有许多海丘和洼地。格陵兰岛和斯瓦尔巴群岛之间有一带东西向海底高地，是北极海区与北欧海区的分界。北欧海区东北部为大陆架，西南部为深水区，以格陵兰海为最深，达 5 527 米。

北冰洋海岸线十分曲折，形成了许多浅而宽的边缘海及海湾。海岸类型中有侵蚀海岸、峡湾式海岸、三角洲型海岸及潟湖式海岸。在亚洲大陆沿岸的边缘海有巴伦支海、喀拉海、拉普捷夫海、东西伯利亚海以及楚科奇海。北美洲沿岸有波弗特海和格陵兰海。北冰洋岛屿众多，岛屿总面积约为 380 万平方千米，均属大陆岛，多分布在大陆架上。流入北冰洋的主要河流有鄂毕河、叶尼塞河、勒拿河、马更些河和育空河。在北冰洋周围的各边缘海，有数不清的冰山，高度虽然比不上南极的冰山，但外形奇异。冰山顺着海流向南漂去，有的从北极海域一直漂到北大西洋。由于漂流路线不固定，因此给航行在北大西洋上的船只带来很大的危害。

由于气候严寒、冰层覆盖，因此对北冰洋调查的规模都较小，直到 20 世纪 30 年代以后才陆续在冰上建立浮冰漂流站，开展一些较为系统的考察。1937 年苏联用冰上飞机在北极登陆并在北冰洋建立了“北极 1”号浮冰漂流站。20 世纪 40 年代，美国、加拿大等国从空中进行过 20 次的极冰登陆，并建成 8 个海洋站和 1 个科学考察站。国际地球物理年（1957—1958 年）期间，除飞行活动外，还增加了许多连续观测的漂流站，并用核动力潜艇考察了冰盖下面的情况。

生命的北极

北极地区的动物与植物品种繁多，笔者特地从中挑选了一些具有代表性的动植物与各位分享。

北半球的二月，地轴开始倾斜，太阳光线开始逐渐往北攀爬，北极地区慢慢从冬天的严寒中苏醒过来。北极是一片被几块大陆环绕的海洋，当陆地与陆地之间的海面都结冰了之后，生活在陆地上的捕食者便开始走到冰面上寻找食物。三月初，这片海域仍然被冰雪覆盖。不过也存在一些例外，那就是永远也不会冰冻的冰穴。这里的海潮受岛屿挤压，水流异常湍急，因此结不成冰。

海象就是在冰穴里度过整个冬季的。在这里，它们不仅能呼吸到新鲜的空气，而且又能躲到海水中去捕食猎物。这里海流的流速很快，浮冰也相当危险。白鲸就需要时刻提防不要被周围的冰块困住了。冰面的洞一直没有合上，不是因为海流的冲击，而是因为白鲸们需要不停地钻出水面呼吸。这些白鲸已是瘦骨嶙峋，大多数还伤痕累累。它们身上的伤痕并不是冰块造成的。对于任何食肉动物来说，白鲸都属于巨大的战利品，这些被冰层困住的白鲸对北极熊而言，更是唾手可得的美味。白鲸意识到危险无处不在，因此它们尽可能待在水下。可是每次屏住呼吸的时间却仅有 20 秒。抓住一头 4 米长、1 吨重的白鲸可不是一件容易的事，哪怕它已经饿得奄奄一息。过去半年的时间里，这些白鲸饱受北极熊的攻击，有的已经成了它们的“盘中餐”。抓捕白鲸或许需要很长的时间和极大的耐心，可是一旦成功，北极熊就能得到能量丰富的鲸脂作为回报。

极地地区的气候寒冷而干燥。南极大陆只有不到 1%的面积无冰霜覆盖，适合植物生长；北极地区尽管土壤常年冰冻，但那里的陆生植物依然丰富多彩。不过为了生存的需要，北极苔原地区只有一些生长期短的矮生植物，极地植物普遍矮小且匍匐生长，像北极柳只能长到几厘米高。这些植物已经很好地适应了寒

海象

冷的气候、冰冻的土壤、短暂的生长季节等恶劣条件。神奇的是它们的生存特性，极地植物体内的液体只有在温度降到－38℃以下才会结冰，极大程度上避免了低温造成的损害；还有一些植物允许细胞周围的液体结冰，而细胞本身并不会结冰。所有的极地植物都会最大限度地利用短暂的夏季进行生长和繁殖。

北极具有代表性的植物是石南科、杨柳科、莎科、禾本科、毛茛科、十字花科和蔷薇科的植物，主要靠扩展根茎进行无性繁殖。因为生长期很短，所以来不及按部就班地完成发芽、开花、结果、成熟这样一个复杂的过程。例如，蒲公英的花蕊，来不及受精便直接发育为可以成活的种子。

北极植物的花通常大且鲜艳，特别是北极罂粟，在十几厘米高的纤细的花梗上，顶着一朵朵杯形的黄花，显得格外突出，它那杯形的花朵，就像是反光镜一样，靠鲜艳的花瓣将太阳的能量聚焦到花蕊上以提供热量，保证花蕊能正常地发育和生长。此外，北极的多数植物都是常绿植物，如小灌木和石南科的植物，还有喇叭花、岩高兰以及越橘和酸果蔓等，即使在冰雪之中，也能保持葱绿。这主要是为了节省时间，保证春天一到，就可以立即进行光合作用，用不着等待新叶长出。

在北极生长着一种食肉的茅膏菜。植物利用太阳光把水和二氧化碳转化为碳水化合物。但要制造蛋白质，植物还需要氮，而有些植物是肉食性的，这就可以从昆虫的体内获得氮。茅膏菜生长在贫瘠的土壤中，生长所需的氮一半都来自它捕捉的昆虫。茅膏菜利用自己叶片上的特殊结构来吸引、捕捉和消化昆虫。

捕捉昆虫的茅膏菜

除了植物，北极还活跃着成群结队的动物。北极是一个充满危险的地区，那里生活着北极熊、北极狼等食肉动物。像海象等一些大型动物，以自己庞大的身躯作为防护；有的动物通过群体生活为个体提供安全保障；有的拥有快速逃生的本领；有的依靠犄角或者犀利的牙齿来保护自己；许多小型动物则利用伪装躲避天敌的猎杀。

在北极地区，常见的鸟类有北极枭、角嘴海雀、北极松鸡、北极猎鹰、北极秃头鹰等。北半球全部鸟类的 1/6 都在北极繁育后代，而且至少有 12 种鸟类在北极越冬。

在北冰洋广阔的水域中有白鲸、角鲸、海豹、海象、北极水獭等生物。北冰洋的冰面下生活着大量的鱼类，如茴鱼、灰鳟鱼、鲱鱼、胡瓜鱼、长身鳕鱼。它们大部分都是北极熊的猎物。

生活在陆地上的动物有北极熊、灰熊、北极狐、北极狼、北极兔、北极驯鹿等，其中北极熊是最有代表性的。北极熊又名白熊，按动物学分类属哺乳纲，熊科。北极熊是世界上体型最大的熊科动物，也是最大的陆生食肉动物。它们依靠厚厚的毛皮和皮下脂肪抵御北极的寒冷。北极熊的毛有两层：一层是有防水作用的保护性外毛；另一层是柔软、浓密的底层绒毛。北极熊生活在海冰及周围地区，以捕食那里的环斑海豹和髯海豹为主。捕猎时，北极熊常常守在海豹用来呼吸的冰洞口附近，耐心地等待海豹出洞；或者它们也在冰面上追踪猎物。

北极熊

随着全球气温的升高，北极的浮冰逐渐开始融化，北极熊昔日的家园已遭到一定程度的破坏，猎物也相应减少。此外，即便游泳技术再出色，它们也无法长时间地待在海里，日益开阔的海面更增加了它们溺弊的危险。北极熊的未来需要人类更多的保护。

《美国地质勘探》杂志在一篇报道中预测，由于全球变暖、北极冰面融化，到2050年地球上北极熊的数量可能减少2/3，其中阿拉斯加地区的北极熊将绝迹。北极熊依靠冰面为平台猎捕海豹，人们认为，全球气候变化导致冰面融化，这将严重危及北极熊的生存区域。2007年1月，美国鱼类及野生动植物管理局提议把北极熊列入《濒危物种保护法》。

北极狐，又名蓝狐或白狐。北极狐的毛皮是国际毛皮市场上畅销的高档商品，因此北极狐成了人们竞相猎捕的目标。北极狐额面狭，吻部很尖，耳短而圆，颊后部生长毛，脚底部也密生长毛，极适于在冰雪地上行走。其尾毛蓬松，尖端白色，身体略小于赤狐。北极狐毛皮既长又软且厚，可以忍受极地的严寒。冬天，其毛色为纯白色，仅无毛的鼻尖和尾端为黑色，从春天至夏天，皮毛又逐渐转变为青灰色，故又名“青狐”。

北极狐分布于北冰洋的沿岸地带及一些岛屿上的苔原地带，能在－50℃的冰原上生活。北极狐喜欢在丘陵地带筑巢，且巢穴有几个出入口。当遇到暴风雪时，北极狐可以待在巢穴里一连几天不出来。北极狐年年都维修和扩展巢穴，以便能长期居住。夏天，当食物丰富时，北极狐会把部分食物储存在它的巢穴中。冬天，当巢穴中所储存的食物消耗殆尽时，北极狐会跟踪北极熊，拣食北极熊吃剩的食物。因此，冬天北极熊的身后总会有2～3只北极狐悄悄地跟随。

北极狼，又名白狼，是犬科的哺乳动物，也是灰狼的亚种，是世界上最大的野生犬科。北极狼具有很好的耐力，适合长途迁移。它们的胸部狭窄，背部与腿强健有力，具备很有效率的机动能力。它们能以约10千米的时速走几十千米，追逐猎物时速度能提高到接近每小时 65 千米，冲刺时每一步的距离可以长达 5 米。与其他所有狼一样，北极狼是一群一群的集体捕猎的，通常是 5～10 只组成一群；它们大多捕食驯鹿和麝牛，但亦会捕杀北极兔、旅鼠、驼鹿、鱼类、海象和其他动物，有时甚至会攻击人类。

在一般人的印象中北极狼是凶猛的，但是对因纽特人来说，北极狼却是一种很温和的动物。由于北极狼的居住地的泥土为永久冻土，挖土极为艰难，因此北极狼通常都会用洞穴或洼地当作它们的居住地；在 5 月下旬到 6 月上旬间，母狼会生下 2～3 只小狼，时间比灰狼迟了约 1 个月。北极能够捕猎到的食物较少，因此北极狼每一胎所生下的小狼数量比灰狼要少。北极狼的孕期约为 63 天。小狼出生后会跟随母狼 2 年，然后开始独立生活。北极狼主要分布在北极地区，包括加拿大北部和格陵兰北部。据统计，目前全球只有约 10 000 只北极狼，因此在 2012 年它们被世界自然保护联盟列入濒危物种红色名录。

北极狐

北极狼

北极驯鹿又名角鹿，体型中等，与其他鹿种不同之处在于：一是雌鹿同雄鹿一样都长着树枝般的角；二是驯鹿像候鸟一样，入冬时节，便开始一群群地往南迁徙。早春时节，又开始向北进发，它们的迁徙距离通常在 500～700 千米，有的甚至达上千千米。

北极驯鹿

麝牛分布于北美洲北部、格陵兰等北极地区，是分布最北的偶蹄目动物。麝牛貌似家养的牛，体型较大，但低矮粗壮，雌性较雄性小；头大，吻部宽，眼小；雌雄均具角，四肢短粗，蹄宽大；毛被厚，极耐寒；尾短。它们栖息于气候严寒的多岩荒芜地带，群居，主要吃草和灌木的枝条，冬季亦挖雪取食苔藓类。其性勇敢，在任何情况下都不退却逃跑；当狼和熊等敌害出现时，群体立即形成防御阵形，成年雄性站在最前沿，把幼牛围在中间。麝牛的成活率很低。因其毛皮极好，曾被大量猎杀，几乎灭绝；后经保护，种群数量已有所恢复。

麝牛的毛长可拖地。据动物学家研究表明，麝牛同山羊和绵羊更接近。麝牛的近亲可以在热带地区找到，是六不像的扭角羚。麝牛不会分泌任何麝香。北极只有为数不多的几个麝牛群，其总数约 7 000 头。

北极海域的鲸类只有 6 种，虽然数量远远不如南大洋，但北冰洋中的一角鲸和白鲸却是世界鲸类中最珍贵的品种。一角鲸体长仅 4～5 米，重 900～1 500 千克。其体形奇特，头上长着一个 1～2 米的角。当地居民给它们起了一个别名，叫“独角兽”。其

北极麝牛

实，一角鲸的“角”不是角，而是大牙，因此也有人称其一齿鲸。一角鲸的长角在市场上很受欢迎，其价格曾一度等同于同等重量的黄金。目前，人类已经成为其种群数量的最大威胁；锐减的种群数量使其成了濒危物种。

白鲸

一角鲸

北极最大的鲸是格陵兰鲸，其身长20～22米，体重可达150吨。刚出生的小鲸一般有三四米长，重2吨左右。母鲸十分爱护它的孩子，遇到捕鲸船或有任何危险时，它会用自己的身躯保护小鲸，并发狂地挡住捕鲸船的攻击。

一到秋天，分布在阿拉斯加和加拿大北极地区的黄金鸻，先是飞到加拿大东南部的拉布拉多海岸，在那里经过短暂的休养和饱餐，待身体储存了足够的脂肪之后，则纵越大西洋，直飞南美洲的苏里南，中途不停歇，一口气飞行 4 500 多千米，最后来到阿根廷的潘帕斯草原过冬。而在阿拉斯加西部的黄金鸻则可一口气飞行 48 小时，行程 4 000 多千米，直达夏威夷，然后再从那里继续飞行 3 000 多千米，到达南太平洋的马克萨斯群岛甚至更南的地区。而且，在这样长距离的飞行中，它们可以精确地选择出最短路线，毫不偏离地一直到达目的地，可见它们的导航系统是非常精密的，至于它们是如何做到这一点的，却仍然是一个谜。

北极黄金鸻

冰冻的海洋和恶劣的气候将北极与其他地区隔离开来。北极是遗世独立的冰天雪地，可凌厉的冰雪和极度的严寒并没有让这里成为生命的荒原，不畏惧寒冷的极地动植物亿万年来在这里生殖繁衍，形成了自己独特的生态系统。

北极的气候

北极气候的特点是冬季寒冷漫长，夏季短暂凉爽。北极地区的气候变化多样，冬夏两季都会经历极端的日照变化。部分地区终年被海冰、冰川、积雪、冰雪覆盖，此外绝大部分地区每年中的大部分时间地表都有冰雪。

北极地区中部是北冰洋，四周环绕着欧、亚、美洲大陆。因此，北极地区的气候因海洋水体而变得较为温和。北极地区的海水温度基本维持在－2℃以上。正因为有这样相对温暖的海水，在冬季，尽管水面上漂浮着巨大的冰盖，北极仍旧不是北半球最寒冷的地区，而且明显比南极更“温暖”。而在夏季，冰凉的海水也使北冰洋沿岸地区的气温较低。

北极的冬季主要受强大而持久的地面逆温控制，地表温度在－30℃以下，距地表500米高度上，气温升到－25℃左右，到1 500米高度上，温度约为－20℃，在500～1 500米之间，通常有一个深厚的等温层。

夏季，地面及冰面上的积雪开始融化，地面变湿，水分蒸发，扰动混合，建立了地面混合层。夏季有40％的时间中层仍然存在着平流逆温，但强度较弱，且北极盆地上空地面逆温的频数是15％～20％。

在北极圈内，纬度越高，出现极昼极夜的时间就越长。北极点附近的地方一年有近一半的时间是极昼，另一半是极夜。越是接近极点，极地的气象和气候特征越明显。

极昼和极夜（又称永昼、永夜）是地球两极地区特有的现象，是指一天24小时之内全都是白天（极昼）或黑夜（极夜）。北极圈是北半球内仅有可能发生极昼极夜的地方。每年的公历3月21日前后，也就是春分的时候，太阳直射赤道。从这一天开始，北极圈内开始出现极昼。夏至日时，太阳直射北回归线（北纬23°极圈上的地方最初开始有极昼，然后逐渐扩大到北极点，接着扩大到整个北极圈范围），这时北半球极昼范围达到最大，为北极圈以北的全部地方。之后，极昼范围慢慢缩小，到了9月23日前后，即秋分的时候，只有北极圈上的点有极昼。这一天过后极夜开始，最初也是在北极圈上的点，然后延伸到整个北极圈。12月22日冬至前后时，太阳直射南回归线，整个北极圈以北的区域都是极夜。接着极夜范围逐渐回缩，到了第二年的3月21日前后，即春分时，极夜结束，而极昼重新开始。

北极的极昼和极夜

北极圈以北的区域，阳光斜射，正午太阳高度角很小，并有一段时间是漫长的黑夜，因而获得的太阳热量很少，为北寒带。北极圈是北温带和北寒带的分界线，是北半球上发生极昼、极夜现象最南的界线，北极圈内的地方，纬度越高，出现极昼极夜的时间就越长。

北极有无边的冰雪、漫长的冬季。在那里，太阳永远升不到高空中，即使在仲夏时节，它升起的角度也不超过23.5°。北极的年降水量一般在100～250毫米，在格陵兰海域可达500毫米，降水集中在近海陆地上，最主要的形式是夏季的雨水。

北极地区大部分是由海洋（北冰洋）和陆地（阿拉斯加，加拿大，格陵兰岛，西伯利亚）所包围的冰、雪和霜为主的。在冬季，气温下降到－40℃，北冰洋覆盖着数米厚的海冰。在短暂的北极夏季，北极大部分地区的温度达到0℃，海冰则部分融化。北极地区的降水主要以雪的形式存在，覆盖了海冰，非常危险，无数的探险者因此沉没在海冰中，落在冰冷的北冰洋而失去了生命。

由于北极圈内日照短暂，太阳高度不高（阳光穿过的大气层厚度增加，导致反射和散失的热量增多），以及地表冰盖对阳光的反射，形成了冬季严寒、夏季凉爽的气候。冷空气在进入北极圈内后变冷沉降，形成了极圈内的极地高压带。

从极地高压区流向低纬度的空气，由于地球自转偏向力的作用，一律偏东，在北极圈内的地区形成东北风（从东北吹向西南），称为极地东风带。在北极圈附近，极地东风携带的冷空气向下沉降，造成近地面的东北风，而从低纬度北上的暖空气与北面来的极地冷空气相遇，形成锋面，称为极锋。暖空气由于较轻，爬升到较重的南下冷气流之上，形成副极地上升气流。上升气流在高空又分为南向和北向流动的两个分支。向南的一支在北纬30°左右再度下沉，构成了北半球的中纬度环流圈。向北的一支到了北极点附近沉降，完成高纬度环流圈。

由于副极地上升气流的影响，北极圈附近的气压较低，称为副极地低压带。但是在亚欧大陆，冬季时的蒙古—西伯利亚高压影响强烈，使得亚欧大陆和北美洲北部都是亚寒带大陆性气候，副极地低压只能保留在海洋上面。

在北冰洋极点附近漂流站上测到的最低气温是 -59℃。由于洋流和北极反气旋的影响，北极地区最冷的地方并不在中央北冰洋。在西伯利亚维尔霍杨斯克曾记录到 -70℃的最低温度，在阿拉斯加的普罗斯佩克特地区也曾记录到 -62℃的低温。

北极的冬天是漫长、寒冷而黑暗的，北冰洋的冬季从 11 月起直到次年 4 月，长达 6 个月将是完全看不见太阳的日子。1 月份的平均气温为 -20～-40℃，温度会降到 -50℃。此时，所有海浪和潮汐都消失了，因为海岸已冰封，只有风裹着雪四处扫荡。

到了 4 月份，天气才慢慢暖和起来，冰雪逐渐消融，大块的冰开始融化、碎裂、碰撞，发出巨响；小溪出现潺潺的流水；天空变得明亮起来，太阳普照大地。5、6 月份，植物披上了生命的绿色，动物开始活跃，并忙着繁殖后代。在这个季节，动物们可获得充足的食物，积累足够的营养和脂肪，以度过漫长的冬季。

7、8 月是北极的夏季。7 月份的平均气温在 -10～10℃之间，而最暖 8 月的平均气温也只达到 -8℃，某些地区夏季最高气温可达 30℃以上。

9、10 月是北极的秋季。北极的秋季非常短暂，在 9 月初，第一场暴风雪就会降临。北极很快又回到寒冷、黑暗的冬季。极夜又冷又寂寞，漆黑的夜空可持续 5～6 月之久。直到来年 4 月份，地平线上才又渐渐露出微光，太阳慢慢地沿着近乎水平的轨迹露出自己的脸庞，北极新的一年的黎明开始了。

北极的气候波动很大，从日复一日、月复一月到年复一年，它的平均气温可以在几天内增加或减少 15℃左右，这些变化与人为的气候变化无关，这个过程是自然形成，主要是大气和海洋之间热交换的结果。

目前世界各地气温上升，北极地区是全球变暖的领头羊。这是所谓的反馈，或加强气候变暖的气候过程的结果，一个重要的增强过程涉及地球表面的反照率（反射率）。雪和冰比水和土地反射更多的阳光。全球温室效应气体增加使全球气候变暖，导致海冰和冰雪融化。这使得地表面变得有点“黑暗”，允许它储存更多的阳光，从而让气候变得更温暖。而这又会融化更多的冰雪，使地表面变得更加“黑暗”。这个过程被称为反照率反馈，并且与其他机制一起，共同加强了北极的变暖。

北极的夏季

过去几十年的测量表明，北极地区升温速率是地球其他地区的 3 倍，尤其是在冬季。这种变暖现象可在一些地方显露，如斯匹次卑尔根群岛上的冬天分别比在 1980—2010 年期间平均冬季气温上升 10℃，以至格陵兰冰原加速崩塌。卫星观测表明，北冰洋海冰正在迅速萎缩，自 1980 年以来，几乎一半的海冰在 9 月份已经消失，冰层厚度也在减小。由于升温，北极冰川和冰盖正在以创纪录的时间融化。

海冰的消退有一个意想不到的副作用——产生更多的降水。由于开阔水域的增加，蒸发量会增加，造成更多的云层和更多的降水。降水主要以雪的形式落在当前的气候中，有时会抑制海冰和冰的融化。另一方面，在斯匹次卑尔根群岛，近年来降水的形式也越来越多。

用于计算21世纪全球气候变化的气候模型表明，全球温室气体排放将加速全球气候变暖。21世纪末，年平均气温将比现在高出10～15℃。届时，北极大部分地区的降水将大部分是降雨。

全球变暖的后果是深远的。首先，冰川和冰盖将继续融化，提升了全球海平面。海冰的消失也将有助于改变环流形态，并可能导致世界范围内持续较长时间的热浪、干旱和极端天气，北极气候变化的后果将在全世界被感受到。由于北极降水量的增加和格陵兰冰原的加速崩塌，北大西洋水将变得更加“甜美”。

由于北极的强烈升温和加剧降雨将导致冻土加速融化，导致释放大量的甲烷和二氧化碳。甲烷也是一种强烈的温室气体，所以这种影响将进一步加剧全球变暖。

2018年8月5日，北极圈的气温已超过30℃。高温和降雨导致海冰加速融化。如果按照这种趋势走下去，预计在2040—2050年的夏季，北极圈内的海冰将完全消失，那时的东北航道和西北航道在夏季不会难以驾驭，可以实现到北极地区的航行。

北极的资源

北极是目前人类社会尚未被大规模开发的资源宝库，北极地区的能源、矿产和生物资源丰富，被称为“地球尽头的中东”。

北极资源种类对于现代社会的意义，最重要和最直接的当然是能源中的石油与天然气资源。据保守的估计，该地区潜在的可采石油储量有 1 000 亿～2 000 亿桶，天然气在 50 万亿～80 万亿立方米之间，北冰洋下的油气资源约占世界总量的 22%。可以看出，当世界上其他地区的油气资源趋于枯竭的时候，北极将成为人类最后的一个能源基地。

阿拉斯加北部煤炭资源丰富，属尚未开发的地区之一。地质学家估计世界煤炭资源总量的 9%——4 000 亿吨煤贮藏于此。北极西部煤藏的理论储量为 30 亿吨，这是阿拉斯加北部煤田中质量最高的煤田，用最简便的常规露天采掘技术便可开采。西伯利亚的煤炭储量比中国的大同、北美的阿拉斯加更大，有人估计为 7 000 亿吨或者更多，甚至可能超过全球储煤量的一半。

北极不仅煤炭资源丰富，而且煤质优良。其西部的煤经过了 1 亿年古老的地质形成过程，是一种高挥发烟煤，其平均热值超过 12 000 焦耳每千克，低硫（0.1%～0.3%），低灰（10%），低温（含水 5%）。北极的煤差不多是全世界最洁净的煤，具有极高的蒸汽和炼焦质量，可直接用于能源和工业原料。

北极地区的石油、天然气、煤炭储量分别占全球已探明储量的 13%、30%和 9%。

北极除能源以外其矿产资源也很丰富，例如科拉半岛的世界级大铁矿和举世闻名的查尔斯王子山世界级大铁矿。在南、北极对称的地方都出现了世界级的大铁矿，这种有趣的分布方式是纯属偶然，还是与南、北磁极的位置或者与大陆漂移有什么关系，目前还说不清楚。

除铁矿外，北极还拥有大量其他矿产资源。诺里尔斯克的世界最大铜镍钚复合矿基地就是其中之一。在阿拉斯加库兹布北部

的红狗锌矿山，据估计拥有 8 500 万吨矿石，其中含锌 17%，铅 5%，银 75 克每吨，它已成为价值 111 亿美元（1983 年价）的世界级大矿。考明克跨国矿业公司和那纳公司正在对红狗锌矿山进行联合开发。

在阿拉斯加朱诺石英脉型金矿区，从 1880 年到 1943 年已生产了 108.5 吨黄金，估计尚有 13.2 吨待开采。西特卡附近的奇察哥夫矿曾产金 24.8 吨，仍含 9.3 吨待开采。贵金属矿的开发在白令海峡两岸此起彼伏。另外，格林克里克银矿是全美最大的潜在银矿，1988 年开发后，生产能力为日处理 1 000 吨矿石，估计可采 10～30 年。北极地区还储有铀和钚等放射性元素，被称为战略性矿产资源，如威尔士王子岛上的盐夹矿就蕴藏有 28.5 万吨钚矿石。

作为世界上最浅的海洋，北冰洋半数以上陆架区水域深度不超过 50 米，便于大规模开采。北冰洋海冰的消融进一步降低了北极能源开发成本。北极地区还富有金，铀、钻石等稀有矿产资源，评估价值高达 5 万亿美元。2003 年，加拿大北极地区发现钻石矿，使得加拿大一跃成为世界第三大钻石生产国。北冰洋底的多金属结核中蕴含丰富的锰、铜、铁、钴等资源。

北极海域富集鳕鱼、红鱼、磷虾等，是世界上最大的生物蛋白库之一。

北极的石油资源和其他自然资源极为丰富，包括不可再生的矿产资源与化学能源、可再生的生物资源以及如水力、风力等恒定资源。如果按照广义的资源定义，则还应算上军事资源、科学资源、人文资源、旅游资源等。

改变世界的北极航道探险

北极是一个充满奥秘的冰雪天地，是“世界神秘的顶点”。当人类第一次仰望天空见到北极光的那一刻，就对北极开始充满着无限的遐想。被白雪和寒冰覆盖的北冰洋有着动人的传说。古希腊神话是描述北极的最早文本，其中描述北冰洋是一片永久温馨、遍地阳光的地方。被誉为“北方乐土”的北极拥有丰富的宝藏，是连接世界的“黄金航道”。15 世纪末至 16 世纪初，当欧洲人尝试到海外从事地理探险和大自然探索时，北极航道探险就已经起步了。四百多年来，人们一直在寻找、开辟北极的东北航道和西北航道。开辟北极航道从探险起步，它成为当时世界地理大发现的一个重要组成部分。

一望无际的雪原，坚冰覆盖着的曲折蜿蜒的海岸线，北极——人类文明的禁区，大自然鬼斧神工的创作被保留得最原始的一块地方。古人基于对未知世界的丰富想象力，前赴后继地去探索，寻找北极的财富和航道，揭开北极神秘的面纱。星移物换，随着全球变暖，北冰洋海冰融化速度逐年加快，开辟北极航道已经不再是传说。随之，北极的丰富资源的开发和利用迫在眉睫。北极航道开通后，世界地缘战略海运格局将发生重大变化，人类将迎来一个“新航海时代”，北极将成为“国际海运新命脉”。

为了寻找通往富庶东方的海上捷径——北极航道，千百年来，数以千计的探险家进入北极地区，他们与酷寒、黑夜、饥饿和疾病展开了艰苦卓绝的斗争。探索北极航道是人类一项持续的探险活动，北极以其无尽的财富和便捷的航道吸引着人类的无限

关注。希腊人凭着对未来美好的向往去寻找“北方乐土”，最先开始了人类迈向北极航道的探险之路。寻找漫漫的北极航道大致可以分为 4 个阶段。

第一阶段，在哥伦布未发现美洲新大陆以前的北极探险。就地理学而言，古希腊人的重要贡献是多方面的，是他们第一次将地球分成了 5 个带，中间赤道附近是热带，两边依次是温带和寒带。又是他们勇敢地向寒带发起了进军，古希腊人毕塞亚斯在 2 000 多年前就开始了人类历史上第一次有理性的北极探险，他最北可能达到了冰岛或者挪威北部，并于公元前 325 年回到古希腊。古斯堪的纳维亚人奥特于公元 870 年完成人类历史上第一次有记录的进入北冰洋的航行。这时候是人类探险史上的启蒙时期，人们对北极的探险，充满了苦难和牺牲。

哥伦布发现美洲新大陆

第二阶段，受马可·波罗东方之行的影响，加剧了探险者寻找北极航道的热情。1492 年，意大利人哥伦布在地球是球形的理论指导下，为寻找抵达东方的新航线而发现新大陆，在此期间，人类历史上发生了一件大事，不仅把东西方联系了起来，也为人类向北极进军赋予了一种全新的含义，这就是马可·波罗东方之行和他的《马可波罗行纪》。他为人类历史的进程以及人类向北极进军注入了新的活力，起到了极大的推动作用，从而激发了长达 400 年的寻找北极西北航道和东北航道的探险活动。第二阶段的北极航道探险丰富了北极的航行路线，使南方与北极的联系由经向性增加了一条纬向性。

《马可波罗行纪》

第三阶段，是从以蒸汽机为标志的在英国进行的第一次工业革命开始。进入 19 世纪，欧洲的政治、文化、经济发生了巨大的变革，改变了世界的面貌，最终确立了资产阶级对世界的统治地位。率先完成了工业革命的英国成了世界霸主。工业强国雄心勃勃地向北极地区的西北、东北两条航道开始新的探索，这是北极探险史上极为丰富的时期。从 16 世纪到 20 世纪 30 年代，尽管许多国家探寻、使用并开发东北航道，但由于当时严重的冰情和航行安全系数低等情况的限制，航道实际上不具备商业航运价值。

以蒸汽机为标志的第一次工业革命在英国进行

第四阶段，是自 20 世纪下半叶以来，全球气候变暖加快，北冰洋海冰融化速度逐年加快，这时期到北极探险的人逐渐增多，采取的形式开始多样化，成效明显，是北极探险史上硕果累累的时期。随着造船技术的发展，大大提高了核动力破冰船队的水平，完善了沿海航行安全体系。一批适应在北极海域航行的特

核动力破冰船

种船型应运而生，一个真正意义上的科学探险、商业航行正在有序地进行着。探索北极航道的每一步，探索者们都付出了沉重的代价。

古希腊人毕塞亚斯迈出北极探险寻宝第一步

人类的历史是一部不断探索和发现自然的历史，也是一部在探索和发现自然环境中不断发现和认识人类自身的历史。

探索、追求与创造的精神把人类带向理性的世界，带向光明的彼岸。

当人类告别野蛮时代，进入文明时代，人类运用科学与智慧，凭着执着与勇敢，开始探索自然界一切未知的领域。几百万年后的今天，当我们回溯人类走过的历程的时候，似乎一切都变得简单明了。可是，在探索自然、认识未知世界的过程中，一代又一代的人们为之付出了巨大的物质与精神代价，乃至献出了自己的宝贵生命。然而，正是在不断探索、追求与自我牺牲中，生生不息的人类实现了最崇高的生命的创造性价值。

人类不断探索和发现历史

我们对周围未知世界的地理探索和发现是一个漫长而曲折的追求与创造的过程。人类最早的地理探险活动是从近海的先民们开始的。在经年累月的海上航行实践中，古代世界的第一个航海民族腓尼基人积累了大量的地理探险与航行发现的经验。公元前6世纪，他们向神秘的自然界发起了勇敢的挑战，进行了一次环绕非洲大陆沿海的探险航行，为人类的地理探险活动树立了光辉的榜样。

古希腊人不仅是一个富有智慧的民族，而且也是一个勇于探索的民族。他们的地理探险与殖民扩张活动是与早期城邦制度的形成过程联系在一起的。在这个过程中，“母邦”把部分公民迁移到海外某地，形成新的殖民城邦——“子邦”；再由子邦创立“孙子邦”，这样便造就了更多的城邦。通过海外探险和建立殖民地，希腊世界北出黑海，南至非洲内陆，西达中欧，东及埃及、叙利亚、巴比伦等文明地区，形成了一个海洋与大陆相互交错、东方与西方密切联络的前所未有的地中海文明世界。

早在2 000多年前，古希腊人毕塞亚斯勇敢地升起了风帆，开始了北极探险、寻宝之旅，这是自人类告别野蛮进入文明时，第一个运用科学与智慧，凭借执着与勇敢，开始探索自然界一切未知领域的人。由此开始了人类漫长的北极探险之路，谱写了人类与北极所发生的无穷无尽可歌可泣的故事。

毕塞亚斯出生在当时的希腊属地马赛利亚，即现在法国的马赛港，是一位伟大的天文学家和航海家。生活在地中海沿岸的古希腊人以善于观察星象而闻名。当他们仰望太空，经过长时间的仔细观测后终于发现，天上的星星可以很明显地分为两组，北方上空的那一组不仅一年到头都可以看见，而且它们都有固定的轨道，围绕着天上的一颗星星而旋转，这颗星就是北极星。而另外的一组只是季节性地出现，并不是随时都出现。在这次航行中，毕塞亚斯不仅引入了一种利用天文测量来确定地理位置的方法，而且还注意到了月亮运动和潮汐涨落的关系。

他这次去北极探险不仅仅是为了解天文观测或搜集科学数据，更是为了替马赛利亚的希腊商人到遥远的地方去寻找锡和琥珀，这两种东西在当时的欧洲市场上价格非常昂贵。他大约用了6年的时间完成了这次航行，最北可能达到了冰岛或者挪威北部。公元前325年，他回到了马赛利亚，不久便去世。

毕塞亚斯在这次航行中也记有详细的航海日志，但由于年代久远，所保存下来的只有只字片语。例如他说他到达的最北的地方“太阳落下去不久，很快又会升起”“海面上被一种奇怪的东西所覆盖，既不能步行也无法通航”等。后来，人们对他这次航行的真伪进行了甄别，确认他到了北极或者亚北极地区，史学家认定毕塞亚斯的北极之行是航海史上一次划时代的事件。

由于古代罗马史是一部不断冒险、发现、征服与扩张的历史，所以古罗马人最能代表人类挑战困难、敢于冒险和探索自然的拼搏精神。他们在继承伊达拉里亚人、腓尼基人、希腊人、迦太基人的海上事业的基础上，完成了对西欧本土的发现，扩大了关于大西洋温带和寒温带岛屿的地理知识的范围；地中海霸权确立以后，他们继而对直布罗陀以南的大西洋及非洲海岸做出进一步的地理考察，发现了通往南大西洋的跳板——马德拉群岛和加那利群岛，为近代葡萄牙人沿着西非海岸南下到达东方并创造出无数探险和发现的奇迹奠定了坚实的基础。

中世纪时期，阿拉伯人的势力在伊斯兰教的旗帜下向外大规模拓展。阿拉伯商人不仅成为欧洲与南亚、东南亚及中国之间贸易往来的中间人，也是远近闻名的航海家和旅行家。随着一个横跨欧、亚、非三大洲的阿拉伯帝国的崛起，阿拉伯商人与旅行家的足迹也留在了三大洲的许多地方。在长期的探险航行与商业贸易的过程中，阿拉伯人详细记录并认真研究了印度洋季风等气象条件。阿拉伯学者以此为基础，撰写了大量的地理学著作，记录了大量有关海洋地理的珍贵资料，为促进人类地理探险事业的发展作出了重要贡献。

北欧人作为善于冒险的古代海上民族，有着谜一般的历史与传说。他们被称为“维京人”“诺曼人”或“斯堪的纳维亚人”，属于日耳曼人的北支。北欧人具有装备精良的武器和丰富的航海经验，在海外谋生的道路上逐渐成为海盗式的商人，在海上劫掠、海外探险与地理发现的历史上扮演了重要角色。对北大西洋未知海域和陆地的探索曾经是这些来去如飞的“北欧海盗”的一项重要活动，像冰岛、格陵兰岛和北美东北部海岸就是他们最早发现的。北欧人那种无所畏惧的冒险精神是人类探索自然和征服世界能力的生动体现。

北欧人——善于冒险的古代海上民族

在激励欧洲人探索未知世界的进程中，著名的威尼斯商人马可·波罗的作用是无可替代的。他最早把中国介绍给西方，是中西方经济文化交流史上的重要人物。文艺复兴时代，意大利直接或间接地造就了巴托罗缪·迪亚士、达·伽马、费迪南·麦哲伦、佩德罗·阿尔瓦斯·卡布拉尔等一大批著名的航海探险家。地理大发现时代，首先与葡萄牙展开竞争的是西班牙人，他们也对人类探险事业的发展作出了重要贡献。正是在西班牙王室的大力支持下，哥伦布才得以有条件横渡大西洋和发现“新大陆”，麦哲伦探险队才有可能完成人类历史上的首次环球航行，用实践证明了古老的地圆学说。西班牙人通过对美洲的发现与征服，建立了世界近代史上的第一个“日不落帝国”。

英国人积极参与地理大发现，借以分享被葡萄牙和西班牙所长期垄断的海外殖民利益。作为哥伦布的同胞，航海家约翰·卡伯特向西北方航行并发现了北美的纽芬兰岛，标志着英国地理大发现时代的到来。1585 年，佛罗里达州以北的整个北美地区被沃尔特·雷利爵士作为礼物送给了英国的伊丽莎白女王，该地因此被称为“弗吉尼亚”。1620 年，著名的“五月花”号船又把第一批到北美定居的英国殖民者送到了普利茅斯，由此开创了北美大陆历史的新篇章。

在对远东的西伯利亚、北太平洋、澳大利亚及南太平洋岛屿以及非洲内陆的探险和发现活动中，葡萄牙人、西班牙人、英国人、法国人、荷兰人、俄国人、丹麦人、挪威人以及美国人都取得了突破性的成果。尤其在对“世界神秘的顶点”——地球两极的地理探险和科学考察中，无数的冒险者和探险家不畏险途，通过探索和发现大自然的奥秘，挑战自我，实现了人类的伟大使命。

这个时期的埃及、日本等地开始出现了北极的“符号”。公元前 285—公元前 246 年，当时的埃及国王托勒密二世就曾在私人动物园里饲养过一头北极熊。罗马人也曾经把北极熊赶进水坑，让它们和海豹在水里撕咬搏斗。公元 858 年，日本国王也曾收到过珍贵的礼物——两头北极熊，至今都无法考证这两头活着的北极熊是从什么路线运到日本的。

古时候有一条“丝绸之路”，东起中国、西到英国，把东方和西方紧紧地连在了一起。其实还曾经有过“北极熊之路”“琥珀之路”，北起北极南到非洲，把北方和南方连成了一个整体。

“北极熊之路”很可能有两条，分别位于西欧和东亚，但其详细路线是不为人所知的。至于“琥珀之路”了解得比较清楚一些，即从地处亚北极的波罗的海东海岸往南通过维斯图拉河，越过阿尔卑斯山到达地中海，然后进入埃及。在几个埃及法老的坟墓中曾经发现过波罗的海的琥珀。而在古罗马，琥珀虽然很贵，却很多。

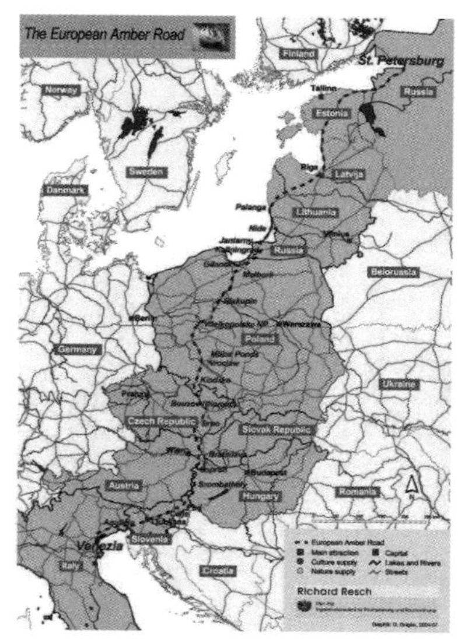

“琥珀之路”

虽然北极的实物被源源不断地运往南方，但人们却很少知道北极到底是什么样子，因为唯利是图的商人们为了赚钱，他们总是对货物的来源、运输渠道严守秘密。

毕塞亚斯之后，欧洲人备受鼓舞。首先是来自爱尔兰的僧侣神秘地踏上了北进的征途，这就是圣布伦丹动人心弦但却扑朔迷离的探险故事。圣布伦丹在他 70 岁时，和另外 17 个僧侣往北行进到达了一个岛屿。那时候，西欧僧侣们热衷于寻找一块世外桃源，也许是因为深受战乱之苦，他们极力寻找一块和平和孤立的土地。圣布伦丹就是怀着这样的梦想开始了他艰难的航行，经过漫长的漂泊之后，他们终于来到了一个岛屿，后人认为那很可能是纽芬兰岛。

人们把圣布伦丹在他的《北欧英雄传奇》中所提到的在海上遇到了“漂浮的晶状堡垒”一事，看作是在文学上第一次对冰山的描述。圣布伦丹的故事是真实的，早在公元 800 年以前，史书上就记载了爱尔兰僧侣来到了冰岛。公元 825 年，有一个住在冰岛的僧侣报告说，他们在午夜可以和在中午一样，坐在阳光下面捉虱子。

公元 870 年，一个叫奥特的古斯堪的纳维亚贵族受好奇心的驱使，扬帆远航，沿挪威海岸，绕过斯堪的纳维亚半岛的最北端，转过科拉半岛而驶入北海，成为人类历史上第一次有记录地进入北冰洋的航行。他在沿岸看到的是一片极端荒凉的土地，偶尔才能遇到几个渔民、猎人或依靠驯鹰打猎的狩猎者。所有这些人都是拉普人。当然，他们的收获还是很大的，除了地理上的发现之外，还从当地居民那里收集到了貂皮、鲸须、鸭绒、熊皮以及用海象和海豹皮做成的绳子。现在看来，除了钢绳之外，用海象皮做成的绳子可能是最结实的了。当奥特访问英国时，便把这次航行的情况详细地告诉了阿尔弗雷德大帝，在英伦三岛和整个欧洲引起了轰动。

在相当长的一段时间里，大约是四个多世纪，北欧人成了在北部海域航行的主力军。

由于北欧耕地稀少，所处纬度较高，对农业发展十分不利。但北欧地区森林茂密，有取之不尽的木材和许多天然良港，具有得天独厚的航海条件，致使维京人的造船工艺、造船规模以及航海能力都得到了不断提高和发展。维京人的船是维京文化中重要的组成部分，可以说维京人的一切都与他们的船有密切关联。制造维京船的材料主要取自高大笔直的橡树。维京船分为战船和货船两类。战船较轻，船窄，灵活轻便，又很耐风浪；而货船的船身又高又宽，船体也很重，在波涛汹涌的大海中载重航行时可保持稳定。两类船都有通常所说的弯曲船首，用一整块完整的橡木精雕细刻而成。

在当时，远洋航行意味着冒险，他们无法准确测量经度，木制船壳无法抵抗船蛆的侵蚀，储备的食物不适于长期航行，船上的卫生与生活条件也十分糟糕。北欧人在没有任何通信设备与外界联系，没有任何仪器可以指示方向的情况下，驾驶着只有 8.5 米长、4.8 米宽和 1.2 米深的一叶轻舟，顶风冒雪，克服重重困难，在茫茫无边的北极海域里勇敢地航行。东可以到俄国，西可以去格陵兰岛，南可以到英国、法国和意大利，北可以深入北冰洋。

从 8 世纪末开始，维京人驾驶着帆船向各个方向的海洋推进。他们迁徙的范围很广，是当时世界上优秀的航海民族。在英国，他们被称为丹麦人；在法国、意大利，他们被称为诺曼人；在古罗斯、爱尔兰，他们被称为瓦兰几亚人。他们还敢到远海去冒险，航迹往西达到了冰岛、格陵兰岛，公元1000年左右，他们甚至抵达了北美洲的陆地。他们的大规模航海活动是与具有先进的造船及航海技术相联系的。

维京人的船

中世纪前期，维京人驾驶的帆船极具特色。北欧地区水域宽广，居民们很早就建造了船只作为水上交通工具。考古学家曾在丹麦发现了许多属于青铜时代的船只的图画。这些图画有的刻在岩石上，有的刻在武器上，有的甚至刻在男子的剃须刀上。画中船只船体较长，船首十分高大，类似天鹅颈状，上面还刻有各类动物头像，船只中央画着一株竖立起来的树木。在日德兰南部的约尔斯普林沼泽地区，发掘了一艘大约建造于公元前后的船，与青铜时代的船形颇为相似。船身细长，长达42英尺（1英尺=0.305米），结构精巧，宛如一艘竞赛快艇。每块船板都很窄，

不用钉拢，而是合缝之后再绑缚在骨架上。中世纪早期，北欧船又有一些新的发展。1863 年，在丹麦的尼达姆地区发现了两艘大船。其中一艘现存于石勒苏维格的一个博物馆里，船长 60 多英尺，特点显著，令人叹为观止。该船主要有以下三个特点。

第一，船板采用“塔接”法。所谓“塔接”即船板相叠而成，而地中海船舶是采用“平接”法，船板合缝拼平，所以表面光滑。

第二，“双头”船。船体为长船状，但中部要比南方地中海的长船宽得多，船的头尾接近对称，都呈尖翘状，离海面很高，称为双头船。整个看船身，为平滑弯曲的线条，从高船首到中间近乎圆形再到高船尾，曲线很优雅，头尾都似蛇龙昂头，遇到危险时还可将头尾去掉。

第三，动力以扬帆为主，兼以划桨助推。“有一根或者最多两根张着纵帆的桅杆”，桅杆一般立在中心处，如戈斯塔德船桅杆就树立在中心处一块形状像鱼的坚硬石块上，并有支桅索。为了抗击北部海域上的大风，维京人在船上设置的大方帆（单帆）一般都用皮革制成，或用加了皮革条的布制成。船上还设计有帆脚索，可以牵动帆顶风的那一面，使船在横风的情况下仍能顺风航行。船上专门设有固定船桨的装置，如戈斯塔德船每侧均有 16 个桨洞，从船舷的上边穿下，形似锁孔，扬帆不用桨时，可用滑动的形似梭状的木栓将桨孔盖住，以使水不进入。桨片上也置有盖板，划桨时将盖板撤走。

北欧人的航海技术比欧洲其他地方至少要早 500 年。而他们所发展起来的造船和航海技术的某些方面也一直沿用至今。

维京战船由于吃水浅、速度快、转向灵活，十分适合远征异地时突袭式的劫掠活动。北欧人具有装备精良的武器和丰富的航海经验，在海上谋生的过程中逐渐成为海盗式的商人，在海上劫掠、海外探险与地理发现的历史上扮演了重要角色。对北大西洋未知海域和陆地的探索曾经是这些来去如飞的“北欧海盗”的重要活动内容。像冰岛、格陵兰岛和北美东北部海岸就是他们最早发现的。公元 860 年，维京人发现了冰岛，并在那里建立了定居点，原先住在这里的僧侣在一片恐慌下纷纷出逃。公元 920 年他们来到格陵兰岛开始定居，但那里的气候一年比一年寒冷，不能种植庄稼，1500 年全部的维京人终于离开了这块冰冻的岛屿。

最早见于历史记载的维京海盗出现在《盎格鲁—撒克逊编年史》中，公元 789 年，他们发动了一次对英国的袭击。当时他们被当地官员误认为是商人，这些海盗杀死了向他们征税的官员。第二次记录是在公元 793 年。以后 200 年间维京人不断地侵扰欧洲各沿海国家，沿着河流向上游内地劫掠，曾经控制俄罗斯和波罗的海沿岸，据说他们曾远达地中海和里海沿岸。其中的一支渡过波罗的海，远征俄罗斯，到达基辅和保加尔。有些船队远航至里海，前往巴格达和阿拉伯人做生意。而更为著名的一支维京人向西南挺进，在欧洲的心脏地带引起轩然大波。他们大肆劫掠不列颠群岛，并且还对欧洲大陆进行了侵扰。维京一词便带有掠夺、杀戮等强烈的贬义。维京人对于欧洲历史，尤其是英国和法国的历史进程产生过深远影响。

北欧人通过海上贸易，在西欧沿海地区建立据点。当时的西欧社会商业委顿，且普遍持有反商业主义的观点，因此社会倾向于让外国人操纵贸易。维京人拥有航海科技，而且由于位处偏远的北方，对商品的需求很旺盛，因此在海上贸易这方面具有天然优势。关于西方财富的传说以及追求财富的渴望吸引了越来越多

的人采取维京生活方式。

在维京人发展到持续劫掠并对外殖民的阶段时，维持、促进新领土的经济发展也需要相当程度的努力，这更有赖于合法贸易。考古证据和文献记载证明维京人是极具侵略性的商人，当机遇出现的时候，他们不惜使用暴力手段实现商业野心。有史学家推论，查理曼时期的法兰克帝国为谋求商业复兴，也仰仗这些北方商人的活动。

8—11 世纪习惯被人们称为“维京时代”。从北方日耳曼人 790 年开始扩张，直到 1066 年丹麦人的后裔征服英格兰，一般称为“维京时代”，是欧洲远古时代和中世纪之间的过渡时期。维京人称得上是一批航海家，他们在设得兰群岛、法罗群岛、冰岛、格陵兰岛都设立了殖民地，在 10 世纪末曾不定期地在纽芬兰居住。他们不仅是海盗，同时也进行贸易，甚至定居在欧洲沿海和河流两岸。有记录说 839 年他们曾作为拜占庭雇佣兵征服北非。他们的殖民地遍布欧洲，包括英格兰的丹麦区、基辅罗斯、法国的诺曼底等。只是到了维京时代末期，北欧才出现独立的国家和国王，同时也接纳了基督教，开始进入中世纪。直到欧洲各国王权强大，有能力抵抗外来入侵之后，维京海盗才逐渐消亡。

马可·波罗影响了近代北极航道探索

13 世纪，人们在南方与北极的联系都还只是停留在经向上，无论是人类到北极探险，还是北极的货物源源不断地运往南方各地，都是在南北方向上运动，从西欧到东亚，各有各的渠道，彼此间并没有什么联系。

也就在此期间，人类历史上发生了一件大事，不仅把东西方联系了起来，而且也为人类向北极进军赋予了一种全新的含义。或许这件事情纯属个人行为，但它为人类历史的进程以及人类向北极进军注入了新的活力，起到了极大的推动作用。这就是马可·波罗的东方之行和他的《马可波罗行纪》。马可·波罗是第一个游历中国及亚洲各国的意大利旅行家。他依据在中国的见闻，讲述了令西方世界震惊的美丽的神话。这部游记有“世界一大奇书”之称，是人类史上西方人感知东方的第一部著作，它向整个欧洲打开了神秘的东方之门。

马可·波罗

1271 年 11 月，马可·波罗 17 岁时，他的父亲和叔叔拿着教皇的复信和礼品，带领马可·波罗与十几位旅伴一起向东方进发了。他们从威尼斯进入地中海，然后横渡黑海，经过两河流域来到中东古城巴格达，改走陆路。这是一条充满艰难险阻的路，是让最有雄心的旅行家也望而却步的路。他们从霍尔木兹向东，越过荒凉恐怖的伊朗沙漠，跨过险峻寒冷的帕米尔高原，一路上跋山涉水，克服了疾病、饥渴的困扰，躲开了强盗、猛兽的侵袭，终于来到了东方文明古国的元大都，直到 1295 年离去，在中国生活了 24 年。

1295 年末，马可·波罗终于回到了阔别 24 载的亲人身边。他们从中国回来的消息迅速传遍了整个威尼斯，他们的见闻引起了人们的极大兴趣。他们从东方带回的无数奇珍异宝，使他们一夜之间成了威尼斯的巨富。

1298 年，马可・波罗参加了威尼斯与热那亚的战争，9 月 7 日不幸被俘。在狱中他遇到了作家鲁思蒂谦，于是便有了马可・波罗口述、鲁思蒂谦记录的《马可波罗行纪》这部千古不朽的名著。书中，他盛赞了中国的繁盛昌明。发达的工商业、繁华热闹的市集、华美廉价的丝绸锦缎、宏伟壮观的都城、完善方便的驿道交通、普遍流通的纸币等。使每一个读过这本书的人都无限神往。书中说，那时候亚洲北极地区的商品和贸易主要都是运往中国的。

因此可以判断那时的中国人对于北极已经有了一些概念，例如，“那是一个黑暗的地区”“冬天的大部分时间里见不到太阳”，那里“狗熊的颜色是白色的，个子很大”，那里的人们“乘坐狗拉雪橇旅行”等。据当时的鞑靼人告诉他说，他们经常到北方去进行掠夺，因而迫使那里的居民不断地往更北的方向迁移。

马可・波罗恐怕做梦也不会想到，他的这部著作会有如此深远的历史意义。马可・波罗在他的书中把中国描写得“黄金遍地，美女如云，锦罗绸缎应有尽有”，简直就像天堂一样，这不仅引起了西方人的好奇心，而且也勾起了他们掠夺的欲望，他们把攫取的目光转向了中国。伴随的是掀起了以通往东方为目的的北极航道探险。

1500 年，葡萄牙人考特雷尔兄弟沿着欧洲西海岸往北一直航行至位于北美大陆东海岸、北纬 50°左右的纽芬兰岛。当时，大航海时代已经结出了硕果，达・伽马在 1497 年绕过好望角北上，一路东行到达印度西南部重镇卡利库特，满载宝石、香料而归。马可・波罗书中描述的富饶的东方已经成为现实，考特雷尔兄弟决定从纽芬兰岛继续向北，希望找到一条通向中国的捷径，却一去不返。

在此后的几百年里，与考特雷尔兄弟抱有同样梦想的航海家们前赴后继地奔赴那时常弥漫着大雾的白色冰原。他们对前方一无所知，却都抱有极其坚定的信念，既然麦哲伦船队的环球航行已经证明地球是圆的，那么在这片北方的冻海上，无论是向西还是向东，都能到达东方。

1725 年 1 月，丹麦人白令接受彼得大帝任命，去完成“确定亚洲和美洲大陆是否连在一起”的任务。在此后的 17 年中，白令完成了两次极其艰难的探险航行，绘制了堪察加半岛的海图，并顺利通过了阿拉斯加和西伯利亚之间的航道；他到达了北美洲的西海岸，发现了阿留申群岛和阿拉斯加。前后共有 100 多人在这两次探险中死去，其中也包括白令自己。

今天，我们只要展开一张北冰洋地图，就能看到探险家们的每一步足印：巴伦支海嵌在挪威和俄罗斯的北方；哈得孙湾深入加拿大东北内陆，在东北向通过哈得孙海峡与大西洋相连；白令海峡东西连接着亚洲最东点迭日涅夫角和美洲最西点威尔士王子角，南北连接着北冰洋的楚科奇海和白令海……

这张地图同样也能证明，探险家们的信念是正确的：北冰洋有 3 条航道连接着东方和西方。

东北航道的大部分航段位于俄罗斯北部沿海。从摩尔曼斯克出发，航行 5 620 海里（1 海里 = 1. 852 千米）可向东穿过巴伦支海、喀拉海、拉普捷夫海、新西伯利亚海和楚科奇海五大海域，到达白令海峡和远东的符拉迪沃斯托克。

西北航道大部分航段位于加拿大北极群岛水域，以白令海峡为起点，沿美国阿拉斯加北部海域向东，穿过加拿大北极诸岛，直到戴维斯海峡。

北冰洋理论上还有一条穿越北极点的航线，即从白令海峡出发，不走俄罗斯或北美沿岸，直接穿过北冰洋中心区域到达格陵兰海或挪威海。

英国人唯一的选择就是往北去寻找一条通往东方的路，即传闻中的东北航道。但是英国有一个弱点，它并不像北欧海盗那样具有航海的天赋，而且几乎所有的东西都是学来的，包括地理知识、航海系统等。年轻的爱德华六世一上台，首先做的就是诱使西班牙的首席航海家卡巴特改变长期以来一直效忠于西班牙国王的初衷，而投入英国国王的怀抱，成了英国最重要的航海家。卡巴特受命组建专为英国开拓疆域的商业探险公司，并成为该公司的主管，其首要任务是打通东北航道。

1553 年春天，英国的 3 艘船满怀豪情地踏上了征途，举国上下万人空巷地盛情欢送，从内阁大臣到平民百姓，从皇室成员到牧师修女，或者走向岸边，或者爬上窗口，或者登上塔顶，或者等在码头，热烈地欢送这些试图去寻找一条通往中国之路的英雄们。他们信心十足，以为这次肯定可以到达中国和印度，这在英国历史上还是第一次。英国人运气确实不佳，刚刚进入俄国北极地区，就被北极严寒的冬天所困，除了一艘船得以幸免之外，其余两艘船上的官员和水手共 70 多人全部因饥寒交迫而丧命。他们的船只和尸体第二年才被俄国渔民发现。

这次航行虽然付出了高昂的代价，却也有所收获。幸存者在其船长钱塞勒的率领下，艰苦跋涉 2 400 千米，终于到达了莫斯科，并且受到沙皇的盛情款待。

16 世纪中期，英国人在高纬地区寻找通往东方的海上航线失败之后，正在争取国家独立的荷兰接过了开拓东北航道的伟大使命。因为荷兰人得知，英国人在对东北航道的探索中虽然失败了，却与俄国建立了通商关系，从中取得了巨大的利益。所以荷兰人抓住商机，授命布鲁内尔组成荷兰白海商业公司，表面上是为了开展与北冰洋沿岸狩猎者的直接贸易，实际上是去开辟东北航道。

1584 年，布鲁内尔得到了布鲁塞尔一个富商的赞助，开始了对远东的探险航行，虽然他这次航行失败了，但作为荷兰的第一个北极探险者，为后来的探险家开辟了道路。

1594 年，有 3 艘船从阿姆斯特丹出发，踏上了远征北极的航程。其中有一艘是由巴伦支指挥的，这正是他探险生涯的开始，那时他刚 44 岁。

巴伦支在他短暂的一生中，共完成了 3 次航行，虽然每次都进入了北冰洋，但前两次都没有什么特别的建树。1596 年，在阿姆斯特丹商人们的资助下，巴伦支指挥着 3 艘船又开始了第三次探险。在这次具有历史意义的航行中，他们发现了斯匹次卑尔根群岛，而且深入至北纬 79°49′处——人类抵达的最北点的新纪录。后来，巴伦支继续向东北行进，直到 8 月 26 日他们的船只被冰封住为止，他和船员们成了第一批在北极越冬的欧洲人。当时的天气非常寒冷，他们只有把指头伸进嘴里才能保持温暖，但只要一拿出来，便立刻冻成冰棍。他们还经常受到北极熊的袭击。尽管如此，船员们还是在巴伦支的鼓励下，克服了常人难以想象的种种困难，顽强地生存下来。直到第二年夏天，敞篷小船终于挣脱了坚冰的围困，又回到了自由的水域。然而，这时的巴伦支已经病入膏肓。临死之前他写了 3 封信，一封藏在他们越冬住房的烟囱里，另外两封分开交给同伴，以备万一遭到不测，希望留有一点文字记录流传于世。1597 年 6 月 20 日，巴伦支死在一块漂浮的冰块上，那时他刚 47 岁。这是探索东北航道最悲惨的故事之一。

两个多世纪后的1871年，一个挪威航海家来到巴伦支当年越冬的地方，并从烟囱里找出了那封信，还发现他去世前绘制的北极地图。巴伦支的航行不仅有详细的文字记载，而且沿途他还绘制了极为准确的海图，为后来的探险提供了重要的依据。为了纪念他，人们便把北欧以北他航行过的海域的一部分称为巴伦支海。

蒸汽时代走向北极的征程与竞赛

欧洲人把握住了大航海时代的到来这一历史机遇，开展了一场着实有效的“军事锦标赛”，欧洲的西班牙、葡萄牙、英国、法国、意大利、荷兰、奥匈帝国等列强大力发展海军，进行海上军事角逐，并在之后的几个世纪中成就海上霸业。

1803年，拿破仑战争终于爆发。以法国为一方，欧洲国家联盟为另一方，展开了一场旷日持久的混战，一共打了12年，直到1815年的滑铁卢战役，拿破仑才终于一败涂地。接着面临着一个问题，在战争中发展起了那么多军舰，培养出了那么多人才，让他们去干什么呢？于是，英国海军部决定重新开始对北极地区的调查和探索，以便显示自己在海上的霸主地位，趁机扩张英国的版图。这样，那些战争中涌现出来的英雄们也便有了新的用武之地。

1818年，出版了一本《北极航行编年史》，其中的一张地图勾画出了当时所知道的北极地区的粗略轮廓，同时也留下了大量的空白和疑问，这便为新一轮的北极考察注入了新的动力。6月

17 日，有 4 艘军舰扬帆起航。于是，人类向北极进军的历史又开始了新的篇章。这次航行的目的是非常明确的。有两艘军舰从斯匹次卑尔根群岛往北，过北极点而到达西伯利亚；另外两艘则通过巴芬湾进入西北航道而到达白令海峡。他们是如此雄心勃勃，信心十足，以为完成这两个目标犹如囊中取物，可以手到擒来。因此，他们不仅想好了 4 艘军舰在白令海峡相会的庆祝仪式，甚至连在庆祝仪式上的演说辞也准备好了。

往北行进的两艘军舰是由帕坎船长和他的副手富兰克林指挥的。他们满怀希望想创造出一个奇迹。但是天公不作美，刚行至半路，先是遇上了大风，前进不得，接着两艘军舰又被牢牢地冻住，寸步难行。后来，他们绘制了一张斯匹次卑尔根群岛东北部分的地图，便班师回营了。

另外两艘军舰是由船长约翰·罗斯和他的副手威廉·潘瑞指挥的。他们先是在格陵兰岛北部的迪斯科湾救出了冻在那里的 45 名捕鲸者以及他们的船只，然后继续往北，于 1818 年 8 月 8 日发现了生活在地球最北端的因纽特部落。这些人与世隔绝已经有多个世纪了，他们与其他人类的联系都已经变成了神话传说，他们自以为是生活在地球上的唯一人类，周围的浮冰则是他们的边界。因此，当两艘军舰出现时可把他们吓坏了，他们把高高的船帆看成了翅膀，以为那是两只自天而降的神鸟，是来吃掉他们的，所以都躲得远远的。幸好船上有一名懂得因纽特语的翻译，而且准备了许多礼物，包括 200 面镜子、102 磅（1 磅 = 0.454 千克）蜡烛油、129 加仑（1 加仑 = 3.785 升）杜松子酒和 40 把雨伞。他们先把这些东西摆在冰上，请翻译慢慢解释，消除疑虑。后来那些因纽特人终于走了过来，他们的第一句话是："你们是从月亮上来的吗？"人们渐渐围拢过来，睁大了吃惊的眼睛观察着周围的一切。胆大者还爬到船上，对任何一样东西都感到神秘而且新奇。对于这些因纽特人来说，除了冰雪、海豹和兽皮之外，几乎一无所有。唯一可以使用的金属是从天上掉下来的铁陨石，能从海上拣到一段漂木都是极为宝贵的。所以，他们对眼前的一切羡慕之至，恨不得把所有的东西都搬回家去。约翰·罗斯调查和研究了他们的服装、武器、狗拉雪橇和生活方式，而且命名他们为北极最靠北的居民。这些淳朴而善良的因纽特人给后来的探险者和捕鲸者以很大的帮助，但他们自己却惨遭厄运。由于长期与世隔绝，使他们对于外界带来的疾病毫无抵抗能力，几十年后，其人口减少了一半多。

也就在这次航行当中，约翰·罗斯的船队深入兰开斯特海峡达 80 千米。然而遗憾的是，因为看到了连绵的群山和陆地，他便以为这只是一个海湾。尽管其副手威廉·潘瑞一再请求继续前进，他却决定返航，因此失去了打通西北航道的一次宝贵时机。

在此后的几十年里，英国人又从海上和陆上多次深入美洲的北极地区，其足迹一直延伸到阿拉斯加。其中最重要的成就是于 1831 年 5 月的最后一天，约翰·罗斯先生的侄子，年轻的詹姆斯·克拉克·罗斯在人类历史上第一次确定出了北磁极位置，指南针的垂直倾角达 89°59′。接着他又挥师南下，试图到达南磁极，虽然没成功，却发现了罗斯海和维多利亚地。这在南极探险中也是了不起的成就。

19 世纪也可以说是英国人的世纪。因为在这个世纪中，英国率先完成了工业革命，并且大举扩张，到处建立殖民地，从美洲到亚洲，从非洲到大洋洲，几乎占据了大半个地球，俨然成了世界的主宰。

而对北极来说，19 世纪则更加具有决定性的意义。在这个世纪中所发生的一系列悲剧性的重大事件把人类向北极的进军推到了一个前所未有的深度和广度。

工业革命后，舰船可以用蒸汽机螺旋桨来推动，并有了供暖的热水系统，人们认为北极的探险应该变得轻松多了。结果发生了富兰克林的悲剧。

为了鼓励新的探险，英国政府决定设立两项巨奖：20 000 英镑奖励第一个打通西北航道的人，5 000 英镑奖励第一艘到达北纬 89°的船只。

1845 年 5 月，富兰克林爵士和当时最先进的舰船、最老练的海员一起从英国出航，满怀信心地前往西北航道。不料在当年 7 月下旬，富兰克林船队就失踪了。

历史总是让人唏嘘，为打通东北和西北航道而苦苦努力的英国人最终并没有实现梦想。上帝把这一殊荣赠予了幸运的瑞典人和挪威人。

首先走通的是东北航道，在 1879 年由瑞典的诺登许尔德男爵完成。这位出生在芬兰的男爵有丰富的北极考察经验。他曾在 1868 年以斯匹次卑尔根为基地，多次尝试冲击北极点。1878 年，诺登许尔德男爵带领国际探险队从北欧出发向东，浩浩荡荡地向东北航道再次冲击。船队一开始顺利地到达了西伯利亚东北的楚科奇海，胜利在望时却被海冰封冻。有备而来的诺登许尔德男爵在船上待了 10 个月，而后成功越冬继续航行，最终穿过了白令海峡。人类为之奋斗了几个世纪并付出了巨大代价和牺牲的东北航道终于走通了。

西北航道则是进入 20 世纪后才被挪威人阿蒙森走通。阿蒙森曾参与南极考察，极地越冬经验丰富。1903 年 6 月，为了躲

债，他乘坐自己买的小汽船和6位伙伴从挪威奥斯陆港出航，准备去北磁极附近进行一系列科学考察。他们经过了富兰克林遇难的小岛，还幸运地结识了因纽特人朋友，和因纽特人一起旅行、打猎，轻松地度过了难熬的冬天。

1905年，阿蒙森的小船走出了加拿大北极群岛那迷宫般的海域，成功地看到了来自旧金山的美国捕鲸船。太平洋的气息，意味着西北航道已经走通！1906年，阿蒙森在阿拉斯加西岸的诺姆港停靠，为此次历史性的穿越画上句号。

工业革命刚刚过后的19世纪中叶，那时，人们觉得现有的技术条件已经足以让人到达北极点，于是向北极点的冲击开始了。

参与富兰克林救援行动激起了美国人对北极的兴趣。1852年，参与救援的“先进”号以寻找富兰克林为名又一次出航，试图到达北极点，但无功而返。同样对北极燃起雄心的还有查尔斯·豪尔。出生在佛蒙特州的豪尔只受过初等教育，甚至从未接触过船只，却对富兰克林的失踪产生了兴趣。他认为“只有生活到当地的原住民中去，成为他们中的一员，才有可能弄清楚富兰克林悲剧的全部事实。”

1860年，40岁的豪尔将想法付诸实践，独自进入北极。他从学习吃生肉开始，3年中先后8次深入因纽特人中间，不仅搜集到了富兰克林探险队的大量遗物，还于1871年驾驶着“极地”号蒸汽帆船进入北冰洋，到达北纬82°11′的地方，向北极点迈进了一大步，成了美国北极探险史上一位杰出的人物。也就是在这次探险中，他献出了自己宝贵的生命。

接着，英国人于1876年5月进到了北纬83°20′26″的地方，进军又具有了一种新的含义，即演变成了一场到达北极点的竞赛。1857 年，奥匈帝国海军上尉魏普雷希特建议在北极地区建立一些考察站，配备上必要的仪器，以便同时进行综合而连续的观测。这位魏普雷希特上尉自 1871 年起，在本国陆军上尉佩叶的陪同下，驾驶蒸汽船“泰格早夫”号开始了两次目标为北极点的远航。他们首航来到了新地岛的北边，再次出航，“泰格早夫”号被冰牢牢冻住。他们最终弃船而去，并在 1873 年发现了陆地，即以奥匈帝国皇帝命名的法兰士约瑟夫地群岛。最终，他们于 1874 年遇到俄国渔船获救。

魏普雷希特上尉的建议终于得到了采纳从而有了 1882—1883 年的第一次“国际极地年”。可惜上尉本人已经死于北极探险，不能参加了。参加国际极地年的美国格雷利探险队刷新了人类到达北极的最北纪录，即有两位队员到达了北纬 83°24′，并留下了大量翔实的科学数据。

在 1881 年，美国海军上尉乔治·德朗也在他带领的改装加固游艇“珍妮特”号的北极探险途中不幸遇难。小船被冰雪冻住后被挤破，队员绝望地在冰面上跋涉，却发现洋流在把浮冰往他们行进的反方向推去，最后只有少数人幸运地到达了一个小村庄而得救。但这次考察为以后的北极探险留下了宝贵的经验，它揭示了洋流和浮冰运动的一些规律。

第一支得到证实的全程依靠人力往返北极点的队伍是 1995 年由加拿大人理查德·韦伯（Richard Weber）和俄罗斯人米沙·马拉霍夫（Misha Malakhov）组成的“Weber Malakhov Expedition”探险队，他们完成了人类首次无后援北极点往返徒步探险（出发点是加拿大的沃德·亨特岛，全程没有狗、没有飞行器、没有补给，甚至没有后备的协作）。2 月 14 日他们离开沃德·亨特岛，88 天后到达北极点，6 月 15 日回到沃德·亨特岛。

他们创造了 122 天的最长无后援极地徒步记录。从那以后，没有人用这样的方式完成过北极点往返。而全世界也只有他们曾 4 次徒步到达北极点。

英国、荷兰、美国等在北极航道的探险与发现

15 世纪至 17 世纪，地理大发现和新航线的开辟，打通了欧洲到达东方的海上航道，给东西方贸易和西欧各国殖民活动创造了便利条件。

英国人在北极航道的探险与发现

早在中世纪，欧洲探险者就曾试图打通北冰洋的东北航道，即从欧洲穿过西伯利亚北部的北冰洋，以到达东方的中国和印度。由于西班牙和葡萄牙为争夺殖民垄断权发生了利益冲突，根据 1492 年的一个教谕，确认西班牙国王拥有哥伦布第一次航行时所发现的土地，同时将西班牙人的探险范围限制在子午线西部地区，即佛得角群岛和亚速尔群岛以西；而把这条线东边的所有土地划归葡萄牙人；1493 年的教谕规定，全部探险范围向西班牙和葡萄牙开放，附加条款是西班牙获得西部土地，并尊重葡萄牙人在非洲东岸的权利。

1494 年，葡萄牙与西班牙签定划分大西洋探险范围的《托尔德西拉斯条约》，在佛得角群岛以西 2 190 千米处（约今西经 46°30′）划出一条贯穿南北的界线，实际上界线以东为葡萄牙人势力范围，界线以西则归属西班牙人管理。条约经罗马教皇正式批准后，这条界线就被称为“教皇子午线”，所以先冲入大洋的是南欧的葡萄牙人和西班牙人。

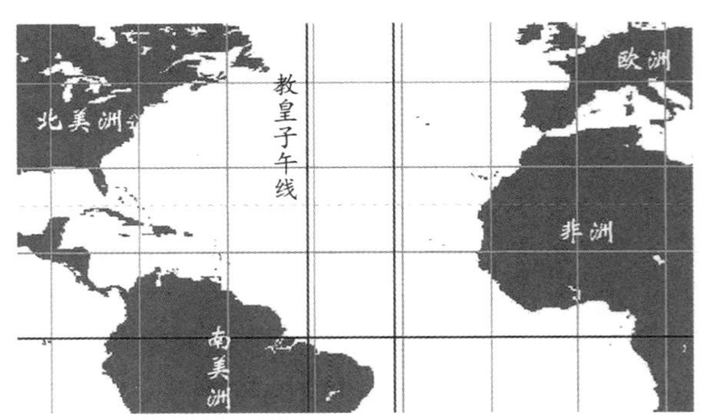

教皇子午线

1529年，葡萄牙与西班牙又重新签订条约，规定以摩鹿加群岛（今马鲁古群岛）东部的17°线为界，以东归西班牙，以西归葡萄牙，因此，葡萄牙与西班牙瓜分了太平洋。葡萄牙沿着非洲海岸，在通向其占领的印度殖民地的航线上建立了海军基地，确立了在印度洋上的制海权。16—19世纪，葡萄牙、西班牙先后成为海上霸主。

教皇关于世界划分的思想鼓励了早期殖民主义者进一步向所有尚未殖民的地区扩张势力。

但是，达·伽马和麦哲伦的航线不是经过非洲南端的好望角，就是经过拉丁美洲南端的麦哲伦海峡，都要绕很多弯路才能到达目的地，而人们希望有一条更便捷的海上航道把东西方连接起来。如果能打通北极地区的海上航线，就能找到一条连接大西洋和太平洋的捷径。从大西洋通往太平洋有两个方向可探寻最短的海上航线，一条是所谓的“西北航线”，即沿北美洲大陆东北部的海峡绕过北岸前行，进入太平洋；另一条是所谓的“东北航线”，即沿着亚洲和欧洲北岸向东北走，进入太平洋。鉴于此，为了避免与葡萄牙和西班牙发生直接冲突，英国人被迫选择了北上路线。

当时英国正进入一个重新定位的关键时期。英国在英法百年战争中惨败，战争胜利使法国完成了民族统一，为日后在欧洲大陆扩张打下了基础；英国几乎丧失了所有的法国领地，被迫放弃了陆地扩张计划。而接下来的玫瑰战争又使得英国经济受损，也使其民族主义兴起。英国必须靠开辟海路来维持生存。

英国本来就是海岛国家，历来重视海洋经济。在航海方面比传统陆地强国法国更胜一筹。英国人对海外的扩张表现出强烈的渴望。英国女王采取了私掠船的方法，让无数挂着海盗旗的英国私掠船在大西洋上大抢特抢。而西班牙又在对英国的大规模海战中一蹶不振，使得英国成了海洋霸主。英国人在和西班牙的战争中夺取了很多殖民地，让英国赚得盆满钵满，拥有了更强的精力和财力去进行殖民事业。海上投资的丰厚利润吸引了很多无所事事的人，他们发起了海上探险的潮流。这跟哥伦布发现新大陆后的反响差不多。

第一次工业革命是指 18 世纪至 19 世纪时，英国在工业上的巨大发展与革新。这时候，米字旗（英国国旗）已插满全世界，大英帝国已成为世界上领土面积最大的国家，英国统治着世界四分之一的人口，尝到了航海发现的甜头，成了当之无愧的海洋霸主。为什么说第一次工业革命的成功促使英国成为海洋霸主呢？

在美国称霸前，英国是靠经济上战胜主要对手西班牙，殖民经济极大地扩张而形成“日不落帝国”继而称霸世界的。

16 世纪中期继位的伊丽莎白一世拥护英国国教，与信奉天主教的西班牙对抗，她支援试图脱离西班牙统治实现独立的荷兰，而且为英国海盗颁发“抢劫特许状”，允许他们自由抢劫西班牙的商船。

西班牙国王菲利普二世被激怒了，他派出23 000名士兵乘坐130艘船组成“无敌舰队”向英国发起进攻，却在英吉利海峡惨败于英国舰队。这就是1588年的英西海战。西班牙在这次海战后失掉了大国地位。但这仅仅是表面现象，其实根本原因是两国经济实力的逆转。

英国和刚刚独立的荷兰分别在1600年和1602年相继设立了东印度公司，开始了真正的亚洲贸易和殖民地经营。

西班牙、葡萄牙的殖民地经营和英国截然不同，西班牙、葡萄牙的殖民地经营是极端掠夺性的，他们奴役当地人和奴隶开采金银、种植甘蔗和咖啡，各殖民地除了单一的经济作物，所有的衣食都依赖进口，没有形成独立的经济体系。

英国为了摆脱贸易赤字，选择了与西班牙完全不同的道路，建立起以种植园为中心的殖民地产业。英国在获取的广袤殖民地上，驱使殖民地人和从非洲掠来的奴隶们种植棉花，促进棉纺织业发展，建立大型牧场生产羊毛，引进小麦发展面粉制造业。西班牙、葡萄牙虽然挖掘矿山掠夺了金银，开垦了甘蔗园和咖啡园，但最终没能在殖民地大规模创建各种产业园区。最终这些是由英国完成的。

西方国家势力的大规模扩张是工业革命的结果，而工业革命起源于英国的纺织业，并最终帮助英国统治了世界。与其说是工业革命，倒不如说是新大陆的发现、对亚洲的侵略以及对世界经济的控制，导致以英国为中心的欧洲取得了世界霸权。

由于工业革命的先导作用，英国掌握了纺织业的技术，并且通过在殖民地生产棉花和羊毛控制了“衣料”，这是英国国力增强的一个重要方面。

英国先是控制了美国、加拿大、澳大利亚和新西兰等地，不但在那里安置了从非洲掠来的奴隶，还迁入了英国国民，让他们种植谷物和饲养牲畜，并从欧洲引进美洲大陆本来没有的小麦进行大规模种植。就这样，美洲成了欧洲的“大粮仓”。19 世纪英国的世界扩张战略就是最大限度地控制新大陆和欧洲之间的贸易。

结果，以农业和畜牧业为中心的产业在英国曾经的殖民地——北美洲地区扎下了根。那么南美洲怎么样了呢？西班牙、葡萄牙残酷杀戮南美洲当地居民，“杀鸡取卵”式的掠夺金银，奴役奴隶并抢夺农田，但其统治下的国家除了砂糖和咖啡以外根本没能形成像样的产业。

英国占据着印度、锡兰（今斯里兰卡）或者说缅甸的广袤土地，利用当地人或者源源不断地从非洲运来的奴隶作为劳动力，这些劳动力在种植园种植经济作物，英国逐渐垄断了粮食生产和粮食贸易。

这令世界经济出现了新的状况。即使是现在，南北美洲的经济差距也仍然色彩鲜明地反映着旧宗主国的经营方针。而在当时，殖民地产业的发达与否更是导致了其宗主国经济实力的差异。英国正是因为在殖民地发展了农业和畜牧业，经济才超越了西班牙。

在工业革命以前，工业制品在贸易中所占的比例是微乎其微的，日常交易的商品多数是“食品”和“衣物”。当然，羊毛、棉花之类的服装原料是非常重要的，然而比它们更重要的是砂糖、咖啡、红茶之类的食品，控制“食品”方面的交易即是控制世界经济。这就是英国继西班牙、葡萄牙开辟大航海时代之后所做的事情。

当时的英国控制了包括新大陆在内的全球市场，但是贸易的核心仍是农产品和衣料。英国通过累积“食品”和“衣料”所获得的贸易利益增强了国力，从而扩张了殖民地并确立了世界霸主地位。

工业革命最为突出的贡献是机器制造方面，其中以蒸汽机为标志展开广泛的革命促进了英国的造船事业的飞速发展，也促进了工业革命向纵深发展，15 世纪至 16 世纪是工业革命的孕育期，16 世纪初叶，造船业受到英国国王亨利八世的大力支持，他不但资助造船，而且还从意大利招揽人才。这是世界航海家频繁探险的重要历史时期，也是尽情享受工业革命所带来的成果的时期。他们按照自己的航行目标，使用各式样的航海仪器，致使这类仪器设备更趋完善，为创制更新式的航海仪器创造了条件。比如，以前人们在内海，在熟悉的航线上航行，只需要带着海图，并在海图上放上罗盘即可导航，而在北极高纬度、不熟悉的海域进行探险，必须配备天文仪器，以测量星体的高度，从而确定船只的方位，这些为准确、高效地打开北极航道提供了保障。

从 16 世纪后期起，欧洲的商人和航海家一直在寻找一条越过北美洲顶端前往中国和印度的西北航道。英国是首先挑战西班牙和葡萄牙殖民垄断权的西欧国家，英国国王亨利七世全力支持威尼斯商人兼探险家约翰·卡伯特的探险航行。1497 年和 1498 年，卡伯特两次从英国出发，一度抵达北美的纽芬兰。追随他探险的他的儿子塞巴斯蒂安后来也成了探险家，并于 1508 年出航探寻通往亚洲的东北航道。此后，葡萄牙、法国等国的探险家也开始寻找穿越大西洋的西北航道，但英国探险家的努力最为执着。

1566 年，军人出身的探险家汉弗莱·吉尔伯特爵士撰写了

《论发现通往中国的新航道》一书。同年，他向英国女王伊丽莎白一世呈上一份请愿书，请求恩准他去寻找“经北方去往中国和世界其他东部地区的航道”。他游说几位伦敦商人慷慨解囊，物色探险队员和领导人物，结果选中了性格严肃、脾气火暴的私掠船船长马丁·弗罗比歇爵士担任指挥官。

1576 年，由两艘船和一只小舢板组成的船队离开伦敦，朝西北方向航行，7 月 11 日抵达格陵兰岛南端的法韦尔角，再继续西行到达今天的弗罗比歇湾，当时弗罗比歇还以为发现了一个海峡。他率船队沿着该海湾航行了约 240 千米，才调头回到海湾入口处，在那里看到了“许多小东西远远地逃离大海，并认为是海豚、海豹或是某种奇怪的鱼类”。英国探险者们发现海湾附近有大量发光的石头，认为这些石头就是金矿石。弗罗比歇也深信不疑。于是，他们建立了“中国公司”，任务就是从矿石（实为黄铁矿）中提取金子和继续探寻西北航道，但是这两个目标一个都没有实现。人们嘲笑弗罗比歇带回的硫化铁矿石是“傻子黄金”，最后那个中国公司破产了，弗罗比歇也不得不重操旧业，仍做他的私掠船船长。

为了探索西北航道，英国人一直在格陵兰沿海等水域进行探测性航行。汉弗莱·吉尔伯特爵士和他的兄弟阿德里安·吉尔伯特计划再一次探寻西北航道。1585 年 2 月，阿德里安从伊丽莎白女王那里获得了一幅航海图，并让私掠船船长约翰·戴维斯指挥这次探险航行。戴维斯曾发明“竿式投影仪”或“戴维斯象限仪”，这是 16 世纪和 17 世纪最伟大的航海发明。当时，人们对纬度的计算多止于度，而戴维斯却能精确到分。新航海仪器不仅帮助他成为一名优秀的航海家，而且使他经常受雇于英国。

英国探险家戴维斯约生活在 16 世纪后半叶。他 3 次在北极

地区航行，试图寻找西北航道。

他的第一次航行是从1585年7月29日开始的。戴维斯曾率领两艘船和42名船员组成的探险队，航行至北纬66°33′处，抵达北美格陵兰岛。他们沿南部海岸继续航行，在今天的戈特霍布登陆（当时早有维京人在此定居），引来了因纽特人的好奇和围观。戴维斯和4名乐师及若干船员一起登上一个礁石林立的海岛，在这片陌生的土地上，乐师奏乐，水手起舞。因纽特人观察良久之后，与来访者交换了一些物品。英国人得到5只皮划子和几件海豹皮大衣，因纽特人则换到了羊毛织物。8月1日，探险队航行到一片宽阔的冰海，即后来人们所说的戴维斯海峡，在海峡中继续小心地北行。

航行中他发现了现称为坎伯兰湾的小海湾。戴维斯认为这可能是西北航道的起始点。但是冬季即将来临，格陵兰冰河释放出的大量流冰，流入大小峡湾中，使这片海域危机四伏。在北极圈以南不远处的巴芬岛停泊后，探险队转向西南航行，驶入坎伯兰海峡。戴维斯看到前面的海水越来越深，便联想到这是一条连接两个大洋的海峡。此时正值夏秋之交，他凭借经验认为应当避开这里的冬天，他不得不朝回家的方向行驶，第二年再来探航。

1586年，戴维斯在第二次航行中带了4艘船。他命令其中两艘在冰岛和格陵兰岛中间向正北航行，以探索越过北极直通亚洲的航道。戴维斯率领另外两艘船回到戈特霍布，再次与因纽特人接触。船队向南远行至纽芬兰岛。奇怪的是，他没有回到坎伯兰湾。

上一次曾与他们有过贸易的因纽特人砍断英国人的船缆，偷走了铁锚，大概是准备用它来制造狩猎武器。为此，戴维斯拒绝跟因纽特人进行贸易，因纽特人则愤怒地还之以石块。为了要回铁锚，戴维斯抓了一个因纽特人作为人质，这个被抓的因纽特人后来在前往英国的途中死了。而那两艘探索极地航线的船只，沿格陵兰东海岸航行了一段时间后，由于海水结冰而无法靠岸，只好掉转船头，回到戈特霍布。那些因纽特人把对戴维斯等人的不满发泄到这两艘船上，于是双方发生冲突，迫使英国人不得不于9月返航。

1587年，戴维斯的最后一次探险航行很不顺利，戴维斯在第三次探险时重访坎伯兰湾，他发现这个海湾不过是海洋深入陆地的一个小湾。当时除了一艘船漏水外，更糟糕的是那些船员对寻找西北航道这份苦差根本不感兴趣，能吸引他们的倒是纽芬兰海域成群结队游弋的鱼群，他们对捕鱼赚钱更感兴趣。由于戴维斯抓了一个因纽特人作为人质，招致了因纽特人的报复。出于对铁器有着特殊的需求，因纽特人偷走了英国人装配在一只舢板上的所有铁钉。船队只好离开戈特霍布，沿巴芬湾北上，一直深入北纬72°12′处，他们在此发现了大块浮冰和冰山，戴维斯不得不放弃找寻西北航道，下令调转船头返航回国。这次航行是16世纪最接近西北航道的一次航行。从大西洋到太平洋的真正航道要穿过兰开斯特海峡，就在巴芬岛以北的北纬74°，但即便有勇敢的船长远航至兰开斯特海峡，也无法抵抗北冰洋的浮冰，当时这个海峡是所有航海家能够到达的极限。因此，西北航道只能留给后一代的探险家去发现。

戴维斯实际上是一位科学家。他保留了详细的航行记录。经以后的北极探险家证明，这些资料是非常宝贵的。他所绘制的加拿大北部海岸外的北极海域图，在两个世纪以后仍在使用。他使用的象限仪在当时非常先进。

虽然戴维斯的北极探险活动于1587年结束了，但他仍继续探测别的地方。1605 年，他在苏门答腊岛海岸外被日本海盗杀害。

戴维斯较晚的发现之一是南美洲东南海岸外的福克兰群岛（即马尔维纳斯群岛）。他是在 1592 年驶向太平洋时看到这些岛屿的，但是没有登陆。登上福克兰群岛的第一位海员是荷兰人塞巴尔德・德・弗特，时值 1598 年。

17 世纪以后，英国探险家继续探寻这条西北航道，克里斯托弗・纽波特就是其中的一位。他曾随海盗航海家弗朗西斯・德雷克出海航行，在西印度群岛截获过西班牙航船。

德雷克是英国普利茅斯人，是世界历史上第一个亲自完成环球航行的英国海员，是英国著名的私掠船长、探险家和航海家。1578 年，他发现了合恩角和德雷克海峡，而德雷克海峡就是用他的姓氏命名的。8 月时德雷克通过了南美洲南端最危险的麦哲伦海峡。为了纪念仅剩的最后一艘船，德雷克将之改名为“金鹿”号（Golden Hind），因为此船赞助人海顿爵士的徽章盾牌上就是一只金鹿。

1579 年，德雷克与“金鹿”号沿着南美洲西岸往北航行，北上一直航行到北纬 48°的加拿大西海岸，发现无法通过北冰洋，只好改为横越太平洋向西航行，经过菲律宾群岛，穿过马六甲海峡，横越印度洋，绕过好望角再次横越大西洋。远航的成功给德雷克带来巨大的荣耀，被视为英国的民族英雄。

1937—1970 年，有 33 年的时间，英国的钱币半便士上一直以德雷克的“金鹿”号为图案。英国有一首民谣——《德雷克的鼓》，歌词大意是如果英国蒙难，只要德雷克的鼓又响了，他就一定会回来为英国解难。

受伦敦弗吉尼亚公司的委派，1606 年纽波特率 120 名殖民者前往北美寻找通往中国的西北航道，第二年 5 月，在美国弗吉尼亚海岸切萨皮克湾定居下来，并将其居民点称为“詹姆斯顿”。这是英国人在北美建立的第一个永久性殖民点。

英国探险家亨利·哈得孙于 1609 年 7 月航行到北纬 40°41′处，在今天的美国纽约州发现了纽约湾和著名的哈得孙河。第二年他又在拉布拉多半岛北端进入一个新发现的海峡和一个深深楔入大陆腹地的海湾，这就是后来以他的名字命名的哈得孙海峡和哈得孙湾。1616 年，另一个英国探险家威廉·巴芬（William Baffin，1584—1622 年）沿着戴维斯开拓的航线，深入北纬 77°45′的海域。虽然因海冰和冰山阻隔而被迫返航，但他航行经过的戴维斯海峡以北的一带海域后来则以他的名字命名为“巴芬湾”。17 世纪 60 年代，有两位法国冒险家到英国寻求资助，想从哈得孙湾往回运送皮货，结果得到 3 个商人的支持，他们联合建立了哈得孙湾公司。该公司除了与加拿大内陆各部落开展贸易外，另一目的就是寻找通往太平洋的航道。从 17 世纪 80 年代起的半个多世纪中，这个公司在地理探险方面没有什么特别建树，但它通过在海湾岸边建立的贸易站与原住民进行贸易，到 17 世纪晚期就几乎垄断了当地的皮货贸易。

18 世纪中叶以后，出现了另一批西北航道的探险者。1745 年，英国悬赏两万英镑招募发现西北航道的人。这笔可观的奖金吸引了不少前来应聘的冒险家，其中包括威廉·摩尔和弗朗西斯·史密斯。他们于 1746 年从英国启程，第二年在北上途中发现了切斯特菲尔德湾。摩尔一度认为这就是那个寻找中的西北航道，后来事实证明此路不通。他们又继续北上，发现韦杰河最终是流入布朗湖后，失望而归。

英国海军也从未放弃对这条航道的探险。刚过 20 岁的塞缪尔·赫恩加入哈得孙湾公司，被选中前往探寻注入太平洋的河

流。1770 年，他首次向威尔士亲王堡（今称丘吉尔堡）以西和以北的地区探险，到达流入北冰洋的科珀曼河河口。结合同一时期在西北太平洋海岸探险的库克船长的报告，赫恩发现从哈得孙湾出发的“西北航道”是行不通的。赫恩认为，既然这条河无法通往太平洋，那就应当返航。

海军上校库克是一位极具天赋的探险家，他因完成了探索“南方大陆”的两次航行而深得上司的赏识。库克的最后一次航行就是打算在太平洋中找到西北航道的出口。1776 年 7 月 12 日，他率领 300 吨位的“坚决”号和“发现”号从普利茅斯出发，向南绕过好望角，横渡印度洋后，再向南经澳大利亚和塔斯马尼亚岛南部到达新西兰，北上后对弗林德斯诸岛、汤加做了详细考察，并在途中发现了库克群岛，接着还相继发现了圣诞岛和夏威夷群岛。1777 年 2 月，库克一行经北美洲西岸温哥华附近到达白令海峡，探索了通过北冰洋驶向大西洋的航线。第二年 8 月，当他们航行到北纬 70°41′处时，因遇到了三四米高的冰丘，转而沿着北美洲和阿拉斯加到达阿留申群岛。因为他的卓越贡献，人们将阿拉斯加最北端的海湾命名为库克湾。在返航南下途中，他们测量了加拿大的太平洋沿岸，同年 11 月再度回到夏威夷群岛。不幸的是，1779 年 2 月 14 日，库克在英国海员与夏威夷岛民的一场冲突中被刺死，但他的航行为后来者打下了基础。后来，曾参加过库克第二次和第三次航海的一位英国老兵乔治·温哥华被派出去搜寻西北航道的西部出口，成为探索东北太平洋沿岸的探险家。1792 年到 1793 年夏季，温哥华在上述地区进行勘察活动，冬天则在他随库克到过的夏威夷群岛度过。在北美洲，由温哥华确定和命名的地方有皮吉特湾、雷尼尔山和温哥华岛。

除了在陆地边缘海域上探索外，还有人打算在北美陆地寻找出路。1774年，苏格兰人亚历山大·马更些成为北美一家皮货公司（西北公司）的合伙人。他在当地原住民的陪同下，于1789年沿着奴河上行至大奴湖，再沿着后来用他的名字命名的河流航行了40天，最终抵达北冰洋边缘。1793年10月，他带了一条8米长的独木舟和9个随行者向落基山脉前进，开始新的尝试。途中船只被毁，后来当地贝拉库拉人给马更些一行提供了新的独木舟，在他们的帮助下，探险队得以继续前行。约9个月后，马更些终于成功到达了太平洋。他将这个好消息火速带回，却因所发现的路线对公司无多大商业价值而遭冷遇。他回到英国，洋洋洒洒地写出了一篇报告，试图说服政府支持他的探险行动。1801年，马更些报告发表后引起了时任美国总统托马斯·杰斐逊的注意，杰斐逊把这个报告和探查任务交给了本国探险家。

为了尽快开辟从北方通往太平洋的航道，1744年英国政府悬赏20 000英镑寻找合适人选。1818年，苏格兰海军军官约翰·罗斯爵士应召，他率领一支组织严密的海军探险队，一路航行到巴芬岛以北的兰开斯特海峡。他把前方海面上的浓雾误认为是山脉，感到已无路可行，但包括他的副手威廉·爱德华·帕里和他的侄子詹姆斯·罗斯在内，几乎没人同意他的返航决定，即便如此他仍在一片反对声中返回了伦敦。

1819年，帕里率领第二支探险队向北航行，他的任务是继续寻找海上航道，探明兰开斯特海峡中是否存在让第一支探险队无功而返的山脉，同时还要从陆上考察美洲大陆的北部海岸。探险队兵分两路，帕里负责海上探险，陆上的探险任务则由经验丰富的海军军官约翰·富兰克林负责。帕里率领“赫克拉”号和“弗里”号两艘船，穿过兰开斯特海峡，最终发现了白令海峡。

在继续前行的过程中，他们到达了由帕里命名的梅尔维尔岛，并准备打破纪录——第一次在北极圈内过冬。当第二年春天回来时，帕里登陆考察了两个星期，发现这里生存着驯鹿、狐狸和狼等许多动物。他们又深入博福特海 400 千米，这里其实就是西北航道的出口，南移的流冰迫使他们提前结束了旅程。在 1821 年的考察中，帕里没有取得理想成果，1822 年他又第三次出行，前去寻找从哈得孙湾向西航行的出口，结果发现了冰封的弗里·赫克拉海峡。由于冰层结实厚重，船只被困在冰层中，他不得不带领探险队第二次在白茫茫的北极过冬。他们向因纽特人学会了在极地生存和如何赢得狗的尊敬从而驾驭雪橇的技巧，这样，他们有幸成为第一支用狗拉雪橇考察的探险队。1824 年第四次寻找西北航道时，帕里沿着新的路线，即紧贴加拿大大陆海岸线行驶，考察了布西亚湾和萨默塞特岛。

为了洗刷当年的耻辱，曾经历过失败的约翰·罗斯再次起航，成为第一个带着蒸汽动力探险船踏上北冰洋航程的人。1829 年，他自筹款项重返北冰洋探险，他的侄子詹姆斯·罗斯担任大副。他给自己的船命名为“胜利”号，希望这个名字能给自己带来好运。这次探险中，他们发现了布西亚半岛和威廉国王岛，几乎到达了北美大陆的最北端。可是由于陷入了浮冰的包围之中，他们被迫在布西亚半岛度过了三个冬天。当第三个冬天来临时，他们发现了前一支探险队弃置在冰层中的“弗里”号，这对他们而言简直是雪中送炭。“弗里”号储藏室里的大量罐头食品，挽救了饥饿的探险队员。他们还用这条船的残骸搭建了房屋，最终得以度过北极地区的寒冬。在被困期间，罗斯对半岛西海岸进行了考察，并首次确定了北磁极。

住在布里斯托尔的威尼斯人约翰·卡伯特请求英国国王亨利

七世支持他的探险航行。作为一个商人，卡伯特去过利凡特，踏上过古老的香料之路经营贸易；他到过红海，与阿拉伯水手有过接触，并因从事香料贸易而致富。1484 年，他决定举家移居西班牙，后受聘为西班牙政府建设新港口的顾问。1494 年左右，他和他的妻子玛蒂亚及他们的 3 个儿子卢多维克斯、塞巴斯蒂安和桑切斯一起来到英国。卡伯特认为，既然地球是圆的，哥伦布的航行已经证明向西航行可以到达“亚洲”（哥伦布至死仍认为他所到达的美洲“新大陆”是亚洲海岸），那么海船在北边的高纬度行驶肯定要比靠近赤道行驶的距离短。在这种信念的支配下，卡伯特于 1497 年 5 月从布里斯托尔出发，向西北方航行，穿越大西洋，6 月 24 日到达北美洲的纽芬兰。他曾在纽芬兰或新斯科舍等地首次登陆，并沿着北美海岸航行了一段路程。结果，他也像哥伦布一样把美洲当成了中国。由于那里不存在香料和中国城市，追随他的人们在随后几年内又不得不承认，中国不但在更远的地方，而且那个巨大的、尚不为人知晓的大陆是横亘在发现中国道路上的一个障碍。

为了克服这个障碍，1498 年 5 月卡伯特再度扬帆起航，进行地理探险。他允诺将率领他的同伴们到达富饶的中国和日本，在那里可以用英国人的布匹去交换丝绸、香料和珍宝，但是这次航行的结果是一场悲剧，人们甚至不知道他的生死。他的儿子塞巴斯蒂安·卡伯特在十二三岁时，曾陪同他进行了第一次航行，但没参加第二次航行。1508 年，塞巴斯蒂安也像他的父亲一样，出航探寻通往亚洲的北部航线。有报道说，他向北航行至北纬 58°处，并沿拉布拉多海岸航行了一定距离，最终为冰水和严寒所阻。有两个原因使他的航行成为都铎王朝早期最重要的事件之一，一是这次航行使他获得了更多的地理学知识，而他的父亲根

本不知道美洲是一块广阔的新大陆，英国人也认识到大西洋对面的那块陆地是一块不同于亚洲的新大陆；二是它推进了西北航道的寻找工作，导致了哈得孙湾的发现，从而使他比哈得孙早一个世纪看到了这个海湾。

在英国早期的探险事业中，著名数学家和地理学家约翰·迪起了重要的理论指导作用。他计算出在欧洲北部顶端有一条通往亚洲的航线，航海者如能航行到荒凉的北角以北，再往东即可驶往亚洲。他不仅颇受英国王室的赏识，而且常给到新大陆和欧亚大陆航行的航海家充当顾问。几位伦敦商人创办了商人冒险家公司，他们准备探索新大陆，找寻新的贸易领域。正是约翰·迪激起了这些商人的探险热情，而他们的第一个目标就是寻找东北航道。1553 年，有一家公司派出一支以军人休·威洛比爵士和航海家理查德·钱塞勒为首的远征队，远征队由 3 艘大约 100 吨位的帆船和 106 人组成。威洛比爵士制订了联合寻找东北航道的详细计划，他们为了祈求好运，把其中两艘船分别命名为“好望”号和“好信”号。为预防意外，威洛比和钱塞勒约定，如果在北海失散，他们将在挪威北部海岸的瓦尔德海湾会合。他们满怀希望扬帆起航，绕过斯堪的纳维亚半岛向东航行，途中遇到暴风。在罗弗敦群岛附近，钱塞勒的船与另两艘走散，等他赶到瓦尔德海湾时，先期到达的威洛比已经等不及又走了。威洛比带着两艘船进入北冰洋后继续向东行驶，于 1553 年 8 月发现了新地岛。当时已临近冬天，威洛比决定掉头到拉普兰过冬，但是北极地区的酷寒和因缺乏维生素 C 导致的坏血病夺去了不少船员的生命，这一支探险队最终在北极圈中全军覆没。1555 年，俄国将死难者的骨灰、航海日志和威洛比的遗嘱等遗物交给了英国。

与威洛比走散以后，钱塞勒的船紧紧贴着海岸航行，同年 8

月驶达北德维纳河河口，停靠在阿尔汉格尔港。他说服当地人用马拉雪橇将他们往南送往莫斯科，河口山地的统治者派专骑到莫斯科，向俄国沙皇伊凡雷帝（伊凡四世）报告了有关情况。当时，伊凡雷帝渴望找到一条便宜的贸易路线，拓展本国与其他民族间的经济贸易往来，所以他在 1554 年邀请并接见了这位自称是英国“使者”的钱塞勒。俄国人对英国商人的羊毛布料和武器特别感兴趣，英国人则有意购买俄国人的毛皮、大麻和蜡用牛脂。英国商人取得了在俄国经商并享受多方面优惠的允诺后，于 1555 年专门成立了第一个商业股份公司——莫斯科公司，英俄之间的海上交通和贸易在互惠的条件下由此开始。第二年，钱塞勒受命开辟去俄国的航线，但在苏格兰附近遇上一次强风暴，不幸溺水身亡，同船的第一任英国驻俄大使奥·格·涅比幸免于难，并最终到达俄国。打开俄国市场是英国商人的意外收获，但是他们更想得到的是亚洲的香料和丝绸，所以对东北航道的探寻并没有停止。1556 年，史蒂芬·巴勒率领一艘小船和 8 名水手离开英国去探寻东北航道，他的探险经验主要得自于参加了 1553—1554 年的钱塞勒航行。当时，年迈的塞巴斯蒂安·卡伯特作为商业探险家公司的董事局主席，特地赶来为巴勒送行。巴勒驾船东航到达喀拉海，冬天的来临迫使他们在阿尔汉格尔港附近的北德维纳河口度过了几个月，第二年才返回英国。这次探险的失败使那些急于赚钱的人们意识到，向东航行之路十分艰难；商业探险家公司面对遥远的亚洲只能望洋兴叹。他们退而求其次，准备把精力用于与俄国的贸易上，结果便有了莫斯科公司的诞生。但是，总有对英俄贸易不满足的商人，他们仍希望找到一条由陆路通往中国的路线。

在莫斯科公司对东北方向探险的过程中，安东尼·詹金森是一个关键人物。他在年轻时就受雇从事利凡特的贸易活动，并从那里获得了有关东部地中海和近东诸国的广泛经历，比较熟悉中东的风土人情。1557 年，他肩负着贸易使命来到莫斯科，负责在俄国开辟新的活动领域。他得到了俄国人的信任，而沙皇本人对他到波斯的旅行也予以积极支持。1558 年，詹金森拿着沙皇的推荐信，带着一名翻译和另外两名英国人踏上了旅程。他们沿伏尔加河顺流而下，抵达阿斯特拉罕，渡过里海，并在那儿竖起了圣乔治的红十字旗。随后，他和由千余头骆驼组成的大型商队一起，向土耳其方向进发，同年 12 月到达古代的穆斯林贸易重镇达布克哈拉。詹金森说他们踏上了一条通向古代中国的“丝绸之路”，希望在那儿同中国内地建立贸易关系，但是这条道路的状况比 300 年前马可·波罗时大大恶化了。詹金森一行受到土耳其斯坦可汗的热情招待，但他们打算去中国的愿望似乎没有得到积极的响应。因此在 1559 年冰雪消融之际，商队返回了俄国的莫斯科公司。1561 年詹金森再度探险，这一次他选择了新的目的地波斯。他还是沿着上次的路线走，先驾船到达俄国，躲过冬天后，再顺伏尔加河而下，到达波斯治理下的杰尔宾特。当地总督友好地接待了这批远方的客人，并派人将他们护送到国王设在加兹温的王宫。可惜的是，詹金森带来的英国女王伊丽莎白要求互通贸易的信件没人能看得懂，尽管信件分别用拉丁文、意大利文和希伯来文写成。然而令人遗憾的是，波斯人对伊斯兰国家出现的基督教商人心存疑虑。在波斯国王那里碰了钉子后，英国人对通往中亚的陆路航线暂时失去了兴趣，只能继续在地中海沿岸的港口做生意。

二十多年以后，由英国政府资助的一支探险队再度前往中东地区。曾在中东旅行过的约翰·纽伯里被任命为指挥，这支探险队几经挫折后到达印度并游历了全境。他们到访了莫卧儿王宫，受到莫卧儿国王的热情接待。纽伯里感到事情进展顺利，随后便准备回国汇报成果。然而天有不测风云，他在归途中一命呜呼。其中的一位幸存者拉尔夫·菲奇继续向东行进，他到达了恒河河谷的阿拉哈巴德，又到达了缅甸和马六甲，并于 1591 年返回英国。

与商业探险家的着眼点不同，约翰·迪更多关注的是地理探险，尤其是东北航道的探寻。在他的热情鼓动下，英国人新一轮东北航道的探险之旅开始了。1580 年，亚瑟·佩特和查尔斯·杰克曼率领两艘船循着巴勒的足迹东航，他们同样在喀拉海遇挫，结果无功而返。在返回途中，杰克曼的船在挪威附近沉没，佩特则幸运地返抵泰晤士河。尽管约翰·迪一再宣称，只要一过喀拉海海岸折向东南，气候就会越来越好，但此后很长时间内没有一个英国人再对这样的航行继续保持热情了。而且，俄国航海者已熟悉了白海和北冰洋沿岸，他们也在努力探索前往中国和日本的航线，并取得了巨大成果。工业革命后，英国借助科技的力量，把对大西洋航道和未知世界的探险活动推向了一个新的高潮。

荷兰人在北极航道的探险与发现

继英国人之后，荷兰人于 16 世纪末开始了大西洋东北航道的探险活动。荷兰原是尼德兰的一部分，“尼德兰”原意为低地，指欧洲西部莱茵河、缪斯河、些耳德河及北海沿岸一带的低地地区。在历史上，尼德兰先后受罗马帝国和法兰克王国的统治，16 世纪初沦为西班牙的属国。这个地方面积不大，人口不多，但曾经是经济最发达的地区之一，而且首先爆发了资产阶级革命（1566—1581 年），1581 年 7 月，尼德兰人民推翻了西班牙的专制统治，成立了尼德兰联省共和国（或称荷兰共和国），这是世界上第一个资产阶级共和国。

荷兰资本主义发展的一个重要特点是商业比工业发达，国际贸易比国内贸易发达。荷兰有“海上马车夫”的美誉，它的商船遍布世界各地。

正当英国人知难而退时，荷兰人却突然对东北航道产生了浓厚的兴趣。他们得知，虽然英国人在对东北航道的探索中失败了，却与俄国建立了通商关系，从中取得了巨大的利益。于是，荷兰人行动起来，他们首先授命一个叫布鲁内尔的人组成了荷兰白海商业公司，以开展与北冰洋沿岸狩猎者的直接贸易。

这是一个新兴的民族国家，为了发展资本主义，它迅速加入欧洲人的地理探险行列。早在 1584 年，荷兰人便开始了试图深入远东的探险航行。他们表面上是要跟亚洲北极居民开展皮货贸易，但真正的目的是去寻找东北航道。他们派出了一艘船朝东北方向行进，该船驶进俄国北面海域喀拉海后就折回了，但在返航途中，在注入喀拉海的伯朝拉河河口不幸遇难沉没。虽然航行失败了，但其努力没有白费，因为航行不仅使荷兰白海商业公司获得了成功，而且为后来的探险家开辟了道路。

谈到荷兰人在北极航道的探险与发现就必须谈到一位史诗般的人物威廉·巴伦支。巴伦支是荷兰探险家、航海家，生活在荷兰拥有海上霸权，被称为“海上马车夫”的时代。在阿姆斯特丹商会的支持下，巴伦支一生致力于开拓通过北冰洋的欧亚东北航道。

1594 年，有 3 艘船从阿姆斯特丹出发，再一次踏上了远征北极的航程。其中有一艘是由巴伦支指挥的，这正是他探险生涯的开始，那时他刚 44 岁。

巴伦支作为一名船长参与了 1594 年 6 月的远征航行，一个月后船队来到新地岛海域。在这里，巴伦支与船队分手，他沿着该岛西岸向北航行，直到 7 月底。关于巴伦支抵达该岛最北端以及越过北纬 77°的猜测并没有留下可靠的证据。后来，巴伦支途经瓦加奇岛，于 9 月 16 日成功地回到阿姆斯特丹。

巴伦支指挥的船不大，船上有一位商务代表林斯考登。第二艘船由科尔·纳伊指挥，第三艘船则由布朗特·捷特卡列斯指挥。探险队到新地岛海域后就兵分两路，纳伊和捷特卡列斯的两艘船朝正东方挺进。巴伦支则向北方前进，想从北边绕过新地岛，然后找到不封冻的海域。因为他相信，在这个海角之外一定能找到一片无冰的海域。1594 年 7 月 4 日，巴伦支看到了朗厄内斯角（长角），他根据寒带太阳的高度测定朗厄内斯角可能会在北纬 73°附近。马托奇金沙尔海峡的入口恰好就在这条纬度线上，这条海峡把新地岛分为南北二岛。

然而，巴伦支所确定的纬度显然是错误的，他所确认的纬度不是朗厄内斯角，而是干角，即新地岛北岛上最西边的一个海角。他驾船沿新地岛海岸向北继续航行，在北纬 75°附近的一个岛屿旁，巴伦支发现了一条俄国船的遗骸。在北纬 76°附近水区，巴伦支又从十字架岛旁边驶过。他之所以把这个岛称为十字架岛，是因为他看见岛岸上有两个十字架。毫无疑问，这是俄国人竖立的，它们被竖在坟墓边，也许是作为可以辨认的标志用的。荷兰人还在这个海区第一次看到了海豹的栖息地和北极熊。

7 月 13 日，探险队遇到了巨大的浮冰，航船向北推进的速度非常缓慢。大雾弥漫的天气，他们行进到一片冰原地带。这时，巴伦支测了一下纬度，表明他们现在已经航行到北纬 77°左右。在整个 16 世纪，没有一个西欧航海家曾经向北行进到这么高纬度的海区。为了穿过坚硬的冰区，巴伦支的航船迂回航行了整整两个星期。7 月 29 日，他在北纬 77°附近发现了新地岛最北部的一个海角，并把它命名为“冰角”（即今天的卡尔谢纳角）。8 月 1 日，他们又在这个海角附近发现了一些小岛礁，但船员们再也不愿前进了，巴伦支也认为还是返航为好，回去与其他船只会合。于是他们调转船头，朝瓦伊加奇岛的方向驶去。最后，这两支荷兰船队在伯朝拉海的马特维耶夫岛附近会合。

9 月，这支探险队安全地返回荷兰。人们以最隆重的仪式欢迎凯旋的“胜利者”。同时，荷兰政府立即着手组建了第二支探险队，它由 6 艘船组成，船上装满了各种货物，另外还配备了一艘传令快艇。纳伊被任命为船队指挥官，捷特卡列斯担任副手，巴伦支为主舵手兼其中一艘船的船长。林斯考登作为商务代表再次随同他们一起出航，这是西欧国家探寻东北航道以来所派出的最大一支探险船队。本次远航不仅要找到新航道，而且要出售不同的荷兰商品。

1595 年 8 月，这支庞大的船队扬帆起航，他们绕过挪威最北部的诺尔辰角（北角），然后分两个小分队行驶：一个小分队向东南航行驶入白海，另一个小分队径直向东航行。向东航行的小分队还未到达新地岛，就遇到了许多巨大的冰块，不得不转向尤戈尔海峡入口处，然而这里被冰封冻了。9 月初，船队驶入了喀拉海，但是他们在那里很快又被冰块堵住了。在此以前，巴伦支与纳伊之间发生了一些冲突，后者得到了捷特卡列斯的支持。巴伦支对他们的行动不坚决果断和遇到困难就停泊不前的做法大为不满，并公开表达了自己的意见。船队在一个小岛附近停泊，船员们登上了小岛。两个水手被岛上的一只熊撕成了碎块，这恐怕是地理大发现以来探险者被野兽害死的第一个例子。埋葬了这两个水手后，于1595年12月，这支探险队回到了荷兰。

由于第二次探险无功而返，失去了政府的信任，荷兰政府拒绝调拨国库经费资助探险队出航，但是设立了高额奖金，用以鼓励那些发现东北航道的航海家。这项措施激发了阿姆斯特丹市议会的积极性，他们于1596年白手起家组织了一支新的探险队。市议会给这支探险队装备了两艘船，并任命盖姆斯克尔克和杨·鲁普为指挥官。虽然巴伦支没有接到什么任命，但他愿意作为一名领航员，随他们一起出航。

巴伦支在他短暂一生的探险中，一共完成了3次航行，虽然每次都进入了北冰洋，但前两次都没有什么特别的建树。1596年，在阿姆斯特丹商人们的资助下，巴伦支指挥着3艘船又开始了第三次探险。

巴伦支1595年的第二次探险活动之所以惨遭失败，主要原因是那支船队从荷兰启程的时间太晚了，于是新探险队决定提前两个月即于5月启程。航行过程中，巴伦支很快与杨·鲁普争吵起来。巴伦支坚持要走东北航道，即先到达新地岛，而鲁普却执意要朝北航进，以便驶进北冰洋。原来鲁普天真地以为北冰洋是一片无冰的海域，船只可以自由地通航。而且，盖姆斯克尔克站在鲁普一边。于是，这两艘船按鲁普的航线向前行进，他们在北纬74.5°附近的海面上偶然发现了一个海岛。船员们在这个岛上看见了一只被打死的北极熊，所以这个岛就被他们称为“熊岛”。荷兰人在熊岛上停留了4天后继续向前航行，此时鲁普大概得到了俄国人曾经航行到斯匹次卑尔根群岛的消息，于是调转船头朝北偏西的方向驶去。

6月19日，探险队在北纬80°处再次看见了一片陆地，他们以为这是格陵兰岛的一部分，其实这是斯匹次卑尔根岛的海岸。“我们之所以把这片陆地称为斯匹次卑尔根，是因为在这块陆地上有许多高尖的山峰。”探险队医生德·菲尔写道：“尽管我们认为这块陆地是格陵兰，尽管它位于北纬80°或者更北一点，但是这块陆地上有丰盛的绿草，并能饲养各种食草动物。”由于他们遇上了不可逾越的冰块区，航船不得不向南返回。7月1日，他们再次来到熊岛。此时，巴伦支与杨·鲁普又发生了意见分歧。鲁普提出，如果有必要的话，应该从斯匹次卑尔根群岛出发去寻找通往北部的无冰航道，然后再向东航进；巴伦支认为，这个航道只能到东部去探寻。在这次争论中，盖姆斯克尔克站到了巴伦支一边。这样一来，两艘探险船分开了，鲁普率船向北驶去，而另一艘则由盖姆斯克尔克和巴伦支率领驶向东方。

巴伦支和盖姆斯克尔克一行径直向东航行，7月17日在北纬73°处靠近了新地岛，然后向北行进。一个月后即8月19日，他们终于到达了新地岛东北海角。在这个海区，他们再也无法继续向前航行了，不得不于26日停泊在新地岛北岸的一个“冰港”越冬。船员们从船上卸下武器和一部分必需品，另外还把一部分货物、航海仪器和风帆从船上搬下来。他们把船只改造成一座备有炉灶和烟囱的小屋，此后还把船上拆下来的木板连接在一起，建筑起一圈围墙，修建了一个既能御寒又能提防野兽的越冬营地。这是迄今已知的人类在如此之高纬度的北极地区建立的第一个越冬营地和第一次越冬经历。

11月的北极迎来了奇特的极夜季节，其中3个月不见一日太阳，整天的光线只相当于天快黑尽时的光亮，气温也因没有阳光照射而降到了－60℃。荷兰人对于这里的一切都不习惯，在这个营地越冬当然是异常艰苦的，而且几乎所有的人都患上了坏血病。在第二年春天到来之前，17 个越冬队员已经死了两个，春天里又有两人病入膏肓，其中就包括巴伦支本人。1597 年 5 月，极地冰层开始松动，但大船已被冰块损坏，再也无法修好。探险队员们只好拆下大船的木料，造了两条小帆船死里逃生。6 月中旬，他们开始沿着原路返航。临行前，巴伦支把这次航行和越冬的情况写成报告，放在那座小屋的炉灶旁。荷兰探险者不仅给小帆船装上了食品和途中所需的器具，而且还想运走一部分最值钱的货物，巴伦支和另外一个重病号也被抬到了小船上。

探险队离开越冬营地，经过 6 天的搏斗才绕过了“冰角”。在“沙角”外的海面上，另一条帆船上的水手长让人告诉巴伦支，那个重病在身的船员已经断气了。这时，巴伦支有气无力地说道：“我感到我也活不了多久了。”于是他拿出地图，仔细地看了一遍，然后又对德·菲尔医生说：“亲爱的，请给我喝口水。”喝完水后，巴伦支便死去了，他的遗体按惯例葬入大海，时间是 1597 年 6 月 20 日。

从 19 世纪中叶起，为了纪念巴伦支，他反复航行过的海区被命名为“巴伦支海”，他参与发现的斯匹次卑尔根岛也被称为“巴伦支岛”。1871 年，挪威猎人发现了巴伦支等人在新地岛北岸的过冬营地（小屋），5 年以后，巴伦支留下的有关那次航行情况的报告也在已经倒塌的小屋的废墟里被发现。报告记载了他们怎样离开荷兰驶往中国，以及在这片陆地上究竟发生过什么。后来，苏联探险者又发现了巴伦支一行遗弃下来的船只残骸。

随队医生德·菲尔这样写道：“威廉·巴伦支的逝世给我们带来了极大的痛苦，我们每个人都悲痛欲绝。因为他是我们主要的领导人，同时又是我们必不可少的领航员、朋友和同伴。”巴伦支去世后，他的同伴们像失去父母的孤儿一样，非常缓慢地继续向南航行。两周以后，又有一个船员因病死亡。7 月 28 日，这支探险队的剩余人员抵达新地岛南岸，并在那里发现了两艘船。他们高兴极了，终于又看到人了，但同时又疑虑重重，“因为他们还不清楚这是些什么人，是野蛮人还是外国人”。

队员们费了很大的气力才登上陆地，一些他们不认识的俄国人放下手上的活儿向他们走去。据德·菲尔描述：“两个俄国人拍了拍我和盖姆斯克尔克船长的肩。当他们得知我们的航船失踪了时，他们用表情和手势向我们表示他们非常同情我们，怜悯我们不幸的遭遇和目前所处的困境，一个俄国人跑到自己的船上，拿来了一个圆形的黑面包和几只熏烤熟了的野鸟。”第二天，俄国人向瓦加奇岛方向驶去，探险队则跟随在他们的后边。由于航行途中浓雾四起，风暴交加，迷失了方向的探险队不得不在一个小岛上停留了 4 天。他们在岛上发现了一种匙形野草，德·菲尔兴高采烈地写道，“我们吃了几把这样的草，精神马上振作起来了。以前，我们连嚼面包干的劲儿都没有，现在我们已经能嚼能咽了。”实际上，这个报道非常珍贵，它记录了人类认识和征服坏血病路程上的重要一步。

天气渐渐好转后，荷兰探险队继续南行，到达伯朝拉海南岸后向西返航。1597 年 9 月 16 日，他们在克服了种种艰难险阻后，终于回到了阿姆斯特丹，而在极地越冬的 17 个探险者中仅剩下 12 人。此后，荷兰人基本上停止了对东北航道的探险活动。

继俄国人之后，以巴伦支为首的荷兰探险家对东北航道所进行的 3 次探险是对斯匹次卑尔根岛、新地岛以及周围一些小岛的再次发现。他们首次探察了斯匹次卑尔根岛西北海岸和新地岛北部海岸，他们向北一直挺进到北纬 80°的封冻冰线，将人类航海的范围向北推进了几个纬度，创造了在北极地区越冬的新的纬度纪录。同时，他们所绘制的地图和海图、收集的丰富气象资料都成了人类进一步探索极地自然状况的宝贵财富。

16 世纪的北极探险是以巴伦支的悲剧而告终的。当其余的幸存者乘坐一条帆船从北冰洋死里逃生，航行了 1 600 多千米终于回到阿姆斯特丹，正为自己的命大而庆幸时，荷兰的第一支船队满载着货物绕过合恩角，从印度胜利而归。作为一个商业性国家，荷兰从此失去了对北极探险以便寻找一条通往东方之路的兴趣。

美国人在北极航道的探险与发现

北极点位于北冰洋北极海域的中部，那片海域终年寒冷。南极的冰是覆盖在陆地上的，北极的冰是覆盖在海洋上的。现在地质学家因此提出了“雪球地球”的理论，根据“雪球地球”假说，地球曾三度完全被冰层覆盖，那时的地球并不是我们熟悉的蔚蓝色的“水之星球”，而是雪白色的“冰之星球”，北极是地球冻结时期留下的“胎记”。

这里各类浮冰分布面积广，海洋生物种类和数量都十分缺乏，生存环境十分恶劣；北极对于地球的演变、环境保护、人类未来生存有极高的科研价值。也正是如此，它吸引了世界上各路探险家。自从 1650 年荷兰地理学家瓦烈尼马斯首先独立划分北冰洋起至今，300 多年来，人类从未停止过对这个被称为“世界神秘顶点”——北极点的探险。他们使用了一切可能使用的方法和手段：有的乘海船去；有的坐狗拉雪橇或徒步去；有的企图同浮冰一道漂流前往；也有的乘坐热气球或飞艇去；近年更有人想利用潜艇在冰下航行或乘飞机去。

在人类历史上，20 世纪是极不平凡的，先是经历了两次世界大战，使人类社会经受了空前的磨难和考验，后来又随着科学和经济的高速发展，进入了太空时代。同样的，在北极考察史上，20 世纪也是极为重要的时期，先是打通了西北航道，后是美国人最先登上了北极点。人们终于从科学上认识到北极对于人类社会的重要意义。

美国人为争先到达北极点而战

1776 年 7 月 4 日，大陆会议在费城正式通过《独立宣言》，宣告美国成立。建国后的美国人对北极是陌生的，位于北极地区的阿拉斯加离美国大陆十分遥远，而且它归属美国的时间也短。当英国、法国、西班牙、荷兰、俄罗斯等国大举向北极进军，探险东北航道和西北航道时，正好赶上 1861 年美国爆发南北战争，美国人哪有心思关注北极。

美国南北战争

提起阿拉斯加的历史，那是俄罗斯人永远无法抹去的伤痛，它原本是俄罗斯人的领地。最早入主美洲大陆的文明人其实有两批，一批是在 16 世纪横渡大西洋进入美洲东海岸的西班牙、葡萄牙、荷兰、英国、法国人，而另一批则是在 18 世纪从西伯利亚越过白令海峡进入阿拉斯加的俄罗斯人。说来也有趣，因为一批向东，一批向西，结果由于时差问题，俄罗斯人和英国人吵了起来——大家算着日期，硬是隔了一天。这场争论一直闹到了 1884 年，最后以大家在白令海峡画了一条弯弯曲曲的“国际日期变更线”才算了事。

在美国爆发南北战争时期，西欧列强打算趁机肢解美国。林肯总统认为以合众国一国之力独木难支，于是向西欧列强的仇人——俄罗斯帝国求助。俄罗斯帝国沙皇也想报克里米亚战争一箭之仇，于是派出了一支舰队开进纽约港，确实起到了威慑作用，让其他列强犹豫观望，为北方军赢得战争的胜利争取了时间。经济形势不佳的俄罗斯帝国尽管在援助美国的战争中一炮未发，但光是让舰队绕地球转半圈也得摊上一笔巨额的费用，使得原本就紧张的本国财政更加紧张，于是沙皇当局动了卖掉阿拉斯加的心以解燃眉之急。

得知消息后，时任美国国务卿的威廉·亨利·西华德便“慷慨”地对俄罗斯人说，我们刚打完仗，百废待兴，也是困难重重，不管怎样对俄罗斯的相助之情，我们理应报答。便“慷慨”地表态：你们出让阿拉斯加，开个价，要多少，我们给多少！

俄罗斯人天生是寒带的民族，对西伯利亚及其更东的阿拉斯加的征服是绝对可以媲美哥伦布、麦哲伦等伟大航海家的。1853 年，围绕巴尔干半岛霸权的克里米亚战争爆发，农奴制度下落后腐朽的俄罗斯帝国被经历工业革命后装备精良的英法联军打败，无奈只好割地求和，老沙皇尼古拉一世据说也因此服毒自杀。新登基的亚历山大二世对英法的强大同样十分恐惧，由于阿拉斯加正好紧挨着英国的殖民地加拿大，要是再打一场仗，恐怕阿拉斯加是守不住的；而阿拉斯加距离西伯利亚很近，若是英国人以此为跳板进攻俄罗斯本土，那后果就不堪设想了。左思右想，卖掉阿拉斯加不仅可以缓解财政紧缩，更重要的是还可以借他国阻挡英国人对俄本土的威胁。

从 18 世纪中期，俄罗斯人就开始了对北极的考察和开拓。当时，沙皇多次派出探险队沿着其国领土的北端由西向东，对西伯利亚北岸地区进行探索，北极东北航道上最为宏大的探险考察是彼得大帝时代在俄罗斯海军服役多年的丹麦人白令所率领。

从 1725—1741 年，白令 3 次率领俄罗斯考察队前往欧亚大陆最东端的海域考察。探险队到达最东端的堪察加半岛后，再乘船向北冰洋进发，到达了白令海峡，还发现了北美洲的阿拉斯加。证实了美洲大陆与亚洲大陆隔海相望的白令倒在了考察途中，白令海峡的名称也因他而得，他的名字留在了世界地图上。

那时，工业落后的俄罗斯自始至终都没有大规模开发阿拉斯加这块自己先行占领了一个多世纪的土地。在俄罗斯人眼里，这儿只是一块徒有因纽特人孤独寂寞的地方而已，留它有何用？于是，史上一桩令俄罗斯人痛心疾首的事件发生了。

1867 年，俄罗斯以总价 720 万美元把阿拉斯加 150 多万平方千米的国土卖给了美国，相当于每平方千米约 4.74 美元，令人不可思议！这笔买卖成交也让美国成为一个环北极国，极大满足了美国人的胃口。面积达 937 多万平方千米的美国，阿拉斯加就独占了其中的 150 多万平方千米，而且由于接近北极，在各种世界地图中美国国土面积都显得异常巨大。

谁能料到，从 1897 年开始，阿拉斯加开始逐渐发现金矿，随后又发现了丰富的石油。进入 20 世纪，阿拉斯加又成为太平洋间航空线路的中转站，为无数飞机节省了可观的燃料。二战后，阿拉斯加又成了美国的战略武器部署地，美国人用导弹直接面对的就是这片土地曾经的主人——俄罗斯。一想到这事儿，俄罗斯人做梦都想哭。

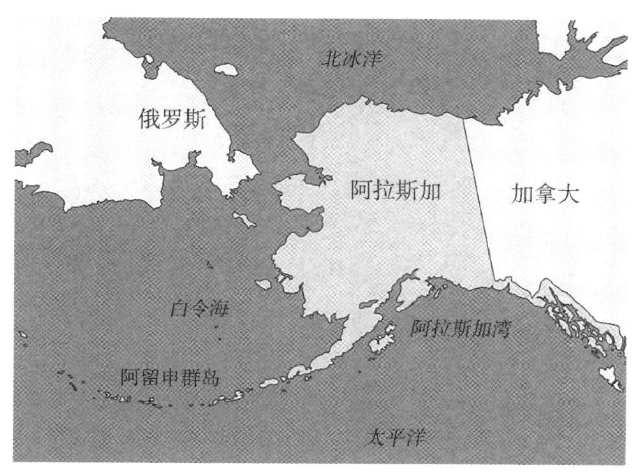

阿拉斯加地理位置

这也成了近代史上一则经典教训：国家、领土和主权永远都是无价的。

即便这样，北极依然没有引起美国人的关注，直到英国的探险家约翰·富兰克林船队失踪之后，他们的注意力才转向了北极。早在美国之前，英国人、荷兰人和俄罗斯人已经纷纷投身北极探险。在了解到北极航道的重要性后，美国从国家利益角度考虑，必须推进北极探险事业。北极必将是世界一个新的争夺战场。他们认为在北极，美国海军应该拥有一支跻身世界前列的现代化海军舰队，这将是美国在20世纪雄起的一个倚仗。国家必须高瞻远瞩、未雨绸缪。

虽说美国人对北极航道的探险起步晚，但其眼光独特。而且美国关注的不再是传统的西北航道和东北航道，而是北极点，并将其提升到国家未来发展的高度。那时，正值工业革命刚刚过后的19世纪中叶，人们觉得现有的技术条件已经足以让人到达北极点，于是向北极点的冲刺开始了。

有识之士认识到了北极的重要性和在科学上的意义。1857年，奥匈帝国海军上尉魏普雷希特建议在北极地区建立一些考察站，配备上必要的仪器，以便同时进行综合而连续的观测。1871—1874年间，这位魏普雷希特上尉在奥匈帝国陆军上尉佩叶的陪同下，领导奥匈探险队乘坐“泰格早夫”号开展了两次目标为北极点的远航。1873年探险队在冰原中发现并以奥匈帝国皇帝命名的法兰士约瑟夫地群岛。但此时，“泰格早夫”号却被冰牢牢冻住，无法前行。无奈之下探险队只能选择弃船，他们将4艘小船放在雪橇上，在冰面上继续“航行”。万幸的是，他们于1874年最终遇到“圣尼古拉”号而获救。

1850年，美国曾派出了“先进”号和“救援”号两艘船参加了救援富兰克林的行动，是由一个叫德·海温的海军上尉指挥的。虽然无功而返，却引起了美国人对北极的兴趣。曾在这次行动中服役的机械师凯尼后来成了美国北极考察的重要组织者。进行了两年的准备之后，1852年，凯尼组织了17个人，驾着“先进”号再次进入北极地区，名义上是去寻找富兰克林，实际上是往北行，以期到达北极点。

同样对北极燃起雄心的还有查尔斯·豪尔，出生在美国佛蒙特州的豪尔只受过初等教育，甚至从未接触过船只，却对富兰克林的失踪产生了兴趣。他认为只有生活到当地的原住民中去，成为他们中的一员，才有可能清楚富兰克林悲剧的全部事实。1860年，40岁的豪尔将想法付诸实践，独自进入北极。他从学习吃生肉开始，3年中先后8次深入因纽特人中间，不仅搜集到富兰克林探险队的大量遗物，还于1871年驾驶着“极地”号蒸汽帆船进入了北冰洋，到达北纬82°11′处，向北极点迈进了一大步，成了美国北极探险史上一位杰出的人物。也就是在这次探险中，他献出了自己宝贵的生命。

接着，英国人于1876年5月行进到了北纬83°20′26″的地方，创造了新的纪录，更加激发了美国人的斗志和好胜心。于是，人类向北极的探险演变成了一场争相到达北极点的竞赛。

1881年夏，阿道弗斯·格雷利探险队由一艘小船“海神”号送到了预定地点，这是最靠北的观察站。为保证这21个人的安全，政府拟定了一项周密而详细的计划：1882年将派一艘救济船前往，即使到不了也不必惊慌，因为探险队带的粮食足够两年吃的。次年将再派船救济，若不够，就会派飞机把他们接出来。整个计划看起来似乎不会有任何问题。而结果却大出所料。

营地建立起来后，“海神”号便离开了。开始一切都好。但不久，问题就来了，这主要是由领导者本身所造成的。一是格雷利为人处世简单粗暴，主观武断，结果导致内部矛盾重重；二是格雷利擅自决定进军北极点，有3人到达了北纬83°24′的地方，比英国人前进了6.4千米。其他人则进行了气象、潮汐、地磁和生物的观测记录，并对周围的海冰和陆地进行了考察。而政府官员对此并不关心，在此后的两个夏天里虽然也派出了救济船只，却因冰障和暴风而返回；送去的5万份口粮，却只有1 000份放到了指定的地点。

两个冬季过去了却仍不见救援。1883 年 8 月 9 日，格雷利决定南撤，到了计划中的一个补给点却没有足够的补给品。死亡开始了，队员们只能靠海藻、地衣、沙蚤，甚至皮带充饥。1884 年 6 月的第一个星期，探险队只剩下 8 个人。其间，又有一个士兵因偷吃被枪毙。从 6 月 21 日开始，在 42 个小时里他们只是分享了一块巴掌大的干海豹皮。两天后只有 7 个人获救。

这次探险取得了大量一手科学资料和数据，且创造了新的北进纪录。在 19 世纪最后的几十年里，作为后来者，美国人在向北极进军中同样付出了巨大的代价。当然，这些努力也为美国人在下个世纪胜利到达北极点奠定了基础。

1881 年，美国海军上尉乔治·德朗带领改装加固游艇“珍妮特”号从旧金山起航，前往北极探险。

“珍妮特”号

航行中困难重重，德朗竭尽全力，几番领导指挥船队脱难，他做到了他能够做到的极致。队员们有着显而易见的缺点：种族主义、狂妄自大、自私自利以及和勇敢混杂的难以区分的鲁莽，但他们又是可爱的、团结的，尤其面临困境并肩携手的同袍情谊极其感人。极地简约而严峻的风景，周围环境的严苛激发出了人类超出常理的耐力。那些男人，虽然外表粗犷——络腮胡子，裹着厚厚的大衣，结实的粗帆布裤子，到膝盖的雪地靴，但他们在探险中呈现的对人类更多可能性的试炼，不断突破自身的界限，令他们充满魅力。在出发之前，他们都知道此行凶险，但他们期盼载誉归来。如果没有野心和欲望，历史就是停滞的死水，在某种意义上，历史前进的动力来自各种各样的“探险家”。

那时人们误以为位于白令海峡北口西侧的弗兰格尔岛是一块往北延伸的大陆，而沿太平洋西侧往北流动的日本暖流通过白令海峡之后将一直往北，正好为往北的航行开辟出一条水路。在这种思想指导下，美国海军上尉德朗和他的支持者们计划先沿弗兰格尔岛海岸往北航行，到无法前进时再改乘雪橇一举到达北极点。为这次探险提供赞助的是《纽约先驱报》的老板贝内特，他认为通过专栏刊登探险记肯定可以增加报纸的发行量并提高其声望。于是他花了 10 万美元将一艘游艇改装加固，用 3 米多厚的实心橡木加以支撑，以为这样就可以承受住来自冰层的任何压力，并将其改名为“珍妮特”号，然后交给海军去加以装备。

这些资金多来自大财团。商人当然是为了逐利。西方探险的动机从来都不仅是精神上的向往，对物质财富的渴望是更重要的原因。15 世纪以来航海家的推算是正确的，即使巴拿马和苏伊士的运河开通，亚洲与西方最短的船运距离仍是经由北冰洋地区。2007 年和 2008 年，由于全球变暖、海冰变动，全球贸易经由西北航道、北海航道，甚至直接通过北极，获得了商业上的巨大盈利。加拿大历史悠久的北方运输有限公司，从 1934 年起就提供北美北冰洋沿岸的货运服务，同时还运送石油、天然气和近

海开采出来的能源。这些都是北极经济初现的曙光。

1879 年 7 月 8 日，在美国旧金山梅吉斯码头，“珍妮特”号整装待发。1 万多人前来送行。海军上尉、船长德朗和船员们意气风发，此行“定将竭人力以征之”。

1827 年，英国人最先开始了以到达北极为目的的严肃探险，组织者是皇家海军的军官威廉·帕里。随后法国、德国、意大利、俄罗斯和瑞典的探险家们纷至沓来，渴望向北推进人类的北极事业。而“珍妮特”号正是在这样的北极探索热潮中担负着为美国占据一席之地的光荣使命。那时的美国人虽然已经历完南北战争，国家有所恢复，但和欧洲的事务、国际格局的主宰方面仍有很远的距离。所以北极探险也是顺应了美国对外扩张的民族主义、爱国主义情绪的需要。年轻人们渴望创造历史，如果不是在战场而是通过航海科考的方式那也是好的，德朗船长就是这样一位坚毅勇敢、心怀大志的美国海军军官。他和他的船员、国人们渴望向北推进，希望建立不朽的功勋，特别是在美国于 1867 年从俄罗斯手里买下了阿拉斯加的大片荒蛮土地之后。

1879 年 7 月 8 日，“珍妮特”号满载着各种物资装备驶离了旧金山。正如 34 年前富兰克林船队沿泰晤士河顺流而下一样，33 名队员兴高采烈，充满了必胜的信念。然而，美国水手和海军军官们还是低估了北极的威力，他们与自然的暴虐无常很快就正面相遇。巨大的流冰不断袭击整个船体，大片浮冰很快聚合并完全包围了“珍妮特”号，竭尽人类智慧的船只还是不能与自然的力量相抗衡。探险队被冰困住了，完全动弹不得。那一天是 1879 年 9 月 5 日。由于不断聚集的冰块积累的沉重压力使得船身剧烈摇晃，动作受限，探险队就这样开始了他们宿命般的冰间囚徒生活。幸运的是，他们的船足够坚固结实，暂时并未漏水，而且携带有足够的补给和药物，所以他们大可以安逸舒服的在船上休憩娱乐，等候大块浮冰融化后再撤离。面对这样的情况，德朗船长也无可奈何，只能听天由命。

尽管采取了各种措施，开足马力、抛去重物、利用绞车拉甚至使用炸药炸，都无法使船往前移动一步，他们只好随着浮冰向西北方向移动。他们开始以为也许过不了几天冰块就会松动，但近 21 个月过去了，在冰上漂流了 482.7 千米，探险队仍然没有看到任何挣脱的希望。当“珍妮特”号漂过弗兰格尔岛时，他们失望地发现，这只是一个小岛。队员们都彻底失望了，唯一的愿望就是尽快回家。

1881 年 6 月 10 日深夜，船体周围逐渐出现了越来越宽的水面。船员们欣喜若狂，以为终于可以返航。但没过多久，冰层又重新合拢，像把巨大的钳子，愈夹愈紧，先是船头变形，后来船体也出现了愈来愈大的裂缝，两天后，他们只好放弃船只。那些巨大的实心橡木在冰层的压力下破碎了。在航海日志里德朗失望地写道：“以前人们随冰漂流总会到达某一块陆地，但我们没有这样幸运，而是漫无目的地漂流下去，丝毫也看不到任何尽头。”那时探险队只剩下 3 只小艇，6 架雪橇，23 条狗和仅够 33 个人吃 60 天的粮食。这时雪已开始融化，经一个星期艰难跋涉后，德朗发现了一个可怕的事实：尽管他们每天以 6.5 千米的速度南进，但洋流却把冰块往北冲，结果他们离西伯利亚的距离比出发时还远了 45 千米。

德朗把这一发现告诉两个助手，然后果断地改变方向，由向南变为向西南。他们把重 8 吨的东西分装在 3 只小艇上，再把小艇绑在雪橇上拖着前进。此时，探险队中已有 1/3 的人由于身体状况只能照顾自己。7 月 29 日，他们登上了一个小岛，进行短暂的整顿和休息后继续前进，跋涉了约为美国国土东西宽度 1/3 的距离后，他们到达了浮冰的边缘，便分乘 3 只小艇向西伯利亚的海岸划去。不幸的是，一场大风把他们吹散，有一只小艇在海中倾覆，所有人员和物资全部失踪。另一只被吹上了岸，船上队员幸运地到达了一个小村庄而得救，但不知道德朗在哪里。

德朗乘坐第三只小艇经漂泊后，于 9 月 17 日在勒拿河三角洲的最北端登陆，13 个人只有 4 天的口粮，但仍保持着很好的纪律，继续南进。探险队员的健康每况愈下，10 月 6 日，离船后的第 116 天，第一个人死去。这时连吃的也没了，他们只好派两个人去求援，剩下的探险队员一个个地死去。

那两个人费尽了千辛万苦，终于找到了一个原住民。原住民把他们带到一个小村子里。可是由于语言不通，无法向村民们求助，无奈之下他们只好继续前进，在行进中，两人找到了从第二只小艇上逃出来的人。汇合后虽立刻组织营救德朗，但冰雪封锁了北进的路。次年春天，他们搜寻了几百千米，才找到德朗和伙伴们的尸体以及一个拼着命保存下来的航海日志，日志里记载着他们离开“珍妮特”号后 140 天的遭遇。最后一页，德朗用潦草得几乎难以辨认的字迹写道：“（1881 年）10 月 30 日，星期日，第 140 天。博伊德和戈兹晚上死去，格林斯先生正在死去。”

和富兰克林一样，德朗的探险也是以喜剧开始以悲剧告终。但不同的是他虽未到达北极点，却留下了沿途详细的书面记录，使后人清楚地了解到弗兰格尔只是一个小岛；在北极航行中，日本暖流帮不了多大忙；是他首先察觉到，北极冰盖不是静止的，而是以相当快的速度整体移动，这对后来的北极探险有着非常重要的实际意义。当然，还有一个重要的事实，即在“珍妮特”号被冰块挤毁 3 年之后，它的部分残骸却出现在格陵兰岛的西南海岸正对着北极盆地的地方，这清楚表明，北极冰盖的运动是有规律可循的。

壮怀激烈的“珍妮特”号

在冲击北极点的西北航道探险过程中，壮志凌云的“珍妮特”号被誉为“美国魂”。

“珍妮特”号是漫长的极地探险史上一颗璀璨的明珠，虽然陨落在冰封万里的北冰洋，但是依然光彩照人。

北极，世界的顶端，是极点，也是探险界的巅峰。北极在19世纪的世界范围内都是一个充满吸引力的话题，它是如此摄人心魄，令无数地理学家、气象学家、博物学家、水手心醉神迷。因为不了解，所以更加诱人，那个时代的人们对于北极的了解，更多地来自神话传说和捕鲸船队的些许传闻，一切都在云山雾罩中，是一个斯芬克斯之谜。未知的谜团与挑战吸引了世界各国的探险家竞相角逐，探险北极点成了展现国家综合实力、获取巨大潜在商业利益的最好的练兵场。

“美国魂”是北极探险的精神根源，许多美国人渴望能够在北极探险中建立功勋，取得圣杯。于是在报业大亨贝内特的全额赞助下，德朗船长率领33名队员驾驶着“珍妮特”号游艇扬帆远航出征北极。一切看起来都很顺利，最精良的装备，充足的补给，维修加固后的游艇，看起来这一支探险队将会穿透北极上方笼罩的“北方迷雾”，见证一个伟大的地理新发现。

北极探险在“珍妮特”号之前已经有几百年的历史了。我们可以看到，为了找寻北美到欧亚的快捷方式，不知多少探险家葬身于北冰洋。为了探测西北航道的可行性，探险家的船前往白令海峡，但经过那里终年冰冻的岛屿时，就像被捕蝇纸粘住的虫子一样动弹不得。北极是一个黑暗危险的地域。

那么，人们为什么如此热衷于北极探险呢？除了探险的冲动和原始的激情之外，更是因为其中蕴藏的巨大商机和国家利益。

虽说“珍妮特”号出师不利，被困冰中，他们却发现弗兰格尔并非大陆、黑潮也完全没有足够的热量消融北部海域的大块浮冰。这些他们探险队依据的主要理论地理学知识在现实面前都被判了死刑。在整个“珍妮特”号探险队的遇险经历中，船上被困时光应当算是最幸福的。队员们欢歌笑语，并未失去对探险前途和生活的信心，然而一切悲剧式命运的开始总是戴着几分温情脉脉的面纱，他们一行人现在真的是被“软埋”了。

最能体现船上美国精神的无疑是1880年和1881年迎新年的船上演出，这充分表现了美国人的乐观精神，展现了一幅喜气洋洋的庆祝场面。队员们彼此相处得融洽，他们有香煎鲑鱼、莱丝清汤、北极火鸡（即烤海豹肉）、冷火腿、通心粉奶酪、玉米青豆罐头和各式糖果干果享用。演出也十分精彩，爱说俏皮话的船上首席科学家兼记者柯林斯成了主持。探险队员们在广袤无垠、冰封万里的北极冰面上庆祝新年，丝毫没有沉沦，这或许是德朗船长精细管理的结果。我们可以看到探险队员们都是天生的乐观者，他们对被困虽绝非麻木，但也并无过多的怨言，这或许与北极探险本身的复杂艰难的传统有关。

“在孤寂的冰海上我们欢聚一堂，迎接新年的第一缕晨光。此刻我们快活地聚在一起，甲板室荡漾起欢声笑语。我们的思绪早已飞出船舷，回到远方的故土和亲友身边。魔力悄然降临，他们轻声问询，怎么还不见远去的亲人——我们的儿子、兄弟和夫君？”

这首诗是为迎接1881年新年来临，柯林斯的节目开场诗，诗中饱含了探险者们对于祖国和亲友的眷恋怀念。此刻这些北极勇士已经在浮冰中被困了足足16个月了。“美国魂”可以支持他们不远万里，长途跋涉前往北极，但冗长的被困生活，毫无进展的探险任务则令探险队的核心人物德朗船长越来越焦虑。也许正如他的日志中所形容的一样，这一年完全是停滞的一年，是毫无变化且单调的一年。

1881年的时间飞速流逝，浮冰仍然撕咬吞噬着“珍妮特”号，天气也没有好转的迹象。这年的7月4日他们还在船上庆祝美国的国庆日，用旗帜和彩旗把这艘船装饰一新，同时放礼炮祝贺。在遥远的极地，正是这种献身为国家探险的热情把这30多人召集在一起，但这样的升旗似乎更多了几分悲壮的色彩。何时才能走出浮冰，北航极地？好运气并不总是垂怜“珍妮特”号，早在1880年1月19日，船只就发生了严重的漏水，以后也需要日夜不断地用水泵、风车和人力去舀水以保障船只安全。如果要做一个盘点的话，那么已经过去的1880年就是流年不利，这一年探险队原地踏步，船体进水加之队员们病情恶化使得整个探险队员们开始出现感伤情绪。这一切都为“珍妮特”号的前程罩上了浓厚的阴影，它会是下一个给北极诸神献祭的祭品吗？

这样的祭品已经足够多了，最著名的莫过于1845年的富兰克林探险。富兰克林是英国的北极探险家，他和他的船员们驾驶着两艘利船驶往北极。然而这129人的庞大探险队却一去不返，杳无音信，成了19世纪中期最为爆炸性的国际事件，事后引发了各国海量的报道、开展了众多搜救工作。如果说富兰克林已经是一份献给北极的隆重祭品，那德朗船长的“珍妮特”号呢？它的名字如此的柔美婉转，能挡得住北方巨神的波涛万里，以及浮冰雷霆万钧般的挤压、摩擦和碰撞吗？

答案似乎是否定的，在1881年6月12日，伟大的“珍妮特”号终于被疯狂的浮冰压力所击碎沉没。这支探险队不得不弃船，他们失去了重要的交通工具，或许也是最后的救命方式。无论“珍妮特”号曾经有多么坚固、多么抗压，长达20多个月的漏水、挤压、碰撞都使得它达到了极限，最终葬身于北冰洋的冰腹深处。德朗船长颇有大将风度，有条不紊地指挥着所有的队员们搬出了有用的补给物资，准备下一阶段的生存。他们此时不得不直面皑皑冰原，与自然肌肤相亲。很显然随着曾经的“家园”的消失，这支探险队面临一个全新的挑战——冰上生存。

一般来说，要在大块浮冰上长期生存几乎是不可能的，即便是北极熊、海豹或者海狮一类的极地生物，也需要在附近的海水中觅食。不过有了从“珍妮特”号上抢救下来的物资，这群美国探险英豪们应该还能撑很久。北纬77°的沉船令人沮丧，但也释放了全体成员的心情，毕竟他们可以暂时摆脱被困在船上的压抑感，开始自己的冰上长征。除了比较充足的物资，他们还有很多条狗和雪橇，这些都对他们的冰上穿越发挥了重大的作用。

被困21个月，队员们的心情如晴雨表一样阴晴不定，但总体上还是高扬的。这是一场史诗般的生存之战，但挑战者只有有限的补给，他们没有后援团队，只有全力以赴拼死一战。

德朗船长的计划是一路向南行进，一直行进到俄罗斯中部和西伯利亚的北冰洋沿岸地区。他们粗略地估计这场远征的直线距离将近1 609千米。为了避免得雪盲症，他们只能昼伏夜出，在傍晚时分赶路，但仍然走得很慢。每天12个小时拉着挽具，这样的重体力消耗对人的意志力和体力都是惊人的考验。探险队很快就陷入困境：他们只有60天的补给，却有至少6个病人无法拉货，此外冰上几乎没有可辨别的事物，一切道路只能靠自己去开辟。最危险的是他们的行进速度被抵消了，因为浮冰在不断地移动、漂转，他们实际上是南辕北辙，距离西伯利亚沿岸更加遥远了，这是德朗船长在 6 月 18 日离开沉船地附近后的第 8 天发现的。

德朗船长

探险队员们愈发精疲力竭，情绪开始低落，最要命的是他们每天吃的肉糜饼十分干燥难以下咽，很多人的肠胃消化系统都出了问题，乃至随队医生安布勒不得不竭尽全力为大家想办法。更不用说那些其他的伤疤与疼痛，越来越多的扭伤、抽筋都只能算是小意思了，冻疮、震颤性神经疾病才是最可怕的杀手，一旦走不了路，这些人的命运也就注定了。然而或许是上帝的旨意，他们命不当绝，探险队发现了一块应许之地。这就是贝内特岛，我们可怜又可敬的探险队员们成功登陆这座蛮荒的小岛，当了 8 天的快乐鲁滨逊。幸亏有这 8 天，他们得以好好地烤火、晒干衣物，也同时获得了补充食物和淡水资源。在贝内特岛上栖息着大量野生动物，特别是鸟类极其丰富。探险者们以自己的金主和赞助人贝内特先生的名字为这座遥远的岛屿命名。

好运没能持续多久，很快他们迎来了最为艰巨的挑战。既是可怕的骨骼浮冰，又是可怕的冰水混合物，一切都要推倒重来。勇士们扛过了这些冰群铺天盖地的袭击，开始尝试最后的登陆。他们最后的目的地就是西伯利亚的勒拿河三角洲。本来德朗船长的意思是要尽量保持团队行动但最终还是被分散了，3 只小艇都各自分开去迎接自己的命运。德朗与梅尔维尔工程师的两只小艇分别在西北和东南方向登陆，然而噩运才刚刚开始。

德朗他们虽然成功登陆了西伯利亚的海岸，但此时他们的补给所剩无几，他们先后丢弃了雪橇和小艇，只能依靠步行来寻求原住民的救援。但毫无疑问丢弃雪橇和船只就注定了这一行人的命运，那就是毁灭。在秋冬季的西伯利亚，没有多少外来者能够徒步横穿数千千米的荒原冰川。德朗船长尝试了生起篝火来寻求帮助但无人问津，最后他不得不派出两员猛将先行开路，寻求救援。但命运弄人，梅尔维尔一行人幸运获救后，与这两位信使相遇，但等他们赶到故地时，已经没有足迹可以追寻德朗一行人的踪迹，看来只有等来年再去寻找。梅尔维尔最终找到了船队文件、日志和标本遗物以及德朗船长一队的殉难地。探险队最终的结局就是如此，他们发现并命名了德朗群岛，获得了新的地理知识，但船长等人全部殉难。

毫无疑问，德朗等 33 人都是伟大的美国英雄，他们前往北极的意志从未中断，他们凭借爱国的热忱、建功立业的渴望投身科学探险事业。最终殒命西伯利亚的勒拿河三角洲地带，人死而英魂不灭。西北望，尽是美国魂，梅尔维尔后来成为促进美国海军现代化的重要骨干，美国崛起的势头不可遏制。至今新西伯利亚群岛外的一片岛屿都被命名为德朗群岛，以纪念这位伟大的探险家。

如果从具体的到达极点或者完成极地跨越的目标来看，德朗一行是失败了。但他们的探索精神、矢志不移的奋斗与生存毅力令世人叹服。这场宏伟壮阔的生存之战最终落幕，德朗一行人也被重新安葬。或许每一次人类文明的进步都有赖于自我牺牲的勇者。斯人已逝，精神犹存，他们是最伟大的悲剧，同南极探险的斯科特一行一样，是人类群星闪耀的勇者，是未知世界的书写者。

这些人因此而不朽，为与命运的抗争而永生。

皮里用残疾的双脚登上北极点

地球像陀螺那样不停地自转。我们假想地球中间有一个轴，轴和地球表面相交的地方有两个点，北面一个点是北极点，南面一个点是南极点。它们最突出的不同莫过于它们的地理位置、地理结构和地形。南极是一个被大洋环绕的大陆，它位于地球的最南端；而北极是一个被大陆围绕的海洋盆地，它位于地球的最北端。北极是指北极圈以内的地区，又叫北极地区，北极点是北极地区的中心点。

北极地区非常奇特，每年那儿都有一段时间持续是白天或者黑夜，短的一两天，长的达半年。在那儿能看到美丽的北极光、北极熊，还有无比富饶的资源。

北极地区尤其是北极点气候奇寒，常年覆盖着冰雪，要到那儿去是非常困难的，从 16 世纪以来，许多国家都有人到北极地区探险，但是一直没有人到达过北极点。在通往北极点的道路上，曾经埋葬了挪威、意大利、奥地利、美国、英国和德国等许多国家的探险者的尸骨，是一条令人不寒而栗的死亡之路。1893 年，挪威探险家、海洋学家弗里乔夫・南森进行了一次著名的航海冒险活动，他和 12 名船员乘“前进”号沿亚欧大陆北海岸航行到新西伯利亚群岛，他们让“前进”号和从新西伯利亚漂来的浮冰冻结在一起，随着西北寒流慢慢地向前漂移。就这样，他们差不多漂了两年，一直漂到北纬 85°57′的地方，这里离北极点还有一段距离，但无际的冰野伸展到远方，再也无法前进了。他们只得登上冰块，徒步向北极挺进，但最后还是失败了。1896 年，

他们被困在严寒的北极地区，幸亏碰到了另一支探险队偶然路过这里，南森和船员们便搭乘他们的船返回挪威。南森的这次探险证明了北极地区不是一块大陆，而是冰雪遍布的海洋。

美国的北极探险家罗伯特·埃得温·皮里（1856—1920 年）是一个将登上北极点作为终生奋斗目标并最终梦想成真的幸运儿。为此，皮里前后用了整整 24 年的时间。

1909 年 2 月，他打破过去探险家利用短促的夏季航行的传统，而是凭借冬季的坚冰，乘狗拉雪橇闯入了北极地区。皮里带着 1 个仆人和 4 个因纽特人，露宿冰原，每天前进 40 千米。1909 年 4 月 6 日，53 岁的皮里终于到达了北极。他是世界上第一个到达北极点的人，书写了北极探险史上不朽的篇章。皮里的探险证明了在北极地区覆盖着缓缓漂流的浮冰，在北极冰原下根本就没有陆地，“南极的冰雪覆盖着大陆，北极的冰雪覆盖着北冰洋”。

一个立志登上北极点的人

皮里于 1856 年 5 月 6 日出生在美国的宾夕法尼亚州，1859 年，父亲去世后，母亲带着 3 岁的皮里来到了缅因州的波特兰，母亲刚 30 岁出头就过上了维克多尼亚式的寡妇生活，她把全部精力都花在培养唯一的孩子皮里身上。皮里性格沉着冷静，大学期间，他勤奋好学，成绩优秀。他还擅长各种体育活动，身体健壮，膀大腰圆，是一名名副其实的硬汉子。皮里没有辜负母亲的希望和培养，他不向往那种舒适安逸的生活，而是选择了富有挑战性的极地探险事业。

大学毕业后他加入美国海军，开始了他的探险生涯。他在海军里担任过许多职务，1881 年，皮里被委任为土木工程师。1884—1885 年期间，他担任尼加拉瓜运河调查的助理工程师，成为了主管工程师。后来因表现突出被授予海军上将军衔直到退休。

1885 年，皮里到尼加拉瓜考察了 3 个月，那里气候虽然没有北极冷，但对皮里却是个难得的锻炼机会，他率领的考察队经常在没膝的水中，甚至在没过头顶的湖泊里艰难地向前挺进。他们不知走过了多少荒芜人迹的密林和沼泽，终于勘察出一条穿过中美地峡的路线，而那时巴拿马运河还没有开通。

在担任海军军官期间，他先后进行了两次格陵兰考察，为北极探险做准备。1886 年，皮里请假 6 个月，用从母亲那里获得的 500 美元作为路费，首次到格陵兰进行考察，去锻炼筋骨和毅力，试试身手和胆略，为冲击北极点做准备。在路上他遇到了一个丹麦人，并一起穿过了 160 多千米的冰盖，登上了高达 2 134 千米的冰峰，此举之前，谁也没有向北推进如此之远。这使皮里更加坚定了从事北极探险的信念。事实上，皮里冲击北极点的远大抱负，在他还没有见过冰山前就形成了。皮里无愧是一位卓越的工程师，他坚持以科学精神和严谨态度关注北极点，没有比这更能吸引他了。

1891 年，皮里完成了第二次格陵兰考察，考察队共 6 人，其中包括他的爱妻约瑟芬、库克医生和黑人奴仆亨森。这次考察计划从“内部”对格陵兰完成了一次更深入的探险实践。在过程中经历了令人难以置信的灾难。船在靠岸前发生了意外，一块巨大的漂冰冲撞了船头，把正在掌舵的皮里掀翻在地，疾速旋转的舵柄狠狠地打在他的右腿上。考察队的库克医生闻讯赶来，赶忙用木板把他的右腿夹好，迅速乘小艇把他送到岸上，然后护送他到医院精心治疗。一直卧床 6 个多星期的皮里，逐渐恢复了健康，库克医生算是捡回了皮里一条命。

不知道是什么缘故，库克医生从第三次格陵兰考察时就拒绝了皮里的邀请。后来，皮里和库克两人闹得不可开交，后来竟成为探险家最高荣誉——到达北极点的竞争对手。

在这次考察中，约瑟芬在北极因纽特人的村庄里生下了他们的第一个孩子。皮里邀请因纽特人到家里做客，向他们请教在世界最荒僻地区生存的方法和驾驶狗拉雪橇的技术，酝酿去北极点所要采取的措施。

在穿过冰盖的一次危险旅行中，他发现了格陵兰北岸，完全证实了格陵兰并不与北极相连，是一个面积很大的岛屿。这个发现使他获得了极高的荣誉。归国时，他受到了人们热烈的欢迎，对格陵兰探险有贡献的挪威探险学、海洋学家弗里乔夫·南森先生也发来了热情洋溢的贺电。

1893 年至 1895 年期间，在完成了第三次格陵兰考察后，皮里认识到由格陵兰去北极之路行不通，便决定改变战略，到埃尔斯米尔岛上建立基地，为向北极进军做好了打持久战的准备。

1898 年，皮里和队员们乘坐由不列颠出版社诺恩克利夫男爵提供的蒸汽机游艇“迎风”号北上，开始他的首次北极探险。当“迎风”号驶入凯恩海盆时不幸被海冰咬住，无法脱身，探险队只好设下临时营地。此时已是隆冬季节，终日不见太阳，探险队只好借助月光前行。他们花了 9 天的时间，顽强穿过浮冰，但他们只走了一半的路程。两天之后，月亮消隐，四处漆黑一片，行走十分不便，他们忍受着刺骨的寒风，蹒跚地又跋涉了 8 天。一路上，他们穿过波浪冲击的海冰，涉过犹如泥潭的冰区，两条狗死于途中，剩下的狗也都筋疲力尽。1899 年 1 月 6 日，就在他们走投无路的时候，偶然遇到一座小屋，走进去一看，只见满地是杂乱的罐头盒、破衣服，显然小屋的主人是在不久前仓促离开的。屋子虽不像样，但尚可躲避风寒，当时能有这样一处藏身之地，真是雪中送炭。

小屋给他们带来了温暖，可皮里只觉得两腿异常麻木，不听使唤，这无疑是冻伤的征兆！新来的戴德里克医生看到他的伤势严重，脚趾难保，当即动了手术，切掉了 7 个脚趾。手术后，皮里忍受着巨大的疼痛，连续躺了 6 个星期。他无时无刻不在沉思自问，“难道我永远不能走路了吗？如果成了残废怎么办？”最后，他在小屋的墙壁上挥笔写道：“不达目的，誓不罢休！”

由于皮里冻伤严重，探险队无法继续前进，只好找船返回。皮里不能站立行走，队员们就把他绑在雪橇上拉着赶路，当穿过令人望而生畏的冰丘时，雪橇颠簸得很厉害，但他顽强地忍受着，即使在雪橇失去控制冲入沟底时，他也从不抱怨一声。

第 11 天，他们回到了船上，医生对皮里的伤势做了检查，又动了一次手术，这样每只脚只留下一个拇指。一个月后，在伤口尚未痊愈的情况下，他就迫不及待地拄着拐杖开始练习走路。在北极的整个夏季，皮里完成了远距离的旅行，测绘了格陵兰北部漫长的海岸线。尽管双脚磨得疼痛难忍，有时疼得两眼直冒金星，他还是以惊人的毅力忍受下来。

在格陵兰最北端，他细心地观察了洋面上的冰山和漂冰，他相信，如果能有预备队交替支援，便可直取北极点。

但不幸的是，他第二个孩子夭亡和母亲溘然去世的噩耗传来，他悲痛至极，决定马上返回故乡处理丧事。这次出征历时 5 年之久，但他始终未能超过南森创造的北纬 85°57′的纪录，这使得他一筹莫展。

在家的日子里，亲朋好友络绎不绝地来看他，“皮里北极俱乐部”给予他高度的评价，并表示愿意继续支持他。同时，白宫高级官员对他冲击北极点的精神极为赞赏，美国海军官员也鼓

励他："到达北极点是你的主要任务，你缺什么我们就给你什么……这项光荣的使命涉及国家的荣誉。"甚至连罗斯福总统也因他冲击北极点而感到高兴。

但是，他的妻子和长女苦苦哀求，叫他不要再离开他们，那年，皮里已退休，但心中征服北极的欲望之火燃烧得更旺。他说："我此时的信心比以往任何时候都更坚定，只要穿过史密斯海峡，北极便唾手可得。"就这样，皮里不顾妻子女儿的阻挠，振奋精神，肩负着重任又向北极点出发了。

皮里为徒步去北极探险做了多年的准备，积累了丰富的经验，他先在格陵兰岛的冰上做徒步和乘狗拉雪橇行军的训练，吸取了以往北极探险的失败教训，注意到当时还不大为人们所重视的冰山漂流的知识，并决定从格陵兰岛的北岸开始他的北极探险之行。

为登上北极点做准备工作的皮里

冲击北极点

1902 年，皮里正式开始去北极点探险。第一次探险，他在北纬 80°的地方建立了几座仓库，为未来的北极探险减少负载。这次探险，虽未能穿过冰冻的北冰洋就返回，但皮里逐渐适应了北极环境，为以后最终到达北极点创造了条件。

1905 年 7 月 6 日，49 岁的皮里再次组织北极探险，“罗斯福”号按时从纽约起航了，同去探险的除了白人探险家外，还有 200 多条狗，以及一些对北极生活了如指掌的因纽特人。几天以后他们进入漂冰区破冰前进。入冬前，船时常被冰咬住，受到冲撞挤压，但并无损伤。入冬后，船上 100 多名因纽特人男女青年和儿童都被安排了各种有益的活动，如打猎、做皮袄和皮裤等。船上的冬季生活充满了欢快的气氛。

1906 年 1 月 19 日，第一支援队出发了，他们的任务是沿着去北极点的路上，每隔 80 千米布设一个仓库，存放一些食品和燃料，供探险队返回时使用。这个办法在南极大陆上很适用，但在北极区就不容易了。因为去北极点的路是漂冰而不是陆地，漂冰向东漂移的距离当时无法估计，所以很难保证存放补给物的仓库不偏离预定路线，这样返回时就很难找到它。这次远征开始不久，就遇上了猛烈的暴风雪，使各个支援队无法向前推进。尽管皮里一再命令队伍向前推进，但天公不作美，由于暴风雪而耽搁的时间太长了，人力物力消耗很大，他们只好作罢。这样，皮里第二次向北极点进发再次受挫。

1906 年 2 月，探险队来到了赫克拉岬地。皮里指挥因纽特人在冰上建立航线和补给站，以节约极点冲刺突击队员的体力。但是，因纽特人在建立补给站时遇到极大的困难，皮里最终放弃了这个设想。第二次探险又没有达到目的，其收获是比上一次往北前进了 37 千米。

1908 年 7 月，皮里乘坐“罗斯福”号从美国出发，又开始了他的新一轮冲刺。他的队伍向格陵兰岛进发，下船后在陆地上走了 145 千米，离开埃尔斯米尔岛的哥伦比亚角，于 3 月 1 日最后奔向北极。按皮里的计划，各分队在完成开路任务后就返回。在开始时，探险队中包括 17 名因纽特人、19 架雪橇和 133 条狗。而到达最终目标时，陪伴皮里和亨森的只有 40 条狗和 4 个因纽特人。

再次受挫归来的皮里，时已年过花甲，尽管接连丧失了夺取最高荣誉的良机，但他却雄心未已，决定进行最后一次探险。这时，他的妻子约瑟芬出乎意料地支持和鼓励他。1908 年 9 月，皮里又乘“罗斯福”号起航了，不久便到达了谢里登角，找到了上次建立的越冬基地，他们着手把补给品向北部的哥伦比亚角转移。1909 年，百折不挠的皮里第四次率队出征北极点。他认真总结了以往探险失败的原因，对这一次探险做了充分准备。他把探险队的 24 名成员分成 6 个组，除主力队外，其余 5 个组均为辅助队。辅助队的任务是在前面开路，修筑营地，组织后勤供应，以保障主力队向北推进。

2 月 28 日，阳光照耀着北极，皮里向北极点的进军正式开始了。“罗斯福”号船长鲍勃·巴特利特率先遣队在前面开道，乔治·博勒普率领第 2 突击队进行支援，皮里和他的黑人奴仆亨森及其他人员在后。这次向北极点进军，接受了上次的教训，不再布施仓库，而是各路人马同时向前推进，这可以避免被漂冰冲散的危险。

队伍前进后不久，由于天气变暖，冰面上出现了一条宽阔的水道，挡住了雪橇的去路，他们只得临时安营扎寨。3 月 11 日，气温下降，水面封冻如镜，探险队继续赶路。到达北纬 85°23′处，第 2 突击队奉命返回，皮里此时进展迅速，每天向北前进 24～26 千米，不久便追上巴特利特先遣队。

在通往北极点的路上危机四伏，3 月 28 日，他们在一块大浮冰上会师扎营，不巧夜间冰块突然破裂，皮里和亨森等人迅速跳过冰缝，转移到较大的冰块上，而巴特利特由于行动稍迟，留在了小冰块上，境况岌岌可危。幸运的是，没过多久小冰块又奇迹般地向大冰块靠拢，这才避免了一场大灾难的发生。

3 月底，探险队到达北纬 88°处，巴特利特船长以惊人的速度走得如此之远，当然希望能和皮里一起夺取北极点，但皮里仍然坚持白种人率先到达北极点的主张，这样，巴特利特只好由此往回返。

3 月 30 日，探险队到达北纬 87°47′处。皮里、亨森和 4 名因纽特人，带着 5 架雪橇，挑选了 40 条好狗，开始了向北极点的最后冲刺。恰逢天公作美，连日晴朗，他们进展十分顺利。4 月 5 日，他们穿过了北纬 89°线，第 2 天即 1909 年 4 月 6 日，皮里胜利地攻取了北极点！这时，他兴奋地在日记中挥笔写道："我终于到达了北极点！300 多年来探险家们竞争的光辉目标，我 24 年来的梦想终于实现了。我实在没有想到北极点竟是如此单调、平常的地方……"

皮里在北极点宿营后，进行了一系列的观测，尤其是对太阳高度角的测量。他在 2 个地方、3 个不同方位、4 个不同的时间里测量了 13 次，充分证实了他们确实到达了北极点。皮里胸有成竹地说："我一次又一次地逼近北极点，在这里，东、西、南、北汇聚为一点。" 4 月 7 日，皮里一行离开了这个神秘的地方，4 月 23 日返回了哥伦比亚角营地。返回途中，他们每天平均滑

登上北极点的皮里展示美国国旗

行 42 千米，有时超过 48 千米。

后经美国政府的一个特设委员会认定，皮里到达的地点是北纬 89°55′24″，承认他到达了北极点。皮里在日记中这样写道：“北冰洋洋面‘真是十足惊人’，而格陵兰岛到北极之间的洋面至少 9/10 是由‘破碎的冰块’组成的。”

为了这一步的成功，多少人葬身北极，多少人徒劳而返。如今，皮里一行终于登上了人们梦寐以求的北极点。此时此景，皮里在北极点闭目冥想的瞬间，想到自己 3 岁时丧父，中年丧子和丧母，以及无数在冲击北极点中牺牲的探险者们，不禁潸然泪下。虽然自己也步入了老年，但他认为，一切的苦难都是为了实现青春时的梦想——登上北极点。

到底是谁最先到达北极点

库克医生与皮里自完成第二次格陵兰考察任务后，两人就分道扬镳再也没有往来，皮里也不知道库克去了哪里。当再一次得知库克消息时竟是一个坏消息，他怎么也没有想到自己被库克医生扣上一顶欺世盗名的帽子：首先登上北极点的人不是皮里，而是库克。自己为之奋斗了一辈子，登上北极点的事实却成了谎言，他却一直被蒙在鼓里。

皮里在返回“罗斯福”号的路上，曾遇到两名跟库克去北极探险的因纽特人，这两人向他描述库克如何带他们跨越冰海到达过很远的地方探险，甚至一路上未见过陆地的标志。但是，皮里脑子里充满了胜利的喜悦，对库克不感兴趣，对此充耳不闻。皮里和队员们继续往南赶路。一路上，他像往常一样为因纽特人捕猎过冬用的海象。到达拉布拉多港，他立即电告美国："美国星条旗插到了北极！"

可是，皮里万万没有想到，库克从设得兰群岛发出了他在1908年4月21日到达北极点的电报，这要比皮里早近一年。因此，美国人民欢庆夺取北极点的英雄是库克，而不是皮里。

1909年9月1日，皮里正在返回途中，此时对北极探险一直非常关注的《纽约先驱报》忽然收到了一个叫库克的美国医生的电报，声称他于1908年4月21日已经到达了北极点。

9月8日，皮里发表声明说："库克从来没有到过北极点，他只不过是在欺骗群众而已。"于是，这两个曾经一起穿越格陵兰冰原的伙伴反目成仇，展开了一场旷日持久的"真假猴王"争夺战。

皮里立即在报界发表文章揭穿谎言、阐述真相，攻击他的竞争对手库克。他谴责库克是一个说谎的骗子，他只不过是在欺骗群众，说他根本没有到过北极，只是在大陆边缘做了一次短途旅行而已。尽管如此，在这场席卷全美国的大规模论战中，公众都倾向于库克一边。

《纽约先驱报》支持库克，匹兹堡一家报纸民意测验的结果表明，有73 238人认为库克是征服北极的英雄，支持皮里的人只有2 814人。美国公众都坚决反对皮里，许多现代北极专家，包括沃利·赫伯特在内，都不承认皮里。彼得·弗罗切用一句讽刺的话对皮里和库克做了评价："库克是一个说谎的、彬彬有礼的人，皮里却两者都不是。"

皮里在遭受意想不到、难以容忍的凌辱之后，他的追随者们，尤其是“皮里北极俱乐部”的成员立即组织了旨在针对库克的宣传网，列举了皮里探险北极点的人证、物证和日记，用事实捍卫他们的英雄皮里。他们认为库克是自取其辱，是彻头彻尾的一场闹剧，他们要撕开库克身上最后一块遮羞布，还历史以真实，还皮里以清白。

总体上看，《纽约先驱报》和美国公众支持库克，而《纽约时报》和颇有势力的国家地理学会与美国官方则支持皮里，双方泾渭分明、僵持不下，只好提交国会去投票解决。

由于皮里冲击北极点，一直受到白宫的关注、赞赏，甚至连罗斯福总统也因他冲击北极点而感到高兴。美国海军官员也给予他极大的鼓励和支持。因此投票结果是135票支持皮里，只有34票支持库克。于是，皮里便成了官方的胜利者，被提升为海军上将，而库克则名誉扫地。

但是，这场争论却并未因此告终。因为事实的真相犹如一场体育比赛，怎么能由政治家投票来决定胜负呢？况且，库克并非凭空捏造，1891年，他与皮里的格陵兰考察，也确确实实地深入到了北极地区。

1907年，库克得到美国富翁布雷法利的资助，和唯一的伙伴弗兰克来到北极一个因纽特人的小村子越冬，并得到因纽特朋友的大力支持和帮助。1908年2月，他们带着9个因纽特人，11架雪橇，103条狗，1 814.4千克物资和一条6米长的折叠船穿过埃尔斯米尔岛往北进发。3月18日，他遣回了支援部队，只留下两个20多岁的年轻的因纽特人和26条最强壮的狗拖着两架雪橇继续前进，目标是要往北推进804.75千米。按照计算，他们自认为4月21日已经到达了北纬89°46′的地方，在那里待了24个小时，然后踏上了归途。

按照这种说法，库克的确是比皮里早了一年到达北极点，可是，他没有发布任何消息，直到 1909 年 4 月 15 日他们才重新露面。而在这一年多的时间里他们到什么地方去了呢？库克说，他们的路偏向西，所以多用了一年的时间，冬天探险队是在一座石头房子里度过的，直到 1909 年 2 月太阳升起时才继续南进。但这种说法却受到怀疑。其他不利于库克的证据还有：他说在北进途中曾经看到过陆地和岛屿，但这是不可能的，北极是一个被大陆围绕的海洋盆地，北极的冰雪覆盖着北冰洋，哪里有什么陆地和岛屿。更重要的是，曾全程陪同他的因纽特人提供证词说，在整个探险过程中，他们的视野从来也没有离开过陆地。由此，人们得出结论，库克的描述只是根据想象而已。

然而，事情并非如此简单。随着时间的推移，越来越多的事实表明，库克有可能是被冤枉的。因为，后来的观测表明，加拿大以北冰层确实是往西漂移的，因而使库克回程路线偏向西是完全有可能的。而在北冰洋中，经常可以看到酷似陆地和岛屿的冰山，甚至可以在这些浮冰上建立考察站，所以当年库克看到了这样的冰山便误认为是岛屿并没有什么好奇怪的。至于那两个年轻的因纽特人说一路上总能看到陆地，大概是因为在北极冰原上行进，有时很难把陆地和冰山区别开来，而由于潮汐的作用，冰山或冰原到处都是，致使那两个年轻的因纽特人误认为这就是陆地也说不定。

那么，到底是谁先到达了北极点呢？也许是库克，也许是皮里，也许他们两个都不是。当时他们所携带的测量仪器都很粗糙，因此，谁也拿不出令人信服的证据证明他们到底到达了何处。实际情况很可能是，无论是库克还是皮里都没到达过北极点，他们只是到达了接近北极点的某个地方而已。后经美国政府的一个特设委员会认定，皮里到达的地点是北纬 89°55′24″，承认他到达了北极点。也许不愿使库克难堪或冤枉了他，1916 年，国会一个特别委员会在授予皮里海军上将头衔时，也没有说他是第一登上北极点的人。

实际上，皮里也有说不清楚的问题。根据他的叙述计算，他在北极冰面上的行进速度为每天 24～26 千米，而在此之前，无论是南森、卡格尼还是他自己，在北极考察中的行进速度从来也没有超过每天 14.4 千米。1986 年，美国一个考察队对皮里的说辞进行推演，完全按照当年皮里的行进路线和运动方式到达了北极点。结果发现，在前 9 天里，他们每天平均只能前进 3.58 千米，从第 10 天到第 21 天，平均速度为每天 8.05 千米，第 22 天到第 44 天为每天 15.39 千米，第 45 天到第 54 天，由于冰面较平，装备减轻，天气转暖，行进的速度最快，达到每天 28.64 千米。由此看来，皮里的行进速度真可以说是天文数字了。

历史就是如此，留下无穷无尽的疑问让人们去争论，去思考。从 1909 年美国探险家皮里抵达于北极点后的百年间，真正到达北极点的人数少之又少。北极点，不仅仅是一场抵达，更是一次探险中的极致体验。

皮里的晚年，是同全家在他年轻时在缅因州购置的小岛上度过的。1917 年他得了贫血症。1920 年 2 月医治无效死亡，皮里以正式军人的名誉安葬于阿林顿民族公墓。

中国船长穿越北极“死亡航道”

2016 美国国家地理年度探险人物评选（中国区）十大探险

家震撼亮相。评委会这样介绍郭川：船长郭川率“中国·青岛”号国际船队冲过了世界帆船速度纪录委员会在白令海峡设置的终点线，这是人类历史上第一次驾驶帆船仅以风为动力在不间断、无补给的条件下完成穿越北极东北航道的航行。此次北冰洋创纪录航行是世界航海史上第一次由一位中国船长带领5名国际船员创造的世界纪录。

郭川中国帆船航海第一人

一时间，世界主流媒体用“中国船长穿越‘死亡航道’创世界纪录”“中国船长郭川率队首次驾帆船穿越北极东北航道”进行了报道。

2015年9月16日，由“中国帆船航海第一人”郭川带领的船队驾驶“中国·青岛”号帆船冲过白令海峡的终点线，用时291个小时横穿北冰洋驶入太平洋，航行约6 000千米，创造了人类第一次驾驶帆船采取不间断、无补给方式穿越北极东北航道的世界纪录。在北极“死亡航道”的第一次穿越，仅仅以风为动力的他们，谱写了人类航海史上新的绚丽篇章。

世界帆船航海界权威人物、法国航海气象专家克里斯蒂安·

杜马尔认为，郭川在世界航海界开辟了新的海域，竖起了新的标杆。他说："郭川已经是个伟大的航海家。他做了我们过去想都不敢想的事情。这位中国船长取得了所有欧洲和美国船长都认为不可能完成的功绩。我们西方所有著名的船长都认为不可能驾驶帆船穿越东北航道，那里浮冰遍布，过去那些探险家都是使用动力船只、且靠岸有补给的航行方式。"

在十多天的航行里，郭川和他的船员克服了冰山、浮冰、浮木、大雾、潮湿、酷寒和狂风等常人难以想象的困难。郭川介绍，"我们船上的先进仪器曾多次失灵，船上一切几乎回到了原始状态，要靠我们的经验和智慧摸索着前行。在这样一个极端环境下，裹在人性上的层层虚浮矫饰也都被完全剥离，露出赤裸裸的内核。我的船员都是世界顶级职业水手，个性十足。当好船长，协调好他们之间的关系，对我来说也是一次极大的考验。"

这次史诗般航行的终点设在白令海峡内大代奥米德岛附近。岛屿西北岬角与西北方位亚洲伸向海峡的半岛顶端矗立的灯塔两点构成直线，其延伸到海上的延长线被确定为终点线。9 月 16 日，郭川船长亲自掌舵驾驶超级三体大帆船"中国·青岛"号驶过终点，一个过去世界航海界不敢想象的世界纪录就此诞生。

"人需要一种坚定的品质，你所想到的，一定要把它变成现实，一定要用坚韧的心去做这个事。用更高、更快、更强的体育精神，不顾一切地去追求去实现。"

冲过终点后，郭川哽咽着说："我们用一种近乎完美的方式取得了成功。这是一个人类航海新的制高点，是个独一无二的成就。这是一个值得自豪的时刻，我要为我们团队、为支持我们的所有人、也为我自己点赞。"

北冰洋东北航道过去常年在冰盖下沉睡，对于帆船航海来说，只是条“传说中的航道”，也一直是西方极限帆船航海高手们视若畏途的“死亡航道”。郭川这次开拓性的航行必将在世界范围引起巨大反响。

在郭川之前，还没人能驾驶无动力帆船闯过北冰洋东北航道。

郭川率领 5 名国际船员于国际标准时间 2015 年 9 月 3 日从俄罗斯“英雄城市”摩尔曼斯克出发，途径巴伦支海、拉普捷夫海和白令海等那些伟大的航海先驱探索过的海域，完成了这次令整个世界帆船界赞叹的北极航行之旅。在这一串在北冰洋东北航道留下光辉历史的伟大船长的名字之后，如今又多了一个中国人的名字——郭川。

郭川挑战的东北航道全长约 6 000 千米。在十多天的时间内，他和船队平均每天需要航行约 370. 4 千米，没有一艘高速安全的帆船，也不可能实现这样的任务。

郭川团队驾驶的三体大帆船正是这样一艘传奇的帆船。这艘巨无霸拥有一串骄傲的数字：长 29. 7 米，宽 16. 5 米，桅杆高 32 米，重 11 吨。2008 年，法国航海家乔伊恩船长驾驶这艘船创造了 57 天 13 小时 34 分 6 秒单人不间断环球帆船航行世界纪录。随后，他又驾船打破了一连串世界纪录。这艘船曾经在 20 小时内航行了 1 222 千米，速度之快，用郭川的话“可以和天气赛跑”。

这次的航行无时无刻都会遇到意想不到的风险。

在航行第 6 天的清晨，郭川看到了航程途中最危险的东西：浮冰、冰山。即使已经加固了船身，装上了卡夫拉防弹纤维材料，也配备有探冰雷达，但浮冰、冰山仍然可能在顷刻间让最坚固的船倾覆，加上大雾弥漫，没有能见度，因此航行特别危险。

而且冰是一个浮动的障碍物，如果速度太快，任何一次撞击对船都是致命的，所以必须非常谨慎小心。在极地航行中最大的麻烦，最忌讳的就是遇到浮冰、冰山，目前，这是一个难以解决的现实问题。

写到这里，笔者想起“雪龙”号在南极脱困的事：2013 年 12 月 25 日，正在执行任务的中国南极科考船“雪龙”号接到俄罗斯“绍卡利斯基院士”号在南极被困的紧急求救信号后，随即千里驰援。2014 年 1 月 2 日，在成功救出被困“绍卡利斯基院士”号上的 52 名乘客后，由于天气情况骤然变化，海域冰情突变，导致“雪龙”号自身却被密集的浮冰围困，一直到 2014 年 1 月 7 日，才成功驶出重冰区，继续踏上科学考察的征程。

在本次航行中，郭川一行离浮冰最近的时候可能也就 20 米，幸好此时郭川做了正确反应，收了前帆，利用船的一个微小转动，慢慢把船从右舷受风改到左舷受风，然后重新把前帆展开，脱离了困境。

当郭川一行越来越接近北极的永久冰原带时，气温急剧下降，达到 − 50℃。航行的第 9 天，团队成员们看到了那条传说中的极地冰缘线，极寒和冰雪结伴而来，所有人处在一片到处是冰的海域，空中还飘着雪。船上到处都在结冰，帆上的冰和所有绳索以及索具上的冰都非常危险。

郭川此行更重要的是探索北冰洋的东北航线。“欧洲联系中国最近的航线就是东北航线，这对远东地区有特别的意义和诱人的前景。”

目前从欧洲到亚洲的传统航线有 3 条：一条是经苏伊士运河，航程 19 931 千米约 35 天；一条是经巴拿马运河，航程 26 186 千米约 40 天；一条则是经非洲好望角，航程 22 356 千米约 46 天。而如果经北冰洋东北航道，则只有 12 456 千米，航程只需 22 天。更重要的是，北冰洋东北航道对船体大小和吃水深度都无要求，且无海盗等安全隐患。

“利用北冰洋东北航道，我国大部分港口到北美东岸的航程，比走巴拿马运河的传统航线节省 1 620 千米左右。到欧洲各港口的航程更是大大缩短，上海以北的港口到欧洲西部、北海等港口比传统航线航程短 25％～55％。”郭川称，北冰洋东北航道大大拉近了我国与欧洲、北美市场的距离，对我国海外贸易的商业价值十分明显。

郭川毕业于北京航空航天大学，并随后在北京大学取得工商管理硕士学位，曾参与过国际商业卫星的发射，现为职业竞技帆船赛手。作为“中国职业帆船第一人”，郭川在国际知名帆船赛事中获得诸多“第一”，如“第一位完成沃尔沃环球帆船赛的亚洲人”和“第一位单人帆船跨越英吉利海峡的中国人”等。

2012 年 11 月 18 日，47 岁的郭川开启“单人不间断帆船环球航行”之旅，经历了海上近 138 天、超过 40 003 千米的艰苦航行，于 2013 年 4 月 5 日上午 8 时左右驾驶“青岛”号帆船荣归母港青岛，成为第一个成就单人不间断环球航行伟业的中国人，同时创造国际帆船联合会认可的 40 英尺（1 英尺 = 0. 305 米）级帆船单人不间断环球航行世界纪录。2016 年 10 月 25 日，郭川因突发事故落水失联。2016 年 12 月 7 日，郭川入围 2016 感动中国候选人物。2016 年 12 月 15 日，郭川获 2016 中国十佳劳伦斯冠军奖最佳体育精神奖。

极地探险史上的最大悲剧

2018年上线的高分美剧《极地恶灵》这部恐怖大作在当时引起了巨大的轰动，之所以说《极地恶灵》是一部史诗级恐怖大作，因为这部剧包含了历史、极地探险、恐怖和超自然元素，透露着一股冷到骨子里的寒意。在这些基础上，《极地恶灵》的背后还有一个真实的故事。

该剧讲述了1845年探险家约翰·富兰克林在西北航道的探索事件。一支英国皇家探险队为了赢得荣耀，他们配置优良的装备前往北极探索西北航道。志在必得的他们却遭遇了极寒天气，整支舰队都被困在了北极这片少有人踏足的冰雪禁地。在极地的极端环境下，死亡如影随形。幸存的探险队员们每天都被寒冷、疾病、饥饿、恐惧折磨着。在冰川绵延千里的北极地区航行，探险队员们有很多惊险经历。更惊险的是，在极地的黑暗之中，还有一个神出鬼没的恶灵在窥视着他们……

《极地恶灵》剧照

美国经典电影有线电视台（American Movie Classics，AMC）出品的电视剧《极地恶灵》根据丹·西蒙斯（Dan Simmons）的同名小说改编，打造了一个沉浸式的北极噩梦世界。英国电影摄影师协会（British Society of Cinematographers，BSC）摄影师弗罗里安·霍夫梅斯特以其细腻的摄影技巧，在狭窄空间里，使用红龙 6K 摄影机为观众呈现了“恐怖”号舰船探索西北航道的精彩故事。该剧由雷德利·斯科特制片，灵感来自英国皇家舰队“幽冥”号及“恐怖”号的真实故事。两个世纪前，英国皇家海军“恐怖”号在探索北极圈的西北航道时莫名消失了，直到 2014 年才发现残存的船只。《极地恶灵》就是围绕这个真实事件展开的畅想。

“恐怖”号

“幽冥”号

原剧名 Terror，除了“恐怖”的含义外，也指历史上真实存在的一艘船“恐怖”号，“恐怖”号是 1813 年英国海军的一艘炸弹船，参加过多次重要战役，说这艘船代表了当时海军的最高战斗水平也不为过。战争结束后，“恐怖”号被改造成极地探险船，与另外一艘船“幽冥”号一同被派往北极进行极地探险。

影片《极地恶灵》将我们带到两个世纪前欧洲人在北极探险道路上的艰辛岁月。工业革命后，舰船可以用蒸汽机螺旋桨来推动，为北极探险提供了有效的保障，北极探险进入一个新阶段。为了支持北极探险，提高士气，英国政府决定设立两项巨奖：20 000 英镑奖励第一个打通西北航道的人，5 000 英镑奖励第一艘到达北纬 89°的船只。

探险家富兰克林受命进行西北航道的探索。不料，这一去永不归。富兰克林全队 129 人在 3 年多的艰苦行程中陆续死于寒冷、饥饿和疾病。这次无一生还的探险行动是北极探险史上最大的悲剧。但是，他的英雄行为和献身精神却令后人无比钦佩，他无疑是北极海洋探险事业的先驱者，伟大的海洋探索家，也为美洲北极地区提供了前所未有的翔实资料，为最终打通北极西北航道留下了宝贵的财富。

寻找西北航道

近千年来的世界史，生动地描述了人类与海洋的关系。早期的人类社会对海洋的认识是肤浅的，16 世纪以前，人类不知道海洋有多大；20 世纪以前，不知道海洋有多深。正因为诸多的不知道，人类对大海充满了好奇。16 世纪，人类在平面上进入了海洋，通过地理大发现改变了世界历史的轨迹，造就了一批大国的崛起。

15 世纪末至 17 世纪初，是人类历史上一个地理大发现的时代。那时，欧洲人认为这个世界是完美对称的，探险人员此前在南非以南发现了一条连接大西洋和太平洋的航道。因此，人们推断，在北方肯定也存在一条类似的航道。

15 世纪末哥伦布从西班牙西行，相信能跨过大西洋，结果

哥伦布船队环球

却到了美洲。欧洲人越洋远航，通过海面航道的开拓将世界各大洲联系起来，发展了殖民经济，为自身带来了几百年的繁荣。

自哥伦布发现新大陆以来的数百年间，航海者们一直梦想取道常年冰封的北极航道。而在过去的岁月里，由于全球气候持续变暖，北极夏季浮冰减少，使得紧靠俄罗斯北部海岸的东北航道已经通航，而穿越加拿大北极群岛的西北航道在未来几十年中也可能变成一条“通航大道”，这勾起了探险者极大的兴趣。

由于对东方财富极其渴望，欧洲人特别想绕过阿拉伯人，直接到达亚洲做贸易。欧洲探险家想从北极海域的西北或东北的航行中找出前往亚洲的航线。当时，正值西班牙和葡萄牙的鼎盛时期，它们从美洲、印度，尤其是从中国的贸易中，获得了巨大的利益。

英国晚起了一步，也想奋起直追，但是已有的航道被西班牙、葡萄牙两国所霸占，所以摆在它面前的第一个难题就是寻找通往东方的航线。他们把目光锁定在北极地带，如果从大西洋出发，经北冰洋到太平洋，那么不仅能直接到达亚洲还能缩短许多路程，这条路线被称为西北航道。当时，人们已经知道挪威北部并没有结冰，于是，探险家们开始了他们寻找西北航道的北极探险，并为此前赴后继地奋斗了几个世纪之久。

北极航道又被称为“传说中的航道”，因为在一年中的大多数时候，航道上都结着厚厚的冰层，北极航道由两条航道构成：一条是加拿大沿岸的西北航道，一条是西伯利亚沿岸的东北航道。

西北航道是经由加拿大北极群岛，沿着北美洲的海岸线而行，把大西洋和太平洋连接起来的一条海上航道。加拿大北极群岛中的不同岛屿被一系列北极水道分隔开来，并且与加拿大大陆分隔开来，这些水道被合称为西北航道。数百年来，探险家一直在探寻可作为贸易路线的西北航道。

西北航道风景，重走史诗般的探险之路

可谁也不能确定是否真的存在这样一条航道，如果真的找到它，那么它将成为大英帝国王冠上的又一颗宝石，而世界上众多探险家也梦想着能成为完成世界上首次从大西洋出发，通过加拿大的西北航道到达太平洋的人。当时，前往亚洲的唯一道路是围绕合恩角进行险峻之旅，费时 6 个月。英国人相信应该有一条捷径，即通过加拿大北部前往亚洲，如此一来能减少几个月的路途时间。

300 年来，人们一直试图突破北极冰封，但没有任何人实现

这个梦想。

从 11 世纪开始，俄罗斯人一直在探索这条航道。到 17 世纪时，商人们已经建立了从俄罗斯西北部港市阿尔汉格尔斯克到亚马尔半岛（俄罗斯西伯利亚西北部半岛）的连续海路——曼加泽亚海路，它被认为是东北航道的先驱。在亚马尔半岛以东，泰梅尔半岛（位于西伯利亚西北部喀拉海与拉普捷夫海之间）以北的航道被证明是行不通的。在泰梅尔半岛以东，从 17 世纪 30 年代起，俄罗斯人就开始从勒拿河河口经过北极海岸前往科雷马河河口以外的地点。1728 年和 1778 年，有人从南进入白令海峡，向西北航行了一段距离。而 1648—1879 年，无人向东航行于科雷马河与白令海峡之间。

自 16 世纪开始，欧洲探险家开始了对北冰洋真正意义上的科学探索活动，他们希望从北大西洋寻找一条穿越北冰洋，抵达东方的新航线。

北极水域是一个涉及复杂气温、海况和冰况的动态环境，船舶在航行时面临风、能见度、地磁、气温、磁暴、海冰密集、冰流等恶劣环境影响，处处都充满风险。

当时探险船队的画面

对于最早探索西北航道的一批人，16 世纪英国著名探险家马丁·法贝瑟是其中之一，可惜他由于经验不足，犯了很多错误。当时是 1576 年，在北极恶劣天气下，法贝瑟失去了 5 名人手，但是他不怪天气，却怪起了原住民因纽特人。随意瞎猜使他开始绑架、杀害因纽特人，这给人类的北极探险蒙上了一层厚厚的道德阴影。最后，在缺兵少将的情况下，他艰难地到达了加拿大巴芬岛，自以为发现黄金便返航了，其实他发现的根本不是黄金，而只是普通的黄铁矿。他不知道巴芬岛离亚洲还很遥远，法贝瑟的探索失败了。

16 世纪还有一次失败的探索，领队的是英国的吉尔伯特爵士，但他遭遇了暴风雨，大海吞没了所有的船只和船员。

还有更惨的。1619 年，丹麦探险家詹斯·蒙克率队探索西北航道，却经历了最“黑暗”的冬天。从欧洲出发时蒙克一行共 64 人，到达哈得孙湾时正值冬天，他们不幸染上了坏血病，船员大批病死。看着同伴一个个死去，余下的人极其沮丧地返航了，回程时只有 3 个人还活着。

待出发的探险船队

1719 年，一家名为哈得孙湾的公司董事詹姆士·奈特也去探索西北航道，然而与哈得孙一样，出发之后再也没回来。

虽然对西北航道屡战屡败，但探索者依然前赴后继。为了确保此次探索西北航道任务胜利完成，英国海军在总结前人教训的基础上，对风险识别与应对措施做足了功课。

预防冰困风险

冰区航行最严重的威胁来自冰，冰的压力可将船舶的外壳压裂。被挤压的船舶表现为纵倾和横倾的角度变化。当海区内冰量超过 7/10 或者更多的时候抑或在海流和强风的共同作用下航行时，该风险会更大。

船舶被浮冰包围，除了有被浮冰挤压变形的风险外，还有被流动冰压向冰山、冰崖和浅滩的风险。因此，需要采取有效的措施来避免这种情况的发生。

遭受海流冲击时，应该尽可能地在冰山的下风侧操纵船舶，下风侧可为船舶提供安全的避风港，直到海况改善。但是必须考虑到冰山有倒塌、倾覆或因水深变浅而搁浅的可能性。冰山倒塌、倾覆会伴有大量的能量向外传播，影响船舶的安全。

被大块浮冰困住的船舶，即使在有少量浮冰的水域，也要留意相关的情况变化，比如浮冰和船舶一起运动，会遭遇静态的浮冰等，使船和浮冰冻结在一起。

被浮冰围困时，如果没有破冰船援助，船舶可以通过满功率前进和满功率后退交替，配合左右满舵来脱困。该操作不仅可使航道变宽，还可使船舶向前运动通过冰区。向后退时，必须提前保持正舵。通常情况下，无论是否有破冰船护送，是否被浮冰围困，都应使主机保持合适功率慢慢地向前推进，这样可以使浮冰离开螺旋桨和舵叶。

船舶可使用压载泵由一舷压载舱向另一舷调解压载水，运用吃水差和船体横倾发生变化来摆脱冰困。或者使用起重机将重物从船舶的一舷移到另一舷，该移动也可以收到同样的效果。

使用埋在冰里面的锚桩或冰锚也可以帮助船舶摆脱受困。在大块的冰上向后固定锚桩或冰锚，通过导缆孔使锚链或缆绳受力，然后使船舶全速后退吹开尾部的浮冰，同时，通过锚机的绞索将船拖出。或在两侧抛出冰锚，在全速倒车时连续绞紧锚链或缆绳。

利用炸药解困可作为最后的手段，冰上打孔安装炸药几乎可以炸穿到冰底，甚至到船体下方 10～12 米的冰层，引爆的同时需要推进器全速向后退，摆脱冰层围困。

有时为了节约燃料，要耐心等待，等待风力、风向、潮汐或水流能够改善。当空气温度高于海水的冰点时，船舶就有可能从冰中自行脱困。

这次探险船队由英国皇家海军军舰组成，选用了两艘刚从南极海域回来的 3 桅军舰作为探险船，分别是“恐怖”号和“幽冥”号。它们是特制的加厚铁甲船，配备最先进的蒸汽机螺旋桨推进器。船上还配备了可加热船舱，还前所未有地装备了能供暖的热水管系统，以抵御极地地区的严寒。

当时船上装备的蒸汽机螺旋桨推进器，在需要时还可以将其缩进船体之内以便于清理；这两艘船都经过了超级加固，船首添加了铁板，船上安装了由火车引擎改制的推进器——这一新发明能让船舶史无前例地破冰而行，它有助于船完全冲破西北航道上的冰障，这两艘船号称是当时最先进的军舰。

兵马未动粮草先行

船舶开航前，应充分考虑燃料、淡水、食品、药品、防寒物品、物料、备件等储备量，特别是应考虑北极水域航行可能遇到冰阻，要留有充分的备用食品和物质。

按照航行计划，当探险队驶经巴芬湾时，船会在冰层中被冻住，熬过冬季，待夏季解冻时，探险队再继续向西行驶，直到下一个冰冻期降临为止。船上搭载着保存在罐头里的超过 10 吨的肉和蔬菜，这也是首次完全依赖罐装食品的行程。包括 61 987 千克面粉，16 749 升饮料，909 升为治病用的酒，4 287 千克巧克力，1 069 千克茶叶，大约 8 000 桶罐头，其中装有 15 100 千克肉和 11 628 升汤，出发前，富兰克林已预料到这次航行的坎坷和危险，他在船上备足了 3 年用的食物，并预定于 1848 年抵达太平洋。

做好一切为船员服务的工作

关心船员的心理健康。进入冰区前，船员要做好充分的心理准备。准备工作越充分，则冰中航行的危险和损失越小。烦琐的准备工作总使人厌倦，但没有细致的准备就会容易失败。因此要求船员做好冰区航行的心理准备，使船员认识到冰区航行是一件非常艰苦的工作，需要有极大的耐心和毅力才能完成此任务。要充分认识到冰对船舶是一种自然的阻碍，对于未进行冰区航行设计又未得到冰区加强的船舶是非常危险的。冰区航行并不可怕，只要尽一切努力周密设计，是可以通过冰区的。船长和船员要充分预计冰区航行中可能发生的损失，以便做好相应的准备工作。

要多为船员的生存、生活着想。这次远行，英国海军有效运用工业革命的成果，船上配备了可加热船舱，还前所未有地装备了能供暖的热水管系统，以帮助船员抵御极地地区的严寒；为防止长途航行中最常见的杀手——由缺乏维生素 C 导致的坏血病，英国海军探险队携带了大量柠檬汁来抵御坏血病，这在过去的航行中从未备有；更难得的是英国海军准备了丰富的精神食品，船上配备了管风琴及一个有上千本藏书的图书馆。

更重要的是选择优秀的指挥员

率领探险队的约翰·富兰克林是英国著名的极地探险家，当富兰克林爵士还是一名年轻的水手时，他就熟悉北极。

约翰·富兰克林

他曾参加过南太平洋也就是澳大利亚的探索活动，早在 1818 年，他随一支皇家海军探险队首次出征北极，并曾进入北极圈，他打算从斯匹次卑尔根群岛渡过北冰洋到达白令海峡。第二年在约翰·罗斯带领的北冰洋探险中，富兰克林受命沿陆路考察美洲北海岸。他航行到哈得孙湾，沿着哈得孙公司皮货商经常行走的路线到达了大奴湖，从那里再乘独木舟前往科珀曼河考察。他在向东行驶中一直留意着，希望能遇到困于冰层的威廉·帕里的船只。但由于冬天临近和食品日益匮乏，他的独木舟也已破损不堪，富兰克林决定弃船，向陆地上的大本营前进。

1825—1827 年，他参加第二次陆地探险远征队去加拿大北极地区勘测海岸线并绘制地图。鉴于他在加拿大北极地区考察了约 2 222 千米的漫长海岸线，立下了卓著的功勋，因而在返回英国不久就被授予了爵士称号。

虽说是英国最负盛名的极地探险家，但 1845 年他率领探险队出发时已经 59 岁，按说已经不太适合承担如此艰巨的探险任务，但英国海军部遴选人才时选择了富兰克林，主要考虑到他有在北极的探险经验，再加之他有强烈的事业心和求战欲，打通北极航道是他一生的梦想。英国海军部给他选派了最有力、最干练的助手班子，其中一位是 33 岁的费兹甲米斯先生，在刚结束的鸦片战争中曾大显身手的指挥官。任命对富兰克林来说是天赐良机，所以他坚定地声明："在我心中，没有比完成对美洲北海岸的调查和打通西北航道更急切的事了。"而这次考察则正好兼有这两方面的任务，因此他义不容辞地前往或许是世界上最危险、也是最后未被探索过的水路之一——西北航道。

相传，在此前的一次北极之旅中，富兰克林及其船员们不得不通过打猎和捡垃圾来填饱肚子，最终有 8 人死于饥饿，富兰克林本人也差点丧命。那次经历让他得到了一个绰号——"吃自己靴子的人"。

富兰克林亲自挑选了 128 名探险队员，从英国出发，既去开辟西北航道，又去宣示大英帝国的势力范围，他们个个跃跃欲试，整装待发。

富兰克林的这次远征，是 19 世纪英国海军旨在穿越北极航道的最雄心勃勃也最齐心合力的尝试。所有人都认为，成功是必然的，那两项巨额奖金如囊中取物，肯定会被富兰克林船队争得。

英国的探险船队

1845 年 5 月 19 日，富兰克林指挥着船身漆成黑色配黄色条纹的“幽冥”号和“恐怖”号启程，在伦敦的码头上欢送的人群人山人海，英国人希望探险家们凯旋，带回新的宝石。这也是富兰克林第三次北极航行也是最后一次海上探险，129 名精兵强将士气高昂、豪情满怀，顺着泰晤士河进入大西洋，开始了具有历史意义的海上探险活动。

“恐怖”号和“幽冥”号两艘船驶离伦敦。根据富兰克林当年 7 月发回的报告，两艘船很平静地抵达并靠港格陵兰以补充供给。在一条冰山林立的航道中小心翼翼地航行，不时有海豹或海狮等北冰洋生物在浮冰后面探出头来，好奇地注视着这些勇敢的探险者。

129 人的探险队从伦敦泰晤士河启航。他们试图沿着西北航道，穿过加拿大附近的北冰洋群岛，到达白令海峡，可他们离开后再也没有回来。1845 年 7 月 28 日，探险船在进入北极航道时偶遇一艘英国捕鲸船。捕鲸船报告说富兰克林一行情绪高涨，他们都确信自己将成功完成史诗般的壮举。然而随后，探险船队便失去了与英国的一切联系，再也没有回来。

第一个冬天过去了，一直没有富兰克林一行的音讯，自信的英国海军部对此并不紧张，直到第二个冬天也过去时，还是没有这两艘船的消息，富兰克林的妻子要求海军部派船寻人，固执的海军部置之不理，他们向来人解释，船上的食物足够让探险队在冰上存活至少 3 年。直到第三个冬天临近，也就是 1848 年，英国海军当局才意识到了问题的严重性，被逼无奈地派出第一艘搜救船，离开英国前往茫茫无边的北冰洋找人。此时，陷入绝境的富兰克林探险队中有人已经死去，有人正在死去。

富兰克林北极探险队的惨剧也成了维多利亚时代最神秘的事件。到处充满着不可思议的恐怖传说，当地原住民因纽特人说，他们发现幸存者在靴子里装着烹煮过的同伴的身体部位并食用。也有传闻，这支北极探险队遇到了“食人族”……

错过了最佳营救时机

3 年过后，人们还没有得到探险队的消息。为了找到失踪船员，英国政府和海军部，甚至个人都开始派人寻找这支探险队的踪迹。海军部以及富兰克林的夫人都出高价赏金，但令人无奈的是，搜寻了十几年仍没什么结果。这期间仅参加营救的力量，就已经远远超出了英国海军组织的北极西北航道探险船队。从1848年起的十几年里，共有40多个救援队涌进了北极地区，其中有6个队从陆上进入美洲靠近北极的地区，34个队从水路进入北极各岛屿间，展开大面积搜索。起先，人们还抱有一丝希望，但几年之后，人们清楚地认识到任何救援活动都已毫无意义，此后的努力只不过是为了搜索死亡证据。直到1859年，人们才从搜索到的种种遗物和因纽特人的描述中得知他们的不幸遭遇。但是，西北航道也正是在人们对富兰克林的搜寻中最终被发现的。

其实，英国海军部的搜索工作错过了最佳的营救时间。海上搜救强调的是第一时间定位到尽可能准确的位置，通过定位可以

英国海军搜索船队

极大地缩小搜救范围，缩短救助时间，进而提高救助效率。

一般使用的搜救方法为平行搜救法，就是几艘船舶以平行线的方式前进搜救；方形搜救法，适用于一艘船舶的时候，以失事中心开始以一定的方向行驶相应的距离然后转向 90°，再航行一定的距离，一般是第一个航程的两倍，依次如此进行；扇形搜救，也是适用于一艘船舶的情况下，区别是转向角度不是 90°而是 120°的进行。

而搜救富兰克林船队的英国海军的行动是在船队失踪 3 年后才开始，且搜索方位不明确，在茫茫的北冰洋中搜索犹如大海捞针。

这些救援队伍大部分都是由政府派出的，但也有少数是个人资助的。其中最感人的是富兰克林妻子的不懈努力，她坚信自己的丈夫还活着，所以不惜一切代价，先后派出 4 艘船到不同的地方去搜索。特别有意思的是，她指示各个船长，按照一个刚刚在爱尔兰去世不久的 4 岁女孩凭自己的灵感所画出来的神秘航海图去进行搜索，而后来的结果却表明，这个航海图居然非常准确地指出了富兰克林出事的地点，这件事因此成了一个耐人寻味的谜。

1850 年 4 月，有人悬赏 20 000 英镑给那些能够提供富兰克林失踪船只确切消息的任何国家、集体或个人，10 000 英镑奖励给能为富兰克林的命运提供出可靠证据的人。由此可见，英国人似乎是过于相信金钱的力量了。不过，这次也算有所收获。1854 年，有人从因纽特人那里打听到了可靠的消息，说有 40 多个白人死在大鱼河地区。消息传到伦敦，立刻引起了轰动，但因为消息提供者并未到达现场，所以受到了广泛的批评。由于他提供的只是第二手资料，所以只得到 8 000 英镑的奖金，另外 2 000 英镑则分给了他的同事。

还有一个有趣的事实是，富兰克林的悲剧正是欧洲两次战争之间的一个插曲。如上所述，英国人这新的一轮向北极进军是在拿破仑战争之后掀起的，在富兰克林的最后一次探险达到了高潮。9 年后，即 1854 年，克里米亚战争爆发，转移了公众的注意力，人们对北极探险船队命运的关注渐渐淡漠下去。又是几年过去了，还是不见探险船队的踪影，着急的海军部重新组织了 3 艘规模较大的搜救队，开始了北极地区历史上最大规模的海上大搜索，最终，这 3 支船队无功而返。英国海军部渐渐失去了继续搜索的耐心。这年 3 月，海军部将富兰克林等 129 人的名字从海军人员名单中删除，他们认为，这些人肯定都已经死去。

但是，富兰克林的妻子对此却提出了抗议，因为她坚信自己的丈夫还活着，坚决要求海军部继续努力。遭到拒绝之后，她倾其所有，买了一艘 177 吨的蒸汽轮船“狐狸”号进行了适应北极航行的改装，并聘请参加过第一次搜索活动的舰长弗朗西斯・麦克林托克海军上尉来指挥这一次的搜索活动，1857 年，船队再次进入北极地区搜索。

约翰・富兰克林的妻子

富兰克林的妻子坚信纯朴的因纽特人提供的信息是真实的。历经千辛万苦的两年之后，即 1859 年 5 月，搜寻队终于到达因纽特人提供信息的大鱼河地区，只见那里尸骨成堆，遗物遍地，从枪支到设备，从餐具到衣服，散落在雪地上。有的尸骨已被肢解，七零八落，而有的保存得还相当完好，穿着整齐的制服。那情景令人毛骨悚然。这似乎正好应了富兰克林那两艘不知去向的航船的名称——“幽冥”号和“恐怖”号，不知是偶然的巧合，还是有什么内在的联系。后来，有人在附近发现了一个用砂石堆成的土堆，从里面挖出了富兰克林探险队留下的唯一一张纸条，先后写于 1847 年 5 月 28 日和 1848 年 4 月 25 日。其中，后一段文字明确记载了富兰克林爵士已于 1847 年 6 月 11 日死去。至此，富兰克林的命运总算是真相大白了。

搜寻队在威廉国王岛西部沿海找到了富兰克林探险队几名成员的尸体和“幽冥”号上的救生艇以及完好无损的航海记录。

通过航海记录得知，当初富兰克林试图通过威廉国王岛西面的维多利亚海峡，由于碰到了巨大的浮冰，被围困在威廉国王岛西部沿海，1847 年，他不幸死去。后来在长期的饥寒折磨下，一些探险队员也相继捐躯。

1848 年春季，也就是探险队写下这份记录前，已经接替富兰克林职务的克劳齐上校决定离开探险船去大鱼河寻求援助、寻找食物，但一切都是徒劳的。100 多名探险队员和船员在寒冷、饥饿和疾病的折磨下，绝大部分先后死于这个荒凉的岛屿上，少数侥幸逃出的也死在半路。

富兰克林探险队留下了探险船队失踪事件时间表：

1845 年 5 月 19 日　富兰克林船队驶离英国。

1845 年 7 月　探险队停泊格陵兰，5 名船员踏上回家行程，他们还带回了其他船员的信件。

1845 年 7 月 28 日　一艘英国捕鲸船看见了富兰克林船队，这是对这支探险队的最后目击。

1845 年 8 月　探险队最后一次与欧洲人联络，当时有两艘捕鲸船在巴芬湾见过富兰克林的探险队。

1845—1846 年　探险队被困比奇岛，3 名船员死于肺结核并被埋葬。

1846 年　探险队离开比奇岛，顺皮尔海峡而下，朝威廉国王岛驶去。

1846 年 9 月 12 日　探险队陷入威廉国王岛附近海域冰中。

1846—1847 年　探险队受困于威廉国王岛。

1847 年 5 月 28 日　第一份船上记录说“平安”。

1847 年 6 月 11 日　富兰克林船长死亡。

1847—1848 年　探险队继续被困威廉国王岛，原因很可能是 1847 年的海冰未消融。

1848 年 4 月 22 日　陷入冰中 19 个月后，两艘探险船被弃，多名船员离开探险船，试图步行找到陆地，但无人幸存。

1848 年 4 月 25 日　第二份船上记录说，24 人死亡，幸存者计划从 26 日起步行前往班克河。

1850 年某时　因纽特人上了一艘被弃探险船，它陷入了威廉国王岛附近的海冰中。

1850 年某时　因纽特人看见了 40 名白人男子在威廉国王岛上往南走。

1851 年某时　因纽特人看见 4 名白人仍试图南行，这是可确认的最后一次幸存者目击事件。

1852—1858 年　因纽特人可能看见了克罗兹和另一名幸

存者。

哈得孙公司的约翰·雷博士是一名苏格兰医生兼北冰洋旅行家，他是第一个获得富兰克林真实消息的人。1854 年 4 月，他旅行到布西亚半岛东海岸的佩利湾时，遇到一个知情的因纽特人，此人说曾有一队白人从威廉国王岛向南方行进，最后全都死于饥寒交迫。其中得到了一个令人吃惊的事实：据到过现场的当地居民说，他们看到在一些靴子里盛着煮熟了的人肉。地上的一些骨头被锯子锯开了，有些头盖骨被敲开了，尸体上的肉都被小心地剥了下去。

约翰·雷从因纽特人那里发现了一枚银器，上面刻着富兰克林爵士的徽章，还发现了富兰克林因英勇的探险精神而获得的荣誉勋章。约翰·雷博士把这个恐怖消息及遇难者的一些遗物带回了英国，这些东西便成为证明富兰克林探险队遇难的最初线索。但是，人们并不相信，或者说没有勇气相信这样的事实。

但是，从 1848 年起一直在组织搜寻活动的富兰克林夫人却未放弃希望。最后，她找到弗朗西斯·麦克林托克，装备了一条前往北极的轮船继续搜寻。1859 年，在威廉国王岛上发现了一架丢弃的雪橇和几具冻僵的白人尸体，从服装碎片上可以认出他们是英国海员。麦克林托克还在维多利亚岬发现了一个石冢，事实证明那也是富兰克林爵士及其探险队员留下的。人们在石冢里找到了航海日志，日期截至 1847 年 5 月 28 日。另外还有一份文件，上面记载了富兰克林的死亡及其船只的命运。

原来，富兰克林率船队通过兰开斯特海峡西行时，被巴罗海峡的冰冻所阻。他们调转船头向北，环绕康沃利斯岛航行一周，然后向南穿过了皮尔海峡和今天的富兰克林海峡。富兰克林曾经从北面和东面进入维多利亚海峡，可惜未能走完这条可行的西北航道的全程。1846 年末，探险队的船陷入了冰层，第二年 6 月，富兰克林因病去世。他的副官继续指挥探险队弃船后向大陆跋涉，最终所有队员都因坏血病和饥饿而相继倒下。在西北航道的开拓过程中，洒满了勇敢者的汗水、泪水和热血，他们为后来的发现者铺平了道路。

1859 年，搜寻队发现了探险队丢弃的小船，以及来自威廉国王岛一处墓葬堆石里的、填写在一张海军部表格上的探险队信息。

1859 年，在富兰克林船队离开英国 14 年后，英国官方宣布搜救行动正式终止。129 名探险英雄永留极地。

英国海军组织的北极西北航道探险船队失踪的消息在当时可谓是石破天惊，引起了全世界的极大关注，参与富兰克林救援行动也激起了美国人对北极的兴趣。

美国“先进”号曾两次参与救援寻找富兰克林船队，他们对困难估计不足，第一次没有找到失踪探险船队，第二次出航试图到达北极点，又以失败告终。

美国的救援寻找船只

同样对北极燃起雄心的还有查尔斯·豪尔。出生在美国佛蒙特州的查尔斯·豪尔对富兰克林的失踪产生了浓厚的兴趣。他虽然只受过初等教育，甚至从未接触过船只，却颇有想法，认为“只有生活到当地的原住民中去，成为他们中的一员，才有可能清楚富兰克林悲剧的全部事实。”

1860年，40岁的查尔斯·豪尔将想法付诸实践，独自进入北极。他从学习吃生肉开始，3年中先后8次深入因纽特人中间，不仅搜集到富兰克林探险队的大量遗物，还于1871年驾驶着“极地”号蒸汽帆船进入北冰洋，到达北纬82°11′，向北极点迈进了一大步，成了美国北极探险史上一位杰出的人物。可惜在这次探险中，他献出了自己宝贵的生命。

因纽特人的生活

接着，英国人于1876年5月进入了北纬83°20′26″的地方，这给搜寻工作增加了新的含义，将救援寻找失踪船队演变成了一场到达北极点的竞赛。当其他人争相进军北极点并总想发现新大陆时，有识之士却认识到了北极真正的重要性。

在不遗余力寻找失踪船队的过程中，富兰克林的夫人赢得了世人的敬佩。作为一个具有独立见解和自由思想的女性，她直到30岁才和已经59岁的富兰克林结婚。婚后不久，丈夫便踏上了不归的征途。而在此后的搜救活动中，她所表现出来的坚强决心和非凡毅力令广大公众折服，因而赢得了人们的崇敬，成为英国历史上少有的巾帼英雄。这在当时那种条件下实在是难能可贵。

百年来的搜索成果

一个半世纪过去了，人们对于富兰克林探险队的覆没仍然觉得迷惑不解，似乎是一个永远也无法解开的谜。那129名身强力壮的男子，携带着足够3年以上的食物和物资，一去不复返，无一生还，这种惨剧是难以解释的，引起了科学家的密切关注。

调查人员还发现了非常令人不安的东西——富兰克林探险队3名船员的墓地。他们的死因是长途航行中最常见的杀手——缺乏维生素C导致的坏血病。可是，富兰克林探险队携带了大量柠檬汁来抵御坏血病，这让历史学家怀疑是其他原因造成了这3人甚至整个船队的覆灭。

在1981—1982年，加拿大阿尔伯塔大学的人类学家欧文·比埃蒂和其他考古学家一起追踪当年的探险线路，结果在威廉国王岛上找到了31块骨骼，这些骨骼散布在一个石头窝棚遗址的四周。

经过仔细研究和分析表明，这些骨骼属于同一个人，年龄在22～25岁之间，这无疑是一名英国探险队水手的尸骨。从保存得比较完好的那些骨头的凹凸不平的表面可以断定，在死前几个

月里，这个可怜的年轻人确实受到坏血病的折磨。然而，更加严酷的事实是，在一根腿骨上，他们发现了3条相互平行的刀痕，再加上骨头残缺不全，显然是被人为肢解过的，于是只能得出这样的结论，即当时的人曾经以同伴为食，看来由因纽特人提供的情况得到了证实。

科考人员工作现场

比埃蒂决定对尸体的骨骼组织进行分析，1982年，第一个微量元素分析结果出来了，比埃蒂惊讶地发现，在那位不知名的水手的骨骼中，铅元素的含量高达0.228‰，而在同一地点搜集到的两个因纽特人的骨骼中，铅元素含量却只有0.022‰和0.036‰。也就是说，遇险水手骨骼中的铅含量是正常标准的10倍。在19世纪40年代，铅在人们生活中使用很广，即便如此，这也大大超过了当时的工业标准。这一结果立刻引起比埃蒂的高度重视。

那么，是什么原因引起如此严重的铅中毒？据欧文·比埃蒂分析，虽然铅的来源可能是多方面的，比如来自茶叶的包装铅箔、铅合金的器皿和用铅镶嵌的用具等，但最主要的来源是罐头食品。原来听装罐头是1811年才在美国取得专利，作为一种新技术为皇家海军所用。那时的密封罐头所用的焊料主要是铅和锡的合金，其中铅的含量高达90%以上。这种焊料还有一个缺点，就是流动性差，所焊的缝隙常常会留下许多空隙，因而导致食物腐蚀变质。由此便引起了两个严重后果，一是导致食用者铅中毒，二是有相当大一部分罐装食品很快变质而无法食用。对探险队人员来说，这两个结果都是致命的。

铅极易渗透到食物中，在比奇岛上发现的罐头就有铅渗漏的迹象以及腐败变质的含铅食物。铅使人体中毒并使身体虚弱，进而损害大脑的功能和思维能力，而对于死里求生的人来说，食物是必不可少的，于是铅中毒让人感觉疲乏、恍惚和麻木不仁，并导致偏执狂症或多疑症，使人的性情狂乱，行为失去控制。接下去还会引起周身疼痛和贫血症。而缺乏维生素C——这是远洋水手中的常见病，不仅会引起坏血病，而且会促进人体吸收铅。坏血病、铅中毒、北极的严寒与磨难合在一起将整个探险队推向了绝境。

谜团正不断地被揭开。1859年，一支船队在威廉国王岛上发现了装有死人骨骼的救生艇，证明了船队遇难的事实。

1859年，麦克林托克船长在威廉国王岛上发现了一条当年探险船上使用的救生艇，艇中装有死人骨骼。而且，在救生艇附近，麦克林托克发现破碎的尸骨散落在四周。

麦克林托克注意到一件不寻常的事情：这群走投无路的水手拖着小艇逃难时，在艇中塞了半吨多重的奇怪货物：茶叶和巧克力、银制刀、叉、匙、瓷器餐具、衣物、工具、猎枪和弹药，偏偏没有探险船上储存的饼干或其他配给食品。这都是些不能吃的东西——除非把人体也算进去！而因纽特人传播的消息中恰恰提到了吃同伴尸体的事，这件事又得到了进一步的旁证。

把搜集到的所有证据拼凑起来后，人们可以清楚地看出，这场悲剧的过程大约是这样的：1845 年 7 月以后，探险工作进展得似乎很顺利。他们曾发现了大片无冰的水域，往北航行达北纬 77°。在第一个工作季节中就取得了如此大的成绩，这是以前任何探险都无法比拟的。但他们显然并不满足于现状，而是继续追求着更加远大的目标。

在短暂的北极夏天里，他们抓住再次被冻住之前的时机，又行驶了 563 千米。1846 年 9 月，探险队船在威廉国王岛被冻住，直到 1847 年的 6 月。可是，在这一年的夏天，他们继续前进时，有 3 个人死去。浮冰没有像预期的那样解冻，于是探险队陷在冰窟中无法动弹了。更糟的是，所携带的食品有一半已霉烂变质，无法食用。他们曾希望，船只可以和浮冰一起往西漂流而自动进入太平洋，后来却失望地发现，这纯粹是一种幻想，实际上是不可能的。

20 世纪 80 年代，有人在加拿大北部冰原上发现了 3 具人类尸体。尸体冰冻得相当完整，经鉴定，这 3 人都是当年富兰克林船上的船员，死于肺炎，但还患有铅中毒。中毒的可能来源是随船携带的罐头，它们以铅焊封，但也有可能是源自船上的热水管装备。铅中毒影响了船员的健康及判断力，可能是他们无法成功逃生的原因之一。

当时没有气象报告。那时的气候要比现在寒冷得多，而且有些年份冰层在夏天也不会融化。船只会迅速被如同水泥一样坚硬的冰面困住。探险队在 5 月底之前进入了北冰洋，选择穿越迷宫一般的加拿大北极群岛。富兰克林和他手下的人最远到达过北纬

77°的地方，距离北极点约 1 368 千米，然后他们到了一个无人居住的小岛上过冬。当时的海冰肯定出奇的薄，所以他们才能到达那么靠北的地方。那里地形平坦，荒无人烟，从北极点刮来的刺骨寒风时速达到 97 千米。这里几乎没有野生动植物，唯一的植物是附着在黑色岩石上顽强生长的苔藓。这片区域辽阔无边，就算是今天，加拿大北极地区也只有 10%的地方绘制在了地图上。

1847 年 6 月 11 日，在刚庆祝了 61 岁生日之后，富兰克林与世长辞了。临死他仍然满怀信心地盼望着，几天之内他的船只将会挣脱浮冰而自由地往西航行，直到胜利。

英国探险船只的失踪牵动着科学家的心，苏格兰自然学家、海军外科医生约翰·理查森爵士在加拿大北部海岸的广大地区探险时，对所到过的地方做出了详细的地理发现和地质考察记录，为打通西北航道提供了重要条件。1850 年 2 月，由理查德·柯林森率领的“进取”号和罗伯特·麦克卢尔率领的“调查者”号两艘船组成的小型探险队，前往北美探索。他们认为富兰克林很可能是沿西北航道前行的，因此也试图从西面，即北太平洋进入北冰洋，但两艘船在经过合恩角时失散了。麦克卢尔最先到达了北冰洋，并千方百计地航行到北阿拉斯加以东海域。但“调查者”号 9 月初在梅尔维尔岛以南陷入冰层，麦克卢尔只好弃船乘雪橇向北方考察，并于 10 月下旬踏上梅尔维尔岛，看到了威廉·帕里曾在 1819 年到过的西部端点。他敏感地意识到，这正是探险家们魂牵梦绕的西北航道的西部出口，此外他还发现了该岛北岸一条以他名字命名的海峡。

尽管许多探险队员都患上了严重的坏血病，幸运的是他们碰到了前来救援的雪橇队，所以安全地抵达了设在比奇岛上的营地。麦克卢尔纠正了地图上前人的许多错误，获得了更多的极地

与冰上生存的知识。虽然没有找到富兰克林的踪迹，但更重要的是他们找到了西北航道，当然，这条航道的通航则是由挪威人完成的。

令考古学家充满信心的是当代的探索技术最终将使“恐怖”号与“幽冥”号重见天日。保存在冰水中的沉船会提供遗物，如船只的航行日志，以及水手的日记。因纽特人说有一艘船沉没了，是被冰撞毁的，而另一艘随浮冰块一起向南漂走。如今，借助装在考察船上的高技术声呐可以对大洋底部进行扫描，以探测水深并搜出可疑物。一旦它侦探出形状像船的东西，希望就会浮现。不过至今为止水下摄像机拍摄到的都是岩石。现今的搜索和调查已转向其他方面，加拿大打算重新展开搜寻工作，目的是找到向南漂去的那艘船。在 2001 年，美国国家地理学会也派出一支队伍去寻找在北边被浮冰撞毁的那艘船，率领这支队伍的是发现“泰坦尼克”号残骸的罗伯特·鲍勒德。

只有在人们搜索到“恐怖”号和“幽冥”号后，才会真实地知晓这支英国探险船队最终失踪的更多细节和真相。

永远留在寒冷的西北航道上

2014 年 8 月 24 日，位于维多利亚海峡的金士顿护卫舰上，一名工作人员装载了远程水下探测设备。加拿大皇家地理学会会长约翰·盖格手中握着的铁制零件被认为是发现沉船的主要线索，从而揭开了英国西北航道探险船只的最后面纱。

2014 年 9 月 9 日，加拿大总理史蒂芬·哈珀宣布：在历时 6 年后，加拿大搜寻人员在威廉国王岛附近的维多利亚海峡发现了沉船残骸，船在加拿大努纳武特地区的维多利亚海峡南部被发现，这里属于极地地区，人烟十分稀少。

加拿大总理史蒂芬·哈珀

1845 年，富兰克林率“幽冥”号和“恐怖”号两艘船出发，探索北极连接大西洋和太平洋的西北航道。但船只意外失踪，探险队无人生还。史蒂芬·哈珀证实，搜寻人员 7 日在靠近加拿大威廉国王岛附近的水域，利用远程操控水下设备发现了一艘沉没的英国探险船，沉船距离水面 11 米。他说，尚不清楚这艘沉船是“幽冥”号还是“恐怖”号（后确认是“幽冥”号），但声呐图像几乎可以断定它就是英国的探险船。在英国的探险船队失踪后的 10 年间，大规模搜寻行动虽未找到探险船只，却发现了西北航道。加拿大一直声称对这条航道拥有主权，但遭到美国等国反对。

20 世纪 80 年代，加拿大搜寻人员在比奇岛发现了一些英国探险船员的遗体，发现他们死于饥饿、寒冷以及因食用罐装食品引发的铅中毒。搜寻人员还从遗体中发现了船员自相残食的迹象。斯蒂芬・哈珀表示，发现1845年富兰克林探险船揭开了加拿大最大的一个谜团。“对于加拿大来说，这的确是一个历史时刻”，“约翰・富兰克林探险船是加拿大历史的一个重要部分。”他表示，那场近170年前的探险为加拿大在北极部分地区的主权奠定了基础。

2008年开始，加拿大就倾尽全力搜索沉船遗迹，除了解开多年的疑团外，他们更要证明早在200年前加拿大便拥有对于北极的主权。

在加拿大搜寻人员于威廉国王岛附近的维多利亚海峡发现沉船残骸时，搜索两艘探险船只的工作又有了新的线索。

2016年9月取得了另一个突破，当时生活在威廉国王岛上唯一一个定居点——约阿港的因纽特民兵萨米・科格维克登上了北极研究基金会的一艘船，告诉了科学家席姆诺夫斯基一件怪事：7年前的冬天，他和一个朋友在威廉国王岛附近驾驶雪地摩托车，在与世隔绝、冰天雪地的恐怖湾，他们发现一根杆子伸出冰面。靠近后发现，这是一根1.8米长的木头桅杆。萨米・科格维克用手脚环绕着杆子，挂在上面，朋友给他拍了一张照片。不过那次外出期间，他遗落了相机，此后他再也没有告诉过任何人这件事儿，不过他一直想着富兰克林的探险队。

得到此信息后，席姆诺夫斯基立即出发前往恐怖湾，在刚刚过去的这个夏天，这里没有结冰。他的搜索队使用了侧扫声呐，透过浑浊的海水对海底进行成像处理。就在他们想要放弃时，恰好从海底一艘古老的3桅船上经过，位置在发现“幽冥”号以北不远的地方。潜水员一周后查看了船只的情况，确定它就是“恐怖”号。这艘船密封得严严实实，可能原样保存着当初的文件和其他文物。

搜查现场 1

搜查现场 2

加拿大公园管理局的哈里斯说："总而言之，看到一艘看上去坚固无比的船躺在海底，这景象实在令人震撼。"科学家说，如果"幽冥"号和"恐怖"号藏在富兰克林时代常见的那种厚厚的冰层下面，或者哪怕是在 20 世纪 70 或 80 年代的冰层，能否发现它们都是个未知数。有人介绍道，就在不久前，维多利亚海峡的冰层还是每 10 年才融化一次，可是现在，它通常每到夏天就会融化。只有在开阔的水域，侧扫声呐才会最大限度地发挥作用。

从这两艘船失踪以及最后被发现这件事情可以看出，在短短几十年里，北极以及我们与这一边疆地区的关系发生了巨大的变化。这里的冰层已经不再是过去的冰层；科学家认为，到21世纪中叶甚至更早的时候，北极的冰面将消失，从而让这里成为可以航行的区域。

每年在北极地区生活5个月的北极研究基金会的一位专家说，要想生存下来，唯一的办法是按照因纽特人说的去做。他说："如果因纽特人向你提供了有关天气、捕猎地点以及去某个地方最佳路线的建议，我会百分之百地按照他们说的去做。他们比其他任何人都更了解这片土地。"不过，从因纽特人口述的历史来看，固执的富兰克林及其手下的人并没有咨询因纽特人的意见。

1846年9月，这名英国人做出了一个灾难性决定，想要穿过一条危险的航道——维多利亚海峡。虽然这个海峡距离加拿大本土只有322千米，但这里的冰层通常比更靠北的地方还要厚得多。探险队遇上了暴风雪，几个小时内维多利亚海峡就结了冰，将船困住。人们在船上蜷缩了将近2年，等着冰层融化。就算在夏天，海冰也没有融化。然而，严酷的事实完全是另外一种样子，两艘船不仅均未挣脱出来，且都被浮冰所挤破。进入第三个冬季后，食物愈来愈少，人们就这样一个个地死去。所幸的是，沿途有人还写了一些纸条埋在雪里，保存了下来，使后人有可能对他们的遭遇略知一二。否则的话，这两艘船和129名人员的失踪将成为千古之谜。也许有人又会出来大做文章，说是他们很可能是被外星人掠了去，其实包括富兰克林在内的20多人是死于疾病。剩下的人在 1848 年 4 月 22 日弃船，孤注一掷地向南步行，想要穿越威廉国王岛，向加拿大本土进发。这是一个危险的计划，在凛冽的寒风中，与威廉国王岛之间 24 千米的距离，他们走了整整 3 天。我们之所以知道这一点，是因为 5 年后，在威廉国王岛一块地标石下面，发现了“幽冥”号上一名指挥官写的便条。英国派出的搜救队没有发现这两艘船的踪迹，也没有找到幸存者，不过因纽特人告诉他们，看到过这些人挨饿的样子，这些人的脸可能因坏血病而变黑。

因纽特人说，幸存者在靴子里装着烹煮过的同伴的身体部位并食用。因纽特人讲述的历史在 2014 年似乎得到证实，当时科学家查看了威廉国王岛上的人体残骸，发现骨骼上有刀砍的痕迹，这显然是当时陷入绝望的人像屠夫一般留下的。

20 世纪 80 年代，历史学家在比奇岛发现了被遗弃的营地遗址，遗址上留有搭帐篷的痕迹和在石头上建造植物园的迹象等。这是第一个有关富兰克林一行 1850 年在比奇岛——进入北极航道后近 500 千米处的一个小岩石岛上的物证。

今天这个岛上有一小群因纽特人居住，但在富兰克林时代，这个地区是不见人烟的荒原。

2016 年 9 月，加拿大北极研究基金会在加拿大北部的海湾里发现了一艘船的残骸，经确认它就是当年失踪的“恐怖”号。就在两年前，加拿大公园管理局也在那片区域发现了“幽冥”号，位置比“恐怖”号更靠南一些。至此，170 多年前神秘失踪的两艘探险船终于再次回到了世人眼前。

到底是什么原因导致探险船舶进入困局的呢？答案应该是富兰克林进入的是一片科学界尚不了解的边疆。

设备失灵，船舶航行陷入迷茫。船舶靠近北极，使得指南

加拿大找到富兰克林探险船的残骸点

针无法正常工作。指南针到了北极会失灵，不是坏了，而是地球的磁极位置和地球本身的极点之间有一定的差别，两者间存在磁偏角，磁偏角就是地球南北极连线与地磁南北极连线交叉构成的夹角。所以指南针在北极仍然有效，而水平放置的指南针也不会指向地面，唯一一种情况就是当你来到真正的磁极点时，用线垂钓的磁铁棒会指向地面，其中S端在北磁极（即地磁北极）处指向地面，N端在南磁极（即地磁南极）处指向地面。

同极相斥异极相吸，那么为什么会有这样的现象呢？地球的地理北极实际上是地磁南极，地球的地理南极实际上是地磁北极，而指南针指向地磁南极（即我们通常说的地理北极）的指针一定是N极针，因为同极相斥异极相吸的原理，所以就会有

“北极针”指向“北极”这种现象了。指南针上的那个针其实指的是地磁南极，所以我们称其为指南针。

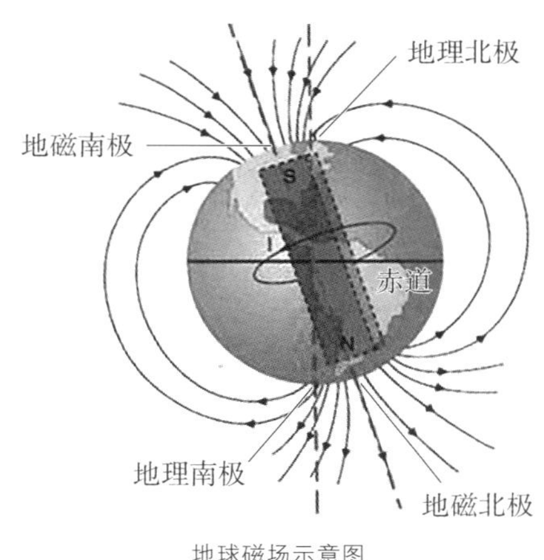

地球磁场示意图

如果在地磁北极的话指针就没用了，因为在地磁北极，磁感线是向四面八方发散出去的。探险船舶不得不在犹豫中盲目地航行，驶入了皮尔海峡。

那时的气候要比现在寒冷得多，而且有些年份冰层在夏天也不会融化。船只会迅速被如同水泥一样坚硬的冰面困住。

应该说，从皮尔海峡通往白令海峡，再到太平洋，这条海路非常诱人，但前提是它必须是开启的，而不是冰封的。今天的科学家已经知道，皮尔海峡实际上从上一年到下一年的气温变化存在极大差异，例如它去年完全化冰，今年却完全冰封，就连现代舰船也难以通过。富兰克林不知道的是，北极冰呈漏斗形自北穿越麦克林托克海峡，最终堆积在皮尔海峡南端。英国海军的北极西北航道探险船队在转往南方时不可能知道这是一条冰封的死路，而一旦他们走进死路，就再也不可能逃生。

在皮尔海峡南端，海冰可能包围了富兰克林船队，至少发现于威廉国王岛上的另一份记录的附注提到了这一点。这份年代为1848年的记录是由富兰克林的副手克罗兹写的，其中说两艘船仍旧困在冰中同一位置。也就是说，近两年的时间内他们都无法动弹，只能等待来年夏天极地冰融化，他们才可以脱身。

伴随着全球变暖，北极地区的海冰在夏天开始融化，环北极地区各国对地域归属的明争暗斗也粉墨登场。2008年，加拿大开始搜寻“幽冥”号和“恐怖”号，以此来证明它与北极之间的关联已延续了数百年之久，并宣称西北航道属于加拿大内海航区。2014年，时任加拿大总理的史蒂芬·哈珀说：“约翰·富兰克林率领的探险队为加拿大对北极拥有的主权奠定了基础，他的船是加拿大历史的重要组成部分。”

2014年，声呐系统发现了“幽冥”号。潜水员下水察看时，发现了一艘几乎完好无损的船。在船身的一侧有一口巨大的钟，它铸造于1845年，为的是纪念这次探险活动。加拿大公园管理局的哈里斯说，在下层甲板上，船员们用来存放个人物品的箱子保存完好。

但是在这短短十几年里，人们为了搜寻富兰克林探险船队几乎踏遍了北美大陆的北极地区，因此获得的北极知识也比过去200多年发现的还要多。

1905年，经过几代人努力，大西洋到太平洋的西北航道终于贯通，成功者是挪威探险家阿蒙森。他充分吸取了前人教训，首先他驾小船出发，大小仅有富兰克林所驾船只的1/10，这种小船非常灵活，不会轻易被海冰困住而动弹不得。其次，阿蒙森花费几年时间与当地的因纽特人相处，学习他们在寒冷地区的生

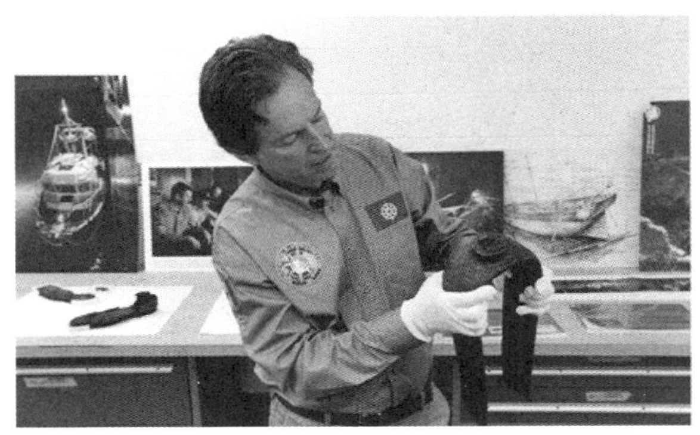
船上的文物

存技巧，几乎借鉴了他们的一切东西。可以说富兰克林的失败给了阿蒙森很大的启发。

历史总是让人唏嘘，为打通东北和西北航道苦苦努力的英国人最终并没有实现梦想，实现这一梦想的是幸运的挪威人。

富兰克林探险队的失踪是北冰洋和北极探险史上最大的一次遇难事件。这次探险显然已经失败并成为震惊整个世界的话题。在英国300年的极地探险中，如此规模的远征还没有一次失过手。富兰克林的探险队队员没有给英国带回宝石，而是永远留在了无情寒冷的北冰洋。

中国人的极地探险

北极离我们很遥远，从笔者居住的广州到北极点的直线距离是7 877千米；广州到北极圈的直线距离是5 257千米。如果走水路那可是数万里之遥了。然而，中国与北极却有着千丝万缕的关系，在中国古代神话里就演绎着关于北极的故事。

北极的英文译名来自希腊语“大熊”一词。热衷于观星的古希腊人认为地球的最北尽头位于大熊座星空下，于是人们把它称为大熊之国，把它想象成一片不受自然规律和社会法则约束的神奇之地。

北极和南极是地球上仅存的尚未开发的地区，不同的是南极没有原住民，而北极不仅有原住民族，而且历史悠久并富有传奇色彩。对于神秘莫测的北极，在中国、古希腊、北欧古代神话与传说中都有着生动的描绘。当神话、传说与现实相遇时，可以看到今天的北极比传说中的北极更加丰富多彩，更富有挑战性。

在中国传说中，大禹派天神竖亥用脚步测量北极，如今中国建立了首个北极科考站——黄河站；过去，在北欧传说中的航道上，中国商船首演了北极航道双向行，将古希腊神话里北极的“皇冠上的明珠”变成了现实；现在，把北极航道同“一带一路”连接起来，共同打造“冰上丝绸之路”，为促进北极地区互联互通和经济社会可持续发展带来合作机遇。我们将一个又一个的神话变成了现实，上演人类现实版的神话大片。

从“大禹治水”到“中央之国”

近年来，有关古代中国人移居北美洲的话题在国内外史学界引起热议，那是因为在北美洲大陆发现了一批与中国古代文化有关的文物，许多学者从不同角度进行了讨论。学术界比较一致的看法是，一万年前，东亚大陆的居民通过白令海峡到达美洲大陆，并在此繁衍生息。时下，当您来到白令海峡及海峡两岸的堪察加半岛、阿拉斯加的北极圈附近，依稀能感受到有一种来自古老东方的文脉气息，问题是怎么能确定是来自中国呢？学者从内容丰富的中国古代神话传说中搜寻，似乎找到了这方面的某种联系。实际上，在一些学者的著述中也曾涉及这一问题。例如，杨宽先生的《战国史》中有：“《尸子》说：‘朔方之寒，冰厚六尺，木皮三寸；北极左右，有不释之冰。’”

北极星指的是最靠近北天极的一颗恒星，所以北极星不是一直不变的，现阶段所指的是“勾陈一”。北极星距地球约 434 光年，质量略大于太阳质量的 4 倍，是夜空中能看到的亮度和位置较稳定的恒星。

北极星的首创者是弇兹氏，弇兹氏是中国古代传说中最早的汉族女首领。故北极星又称紫宫、紫微垣。紫是玄的代称，紫宫也就是玄宫，宫中女主为阴德星，是为弇兹圣母九天玄女。在距今 15 000 年至 13 000 年时，北极星因弇兹氏织女而命名为织女星，源于古代汉族人民对远古星辰的自然崇拜。

弇兹氏发明了用树皮搓成绳子的方法。这项方法搓成的绳子分为三种，第一种是只有一股的绳子称为“玄”、第二种是双股的绳子称为“兹”、第三种是三股合在一起的称为“索”，因为她对人类的贡献，人们把她尊称为女帝。后来，燧人氏和弇兹氏结合在一起，建立了血缘联盟。于是人们也称她为燧人弇兹氏。

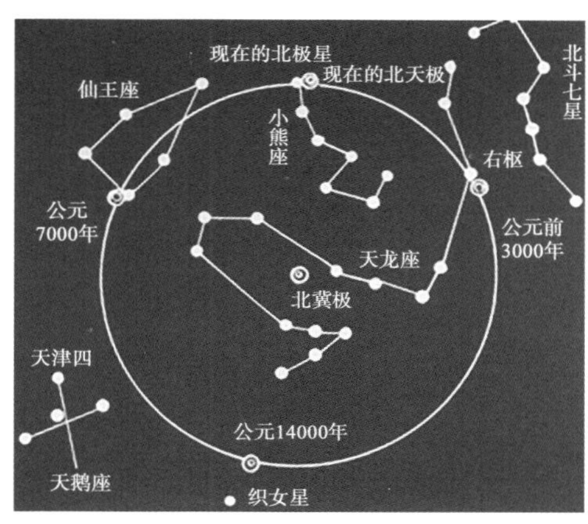

北极星座

在日本的神话中，有这样一个传说，一起看过极光的人会得到长久的爱情，一生幸福。每一个看过极光的人都对极光念念不忘，没有看过人，甚至将看极光当作一生的梦想。现在我们都知道，北极光是出现在北极的高磁纬地区上空的一种绚丽多彩的发光现象。但在古代，关于北极光有各种不同的美丽传说。

在中世纪欧洲的神话传说中，黎明女神欧若拉爱上了美少年提托诺斯。此后每个黎明之际，当她驾着天马金车飞向恋人时，她心中暗藏的思念之情便化为了空中的璀璨光芒，闪耀动人。每一对曾共同目睹过北极光的恋人，都坚信会受到欧若拉的祝福，每年都有情侣携手而至，让这稀有却闪耀的北极光见证彼此的幸福约定。不过，关于极光的爱情传说不止如此。在日本和中国以及北美、北欧都有着类似却各不相同的传说。

在古代中国，极光是古代的神仙叫烛龙。在《山海经》中也有关极光的记载。书中谈到北方有个神仙，形貌如一条红色的蛇，在夜空中闪闪发光，它的名字叫烛龙。关于烛龙《山海经·大荒北经》有如下一段描述："西北海之外，赤水之北，有章尾山。有神，人面蛇身而赤，直目正乘，其瞑乃晦，其视乃明，不食，不寝，不息，风雨是谒。是烛九阴，是谓烛龙。"这里所指的烛龙实际上就是极光。

在古希腊，极光是希腊神泰坦的女儿。极光这一术语来自拉丁文伊欧斯一词。传说伊欧斯是希腊神话中"黎明"（其实，指的是晨曦和朝霞）的化身，是希腊神泰坦的女儿，是太阳神和月亮神的妹妹，她又是北风等多种风和黄昏星等多颗星的母亲。极光还曾被说成是猎户星座的妻子。

在古挪威，极光是指神仙在跳舞。认为极光是神仙跳舞的想法在古挪威人中极其普遍。直到 21 世纪初，挪威西海岸的居民还把北极光视为老太太边跳舞边挥动戴白手套的手。在芬兰也普遍将老妇人与极光联系起来，在一个提到极光的民谚中说道："北方的女人又在空中翱翔起来了。"

在丹麦，北极光是天鹅舞动的翅膀。在丹麦的民间故事中，有一种最为浪漫的说法，说北极光是一群天鹅造成的。这群天鹅飞到极远的北方，被冰困住了，每当它们为争得自由而扇动翅膀的时候，就会反映到空中，在丹麦就看到了北极光。

在芬兰，极光是指燃烧的狐狸之火，意思是说北极光是一只狐狸造成的，它具有闪光的毛皮，正迅速地越过拉普兰山岭。极为有趣的是一幅画于 1767 年的拉普兰地方画，画中描绘的正是在北极光下猎狐的场景。

在印第安人那里，传说北极光国的人头上都有一盏灯。北美印第安人认为，北极光的出现与居住在最北面冰上的印第安小人国部落出来做为期数天的旅行有关。据说这些印第安人非常强壮有力，能赤手空拳捕捉大鲸鱼，当他们生火烧制他们的猎物时，火光反映到空中，成了北极光。

任何民族或部落，都以其熟悉的事件去理解极光这种独特的自然现象，这是合乎常情的事。例如，有的地方的渔民每天要打鱼，他们认为，极光是鱼皇提供的火炬，帮助渔民在深夜捕鱼。还有各种生活化的解读，北欧一些民间认为极光是老奶奶的火把等。

自古以来，人们心中一直有着这样的好奇与困惑：如果一直向北，我们将会抵达哪里？是谁最先发现北极的呢？

据说在轩辕氏黄帝时期，发了大洪水，他的孙子鲧得知天帝那里有“息壤”，《海内经》：“息壤者，言土自长息无限，故可以塞洪水也。”也就是说，息壤是一种可以自己生长、膨胀的土壤。“息”为生长之意；息壤，就是指能自己生长的土壤。于是，鲧从天帝那里偷来“息壤”为老百姓治理洪水，违反了天规，事业未竟反被天帝所杀。鲧的儿子禹继续完成父亲的事业，也就是著名的脍炙人口、流传千秋的典故——大禹治水。

大禹治水是著名的中国古代神话传说。他是黄帝的后代，三皇五帝时期，黄河泛滥，鲧、禹父子二人受命于尧、舜二帝，任崇伯和夏伯负责治水。大禹率领民众与洪水斗争，面对滔滔洪水，大禹从鲧治水的失败中吸取教训，改变了“堵”的办法，对洪水进行疏导，化水患为水利，最终获得了胜利，展现出他具有带领人民战胜困难的聪明才智；大禹为了治理洪水，长年在外与民众一起奋战，置个人利益于不顾，“三过家门而不入”。大禹治水 13 年，耗尽心血与体力，终于完成了治水的大业。

神话中的大禹不仅是为民治水的英雄，而且也是一位周游世界的探险家。在完成治水工程后，大禹便派天神太章用脚步测量大地。太章从东极走到西极，测得长度为“二亿三万三千五百里七十五步”（《淮南子·坠形训》）。大禹又派天神竖亥从北极走到南极，用一种称为“算”的约6寸长的竹片测量大地，结果与东西距离完全相同。可见人们居住的大地应当是方方正正的，而自己处于四海环绕的正方形大地的中央，所以便合乎逻辑地自称为“中央之国”，即中国。

可贵的是，大禹身体力行去天边探险，顺便开展外交活动。他往东到过扶桑，那是太阳升起的地方；往西到过九津和青羌的原野，攀登高山到过鸟谷国、黑齿国和有九尾狐的青丘国。他向南到过交趾，翻越天气极热的九阳之山，到了羽人国、裸民国和不死国。往西去过西王母三青鸟居住的三危山国，见到了只饮露水不食五谷的人；还到过堆满黄金的积金山，见过奇脑人和一臂三面人。向北到过令正国、犬戎国，又穿过积石山，到北海拜访了兼任海神与风神的禹疆。

在中国古代传说里，还有其他的版本，说是大禹告别禹疆后本打算回家，却在茫茫风雪中迷了路，反倒愈发向北走去，一直向北，误入终北国——那是寸草不生的荒芜之地。这是中华文明对北极最早的想象。

这个终北国，也许就是我国有文字记载的北极探险的第一次。

尽管这些记录出自神话故事，但当我们站在岁月的此岸，不必去讨论岁月的彼岸。不管怎样，这些文字记录毕竟是5 000年中华文明史中与北极有关并值得感叹的一笔！

大禹治水

《斯匹次卑尔根群岛条约》：北极稳定的“压舱石”

中国与北极不仅仅是一个地理概念，而是相互依存、共同发展、紧密联系的关系。认识北极、保护北极、利用北极和参与治理北极，维护各国和国际社会在北极的共同利益，推动北极的可持续发展是我国一贯奉行的宗旨。从认识、保护、利用和参与治理北极这 4 个方面反映了中国与北极的内在逻辑联系。我国积极参与北极事务。

1925 年中国成为《斯匹次卑尔根群岛条约》（又称《斯瓦尔巴条约》）缔约国。

1996 年中国加入国际北极科学委员会进行环境保护及学术交流与合作。

2004 年 7 月 28 日，中国建立了首个北极科考站——黄河站。

2013 年 5 月 15 日，中国成为北极理事会正式观察员国。

北极问题已成为关系我国科技进步、经济发展、区域安全乃至国家战略的热点问题。对中国而言，北极是一片新的开拓地，在科考、交通、资源、保护北极等方面有着无限的开发前景。北极地区、北冰洋属于全人类，考虑到快速发展的中国经济，我国需要扩大在北极地区的影响力，维护自己的国家利益。

中国与北极地域之情一直都在延续着。神话里“中央之国”的大禹到终北国的故事，在经历了 4 000 多年后从神话变成了现实。

从 20 世纪 80 年代起，伴随着改革开放的步伐，中国极地考察事业迈出了历史性的一步。1985 年，首先在南极大陆建立了长城站，接着 1989 年建立南极中山站，2009 年又建立南极昆仑站，南极考察一步步从大陆边缘深入内陆。南极科考可以加深我们对南极地区的了解，为极地建设、发展注入新的活力。

2004 年 7 月 28 日，中国建立了首个北极科考站——黄河站。北纬 66°34′内的北极圈将是全球新的地缘胶着点。中国的参与极大丰富了建立透明北极、安全北极、生态北极、开发北极、人文北极、智慧北极新的内容。

中国首个北极科考站——黄河站，位于北纬 78°55′、东经 11°56′的挪威斯匹次卑尔根群岛的新奥尔松地区，中国成为第 8 个在挪威的斯匹次卑尔根群岛建立北极科考站的国家。黄河站所“驻扎”的站房，是一座斜坡顶的二层独栋小楼。与其他 7 个国家科考站的距离都不远。这座小楼建于 20 世纪 40 年代，是混凝土结构，非常坚固，它原为挪威王湾公司的宿舍楼，中国向王湾公司租用了这座楼房，并签订改造合同。在小楼的顶部有 5 个小“阁楼”，那是北极科学考察中重要的设施——光学观测平台。最值得称道的是，北极黄河站拥有全球极地科考规模最大的空间物理观测点。

中国北极黄河站是依据《斯匹次卑尔根群岛条约》设立的。1925年中国签署了由海牙国际法庭主持的《斯匹次卑尔根群岛条约》，成为缔约国，中国人有权自由出入该群岛，并在遵守挪威法律的前提下在那里进行正常的科学和生产等活动。

《斯匹次卑尔根群岛条约》是北极发展史上的一个里程碑文件，是维护斯匹次卑尔根群岛以及整个北极地区安定、稳定的"压舱石"，《斯匹次卑尔根群岛条约》是迄今在北极地区唯一的具有国际色彩的政府间条约。此后，有关北极所制定的一系列"乡规民约"都是从《斯匹次卑尔根群岛条约》衍生出来的。

斯匹次卑尔根群岛又叫作斯瓦尔巴群岛，面积有6.1万平方千米。从二三百年前起，被巴伦支海、格陵兰海和北冰洋包围的斯匹次卑尔根群岛就是北极地理大发现的重镇。群岛上的新奥尔松，无数北极探险家都曾踏足，更是作为人类进军北极点的出发地之一。

斯匹次卑尔根群岛是荷兰探险家巴伦支于1596年6月19日首先发现。随后，一批又一批勇敢的欧洲人乘船渡洋去"走西口"，早先最多的是挪威人和俄国人。他们先是捕鲸猎熊，后来渐渐转向开采煤、磷灰石、石棉等矿产资源。

之后，美国人、挪威人、意大利人纷至沓来，先后从这里驾驶飞机或飞艇飞越北极点，开启了北极探险时代，美国、俄罗斯、法国、英国等国家先后建立了科学考察站。

有利益就会有竞争。单从地理角度而言，美国、加拿大、俄罗斯、丹麦、挪威5个环北极国家最近。在有关北极利益的多元化竞争中，主权决定一切，争得主权就掌握了北极资源的绝对处置权。

历史上，北极地区鲜见人类活动的记载。因此，有关北极的历史主权并无定论。自 1920 年以来，上述 5 国基于地缘的视角，一直在为北极领土主权争执不休。有西方学者认为，目前有关北极领海的争夺犹如 15 世纪欧洲殖民者瓜分非洲。在此过程中，下手较早、坐拥北极半壁江山的俄罗斯抢得先机。

到了 20 世纪初，欧洲各国发现斯匹次卑尔根群岛拥有丰富的自然资源，国际社会围绕着北极主权归属、自然资源开发、国际航线管理的利益博弈日趋白热化，企图将北极作为他们的殖民地，于是相继宣称对该群岛拥有主权，几乎所有欧洲列强都想把这块土地占为己有。在错综复杂的国际局势下，没有哪一个国家能够单方面得逞，由此驱动的北极军事化正在使昔日的蛮荒冰原发展成为一触即发的火药桶。面对“军阀混战”的局面，如果不缔结一份条约让大家遵守，那欧洲各国就有可能因斯匹次卑尔根群岛发生战争。

1920 年 2 月 9 日，英国、美国、丹麦、挪威、瑞典、法国、意大利、荷兰及日本等 18 个国家，经过繁忙的外交，在巴黎签订了《斯匹次卑尔根群岛条约》，即《斯瓦尔巴条约》。

《斯匹次卑尔根群岛条约》确定挪威政府对该岛有充分的自主权，但该地区为永久非军事区域，该地区与该地区民众安全由挪威政府全权处理和保障。所有缔约国公民均可自由进出该地区，并在该地区内进行任何不违反挪威政府法律的任何行为，不需得到挪威政府签证许可，但进入该地区需要接受挪威政府的法律管制，同时一些权利向缔约国开放，兼顾不同要求。

按上述协定，所有拥有缔约国公民身份者均无须申请和签证就可以自由进出斯匹次卑尔根群岛，但必须接受挪威政府的法律管束。

SVALBARD TREATY OF 9 FEBYUARY 1920("Svalbard Constitution")

TREATY BETWEEN NORWAY, THE UNITED OF AMERICA, DEMARK, FRANCE, ITALY, JAPAN, THE NETHERLANDS, GREAT BRITAIN AND IRELAND AND THE BRITISH POSSESSIONS OVERSEAS AND SWEDEN CONCERNING SPITSBERGEN.

The treaty was ratified by all the signatory powers mentioned, and the ratification documents were deposited in Paris at the following times: the Netherlands 3 September 1920, Great Britain 29 December 1923, Denmark 24 January 1924, United States of America 2 April 1924, Italy 6 August 1924, France 6 September 1924, Sweden 15 September 1924, Norway 8 October 1924, Japan 2 April 1925.

The treaty came into force in its entirety 14 August 1925.

The treaty has later been subscribed to by: Belgium, Monaco, Switzerland, China, Yugoslavia, Rumania, Finland, Egypt, Greece, Bulgaria, Spain, Germany, Hejaz, Afganistan, Dominican Republic, Argentina, Portugal, Hungary, Venezuela, Chile, Austria, Esthonia, Albania, Czechoslovakia, Poland and the Soviet Union.

(摘自挪威极地研究所和挪威水文服务中心1988年5月出版的《北极指南》)

《斯瓦尔巴条约》

为了扩大国际力量，1925 年缔约国扩大到 51 个，中国、俄罗斯、德国、芬兰、西班牙等 33 个国家也参加了该条约，成为缔约国。中国人也享有进入斯匹次卑尔根群岛地区，建立北极考察的后勤基地，开展正常的科学考察活动的权力。2004 年 7 月 28 日，中国在斯匹次卑尔根群岛上建立北极第一个科考站黄河站，中国在北极政策白皮书里宣布：在北极不越位、不缺位。

史料记载，1925 年扩大条约的缔约国到 51 个，当时是法国人率先提议并通知中国政府出席签署扩大《斯匹次卑尔根群岛条约》的缔约国大会，成为缔约国。

新奥尔松是北极科考的热土，云集了各国众多的科学家，建立了一大批极地科考站和研究所，对北极进行全方位的研究。目前，与中国黄河站为邻的有挪威、德国、法国、英国、意大利、日本、韩国的科考站。

据悉，建立中国北极黄河站，有一个科学家功不可没，他就是中国科学院大气物理所研究员、博士生导师、中国科学探险协会主席——高登义。

高登义是挪威卑尔根大学荣誉博士、数学与自然科学荣誉老师。《中国科学探险》杂志社社长、主编，中国科普作家学会常务理事。曾任中国科学院大气物理研究所副所长，科学指导委员会委员。高登义 1963 年从中国科学技术大学毕业后，先后在中国科学院地球物理研究所和大气物理研究所从事山地、海洋和极地地区大气运动规律以及天气气候和环境关系的研究。他先后组织和参加青藏高原、南极、北极和西太平洋等科学考察 40 余次。先后 3 次参加了对珠穆朗玛峰的科学考察，发现了珠峰山地在大气和大气环流中的重要作用。高登义于 1985 年和 1988 年两次赴南极进行科学考察。1991 年受邀赴北极进行科学考察，成为中国完成地球三极科学考察的第一人。也就是此次赴北极进行科学考察，吹响了在北极建立黄河站的号角。

1991 年秋天，中国学者高登义应挪威卑尔根大学 Y・叶新教授的邀请，参加了挪威、俄罗斯、中国和冰岛四国科学家联合的北极综合科学考察，开启了长达 10 年的中国民间北极科考之路，为政府的北极科考奠定了基础。

高登义说，这次考察的最大收获是在 Y・叶新教授赠送的《北极指南》中看到了《斯匹次卑尔根群岛条约》的英文版。他在书中注意到，中国是 1925 年成为缔约国，当年签订这个条约时，很多国家都没有看到实际的利益，北洋军政府也不怎么关心这个条约，更没有进行宣传，因此没有人知道这件事儿，当时的资料也随着战乱丢失了。中华人民共和国成立之后很长一段时间都没有人知道这个事情，这个条约的名称更少有人知道。

时过境迁，人们已看到了北极的实际利益。北极涵盖北冰洋广袤的冰海，毗邻亚、欧、北美三大洲北部沿岸高寒地带，是地球上最后一个待开发的资源富集区。广阔的北极大陆架是地球上最大的尚未开发的石油储藏地。在这一地区，煤炭、铀、铜、锌等矿产资源十分丰富。在人类社会发展能源需求不断增大、地球资源日渐衰减的今天，北极地区丰富的矿产资源自然令各国垂涎。很多国家都来北极寻找资源，到北极进行探索。因中国在北极没有一个属于自己的立足点，根本没办法开展长期研究，Y·叶新教授建议高登义向中国官方提议，在斯匹次卑尔根群岛建立科考站。

高登义将《斯匹次卑尔根群岛条约》带回国，积极向相关方面汇报，立即引起了重视，中国科学院责成中国科学探险协会促成此事，并在中国科学院“九五”重大科研项目“极地与全球变化研究”中增加了一个子课题“北极斯瓦尔巴群岛科学建站调查研究”。《斯匹次卑尔根群岛条约》为中国登上北极开展长期科学考察解决了法律上的难题，所有的阻碍都不存在了，因此我们才有机会建立这座北极黄河站。

中国北极科学考察队

北极科学考察，指世界各国科学家在北极所进行的科学考察活动。北极的大规模科学考察时代开始于1957—1958年的国际地球物理年。随着北极的地理发现，科学家在北极开展了海洋学、地质学、冰川学、测绘学、气象学、生物学等学科的研究，标志着北极科学考察进入了正规化、现代化和国际化的阶段。

中国作为北半球最大的发展中国家，受北极地区气候与环境变化的影响最为直接、快速且深远。由于北极独特的自然条件和地理位置，因此其在全球变化的研究中占有举足轻重的位置。北极地区的气候与环境过程直接影响我国的气候与环境变化，关系到我国未来国民经济的可持续性发展，中国科学家有必要研究该地区的气候和环境问题。北极地区的公共资源属于全人类，我国有责任，有义务，有能力参与北极地区自然资源的和平利用与保护，特别是在为今后地球的可持续发展中提供预警性启示，发挥中国的独特作用。

中国科学家最早进入北极考察始于 1947 年，重庆大学工学院院长冯简教授曾代表中国出席巴黎国际文教会议，后由当时中国驻挪威大使馆代办雷季敏相助，只身进入挪威的北极圈内地区开展考察，是第一位进入北极开展科学考察的中国科学家。他此行回国后，著有《余在北欧时所见之北极光》一书。

20 世纪 90 年代以来，我国部分科学家还通过各种途径参加了有关国家的北极考察队，或者在当地现有条件支持下，开展部分研究工作。自 1991 年开始，中国科学院大气物理研究所与挪威北极研究所和斯瓦尔巴大学合作，开展了斯瓦尔巴地区天气、气候以及大气物理研究。中国地质科学院的部分科研人员也于 1992 年开始，先后应邀参加了英国、挪威和德国的北极地质考察队。自 1993 年开始，国家海洋局第二海洋研究所与德国马普学会等机构合作，开展北冰洋的生物学和海冰变化研究。1993 年开始，中国科学院兰州冰川冻土研究所与加拿大合作，开展了加拿大北极群岛地区的冻土水文学与冻土环境变化研究。自1994年3月开始，中国科学院地理研究所和兰州冰川冻土研究所与美国阿拉斯加北坡自治区政府合作，开展了阿拉斯加北坡地区一万年以来气候与环境变化的考察研究。1994年5月开始，中国科学院青岛海洋研究所与美国阿拉斯加北坡自治区政府合作，开展了波弗特海浅海区域鲸鱼种群与生态习性的调查研究。

中国作为国际北极科学委员会（The International Arctic Science Committee，IASC）和北极理事会（Arctic Council，AC）成员国，积极参与北极科学研究工作，也为人类对自然界和北极认识的进步作出了应有的贡献。开展北极研究，不仅对认识极地系统，进而认识整体地球系统具有重要的科学意义，而且对我国气候、环境、农业、资源等方面的现实意义也是很明显的。

第一，北极的气候系统严重影响着我国的天气气候，左右着我国主要经济地区的季节交替与旱涝风霜。

第二，北冰洋洋流对东亚大陆气候环境和海洋经济渔场有着重要影响。我国目前的远洋捕鱼船已逾千艘，年渔获总量超200万吨，其中1/4来自北冰洋及白令海临近海域。科学考察将对渔业资源进行评估，了解北冰洋邻近海域生态系统和生物资源对我国渔业发展的影响，以利于我们对远洋渔业下一步的发展做出预测。

第三，北极研究可为我国北方干旱、半干旱区针对荒漠化、沙漠化治理的国土整治规划提供必要的科学依据。

第四，我国国内目前探明的石油/天然气资源已不能满足国民经济发展的长远需要，而北极地区是世界第四大油气富集区，开展北极地区石油/天然气资源调查与合作开发的研究已迫在眉睫，此举同时也可为世界共有资源的调查和我国享有的权益提供科学依据。

自 1999 年中国首次组织开展北极科学考察以来，我国已积累了内容丰富的北极科学知识和从事极地科学考察的实践经验，形成了学科齐全的极地研究队伍，具备了装备先进的技术支撑条件。今天，我国已形成以“雪龙 2”号、“雪龙”号系列科考船为平台，有序开展对北极地区在全球环境变化中的响应和反馈问题的研究，围绕海－冰－气相互作用的研究主题，结合世界共有资源调查，正式开展中国政府行为的北极科学考察，体现出我国在国际北极科学委员会中相应的地位和作用，也维护了中华民族在北极地区的合法权益。

自 1999 年中国首次组织开展北极科学考察以来，至今已经成功进行了十次。

第一次

中国首次北极科学考察的主要路线：考察队乘“雪龙”号极地科学考察船于 1999 年 7 月 1 日从上海出发，穿过日本海、宗谷海峡、鄂霍次克海、白令海，两次跨入北极圈，到达楚科奇海、加拿大海盆和多年海冰区，圆满完成了三大科学目标预定的现场科学考察计划任务，获得了大批极其珍贵的样品、数据和资料。考察返航途中曾停靠阿拉斯加诺姆港进行油水补给。本次考察的主要工作区域是白令海、楚科奇海。满载着中国首次北极科学考察丰硕成果的“雪龙”号，历时 71 天，安全航行 14 180 海里，航时 1 238 小时，于 1999 年 9 月 9 日抵达上海港新华码头。

“雪龙”号

考察内容

北极在全球变化中的作用和对我国气候的影响 北极是大气海洋物质能量交换的重要地区之一，在全球大气气候系统形成和变化中起重要作用。大气与海洋间能量、物质的交换过程主要发生在海－气、海－冰－气界面上。研究海－冰－气能量、物质交换，对正确理解北极地区在全球气候和环境变化中的作用以及提高我国天气、气候和自然灾害预报水平有重要的意义。本次考察经由的海区是世界上最宽的陆架海，多条大型河流汇入该海区，陆源物质向加拿大海盆输入，将影响北极加拿大海盆的生态结构和环境。西伯利亚大陆架有厚厚的沉积层覆盖，对该海区的现代沉积过程和海洋生物地球化学特征研究可以揭示北冰洋沿岸陆海相互作用过程，了解陆架海与海盆之间物质交换特征和机理，揭示生源要素源和汇的作用。

北冰洋与北太平洋水团交换对北太平洋环流的变异影响 北冰洋海盆中由北极过程形成的低温高盐水体与大西洋和太平洋水系的交换，严重影响着这些大洋的海洋学环境。北冰洋的楚科奇海和太平洋的白令海是两大洋水体交换的必由之路，决定北冰洋在全球变化过程中对我国环境与资源的影响。通过对白令海、楚科奇海及海盆衔接区的水文、营养盐、化学示踪物及海冰的调查研究，阐明该海区的水系结构和环流特征及其与加拿大海盆的水体交换，提出北冰洋与北太平洋的水体交换和物质输运模式，探讨北冰洋与西太平洋和我国近海海洋环境的相互作用，为我国海洋经济的可持续发展提供科学依据。

北冰洋邻近海域生态系统与生物资源对我国渔业发展的影响 北极海洋生态系统与全球变化有着密切的关系，它与全球气候和环境变化保持着一定程度的敏感性，存在明显的作用和反馈。北冰洋是全球气候变化的“启动器”之一，也是 21 世纪重要的生物资源基地。我国是一个新兴的远洋渔业国家，其中分布在北太平洋从事作业的渔船约有 120 艘，虽然只占海外渔船总数的 1/8，但产量却占海外总产量的 26.4%，因此，在北冰洋及周边公海海域进行结合海洋环境的渔业资源综合调查，将对在该海域从事渔业生产的我国远洋渔船作业产生直接的指导意义，为我国在上述海域渔业可持续发展提供强有力的科学依据。

这次科学考察获得了一大批珍贵的样品、数据资料等，其中包括北冰洋 3 000 米深海底的沉积物和 3 100 米高空大气探测资源数据及样品；最大水深达 3 950 米的水文综合数据；5.19 米长的沉积物岩芯以及大量的冰芯、表层雪样、浮游生物、海水样品等。根据初步分析，参加这次北极科学考察的科学家已经取得了一些初步成果和新发现，如大气科学家发现了北极地区上空蒙盖着一层厚厚的“棉被”——逆温层，它比原来想象中的要厚，同时还发现了该逆温层的屏障作用。我国科学家通过此次北极科学考察，首次确认了“气候北极”的地理范围，为全面了解北极作出了中国人的贡献；此外，科学家们还发现北极地区的对流层偏高，这对研究我国季节变化和气候状态有着重要意义。中国首次北极科学考察圆满成功，取得了多项创新与突破，为 20 世纪我国极地科学考察谱写了又一曲凯歌！

中国首次北极科学考察队由 40 多个单位组成，其中包括 14 个新闻单位的 20 名记者。值得一提的是，在 71 天的航行中，人民日报社记者任建民以他独特的观察及细心的体验，写出了大量关于北极科学、自然、环境等方面的报道，并推出了关于此次北极科考的《雪龙闯北极：中国首次北极科考探险纪实》一书。

进行北极科学考察不仅能增强我国对北极的认识和了解，提高我国的科学研究水平，促进我国极区远程后勤保障的发展，而且也表明中华民族不畏艰难险阻，勇于进取，参与探索自然、保护地球的决心和能力。

1999 年 7 月 1 日，“雪龙”号极地科学考察船首航北极，从此中国开始了大规模的北极科学考察。

第二次

中国第二次北极科学考察队于 2003 年 7 月 15 日从大连出发，途经日本海和鄂霍次克海，7 月 23 日进入白令海，7 月 30 日进入北冰洋。本次考察以“雪龙”号为支撑平台，辅以直升机、水面作业艇、冰上车辆延展考察空间，利用卫星跟踪浮标、海洋浮标、潜标、潜水器、卫星遥感等高技术手段以及常规观测设备，在白令海、楚科奇海以及加拿大海盆开展海洋、冰雪、大气、生物、地质等多学科立体综合观测，圆满完成了预定计划。考察队于 2003 年 9 月 26 日到达上海，历时 74 天，安全航行 12 600 海里，航时 1 010 小时。

中国第二次北极科学考察于 2003 年 7 月 15 日从大连出发

第二次北极科学考察的总人数为 109 人，其中科考和协调保障人员 53 人。此外，还有来自美国、芬兰、加拿大、日本、韩国和俄罗斯的外方考察队员 13 人。

本次考察的科学目的是了解北极对全球变化的响应与反馈；了解北极变化对我国气候环境的影响。

第二次北极科学考察的范围跨度达到南北 3 000 千米、东西 900 千米，完成了 209 个站位的观测。海洋学站位 175 个，其中 1 000 米以上水深站位 46 个；浮冰站位 13 个，其中短时冰站观测站位 7 个，两周连续冰站联合观测站位 1 个，GPS 阵列观测站位 5 个；直升机支持科考作业站位 21 个。

此次北极科学考察与第一次相比有巨大的变化，使中国的北极现场科学考察工作基本达到了国外先进水平，取得的数据为未来提高我国研究水平奠定了良好的基础。其特点主要体现在：

科学问题集中且前沿性强 此次考察的方案设计都针对了国际上的热点科学问题，与国家需求紧密结合，在考察海域的每项工作都有明确的目标，使得本次考察的数据在科学上有很高的价值，将直接导致高水平研究成果的问世。

应用先进技术和仪器设备 我国本次考察的技术层次有大幅度的提高，配备了多种先进仪器设备，基本达到了当今国外考察的水平。

考察覆盖区域广 由于2003年的冰情较好，我国的考察船进入了正常年份无法进入的海域，获取了大量深水考察数据，其中有些海域的数据在历史上都是奇缺的。这些数据为我们研究北极前沿的科学问题开创了良好条件。

多学科交叉性强 在考察期间，针对特定的科学现象，组织了相关学科人员在一起讨论，设计有针对性的连续观测方案，促进了多学科的交叉与融合。在很多测站对观测的项目进行了多学科的协调，促进了学科交叉与融合。

国际合作性强 本次考察有来自美国、加拿大、日本、芬兰、韩国、俄罗斯6个国家8个国外研究机构的13位外方考察队员参加了联合调查，多数观测为中外联合进行，资料充分共享，国际合作向更广的领域拓展，大大增加了此次考察研究的活力和今后中国北极研究在国际上的影响力。

中国第二次北极科学考察是10年来国际上规模最大、学科最齐全、参加国家最多的一次北极考察，7个国家的科学家协同作战，利用高新技术仪器获取了大量的宝贵数据，这些都标志着我国在极地组织实施大型国际合作综合考察的能力和总体实力已经跨入国际先进行列，将大大提高我国北极科学研究水平和中国北极考察的国际影响力，为国际北极科学研究作出贡献。

本次考察中考察队建立的长期冰站位于北纬 78°一块面积约 350 平方千米的浮冰上，这是中国在北极高纬度地区建立的综合性考察基地。在此，科学家对北极的气象条件、海气交换机理、冰层的厚度、温度、盐度和生物的生存条件进行了连续跟踪调查，并在这块巨大的浮冰上布放了两枚由我国自行生产的极区浮标。通过浮标发射的信号，中国科学家可以连续获得两年之内的有关数据。

本次考察覆盖了北冰洋南北长 3 000 千米、东西宽 900 千米的广大区域，“雪龙”号作业超过北纬 80°，直升机作业最北达到北纬 81°，这也创造了中国极地科学考察新的里程碑。

此外，考察首次使用了中国自行研制的遥控无人潜水器（remote operated vehicle，ROV），完成了不同区域海冰厚度、海冰底部形态、温度、盐度的连续测量，并使我们第一次看到了北冰洋冰下的景象。科学家还利用直升机，首次在北冰洋海冰上布放 GPS 阵列，对海冰的运动轨迹进行了连续监测。船载自动气象站也首次获取了北纬 80°地区的气象数据，填补了中国在北极高纬度地区气象资料的空白。

第三次

中国第三次北极科学考察队乘坐“雪龙”号极地科学考察船于 2008 年 7 月 11 日从上海启程，2008 年 9 月 24 日回到上海。

中国第三次北极科学考察队从上海启程

中国第三次北极科学考察队顺利完成了在白令海、楚科奇海、加拿大海盆、长期和短期冰站的作业工作，实现了预期目标，取得了丰硕考察成果，获取了大量宝贵数据，为今后开展北极科学研究打下了良好基础；同时也培养和锻炼了一支在艰苦环境下特别能战斗、特别能打硬仗的现场作业队伍。

第三次北极科学考察是我国在国际极地年间组织的一次重要的极地科学考察活动。这次考察于 2007 年 12 月开始组织实施，2008 年 5 月确定了具体的实施方案并完成组队。

此次考察的目的是围绕国家经济、社会发展的战略需求，深入开展北极快速变化及其生态、环境和气候效应研究，进一步增强对北极环境变化的了解，强化对北极战略地位的认识，维护国家极地权益，提升我国在北极事务中的国际地位。

此次考察的主要任务是在中国第一、第二次北极科学考察的基础上，深入开展北冰洋相关海洋环境的海洋学、海冰学和大气科学的综合观测与研究，进一步认识北冰洋海洋环境与气候变化

的相关特征与作用机制，为揭示北极变化对全球气候和我国气候、环境的影响提供科学依据。

此次考察以白令海、楚科奇海、楚科奇海台、加拿大海盆为考察重点区域。共设计海洋学综合考察站位 122 个，冰面海－冰－气相互作用长期定点观测站 1 个、短期观测站 6 个。

第三次北极科学考察于 2008 年 7 月 11 日正式开始实施，“雪龙”号于当天上午 11 点离开上海基地码头，19 日抵达白令海测区，28 日抵达美国诺姆港外接受外方人员与物资器材上船。由于受气旋影响，“雪龙”号 31 日离开诺姆港进入北冰洋测区作业。9 月 10 日，在完成全部考察任务后，“雪龙”号再次停靠美国诺姆港，运送外方人员与考察设备下船。11 日离开诺姆港，24 日返回上海，比原计划时间提前 1 天。本次考察总计 76 天，实际作业时间 40 天，航渡时间 36 天，总行程 12 000 多海里，共计完成 132 个站位的海洋学调查、1 个长期冰站的海-冰-气综合观测和 8 个短期冰站的观测。本次考察超出了原计划设置的考察范围，“雪龙”号和直升机分别抵达北纬 85°25′和北纬 87°的站点，开展海洋学综合调查和海冰观测。本次考察基本实现了预定的考察目标，按计划并超额圆满完成了各项考察任务，取得了理想的科考成果。

本次科学考察除考察北极气候变化对我国气候变化的影响外，考察课题还包括北冰洋有哪些独特的生物资源和基因资源，北极大气污染和持久性有机污染物情况如何等。此外，科学家们还开展了北极地质和地球物理研究。5 名科研人员使用重力仪和磁力仪等设备对北极的海底构造及资源分布进行研究。

中国已经组织了几十次南极科学考察，而只在 1999 年和 2003 年到过北极。随着研究的深入，科学家发现，其实北极的变化对中国气候的影响更大。因为“从地理上来说，北极离我们更近。”

第四次

2010 年 7 月 1 日，中国第四次北极科学考察队从厦门启程，前往北冰洋区域执行科学考察任务。这次科学考察围绕北极海冰快速变化机理和北极海洋生态系统对海冰快速变化的响应来进行综合考察，以寻找驱动北极海冰和生态系统变化的因子，预测北极生态系统的变化、评估变化趋势，并制定相关对策。

中国第四次北极科学考察队出色地完成了科学考察任务，2010 年 9 月 20 日上午，乘坐“雪龙”号极地科学考察船载誉凯旋，顺利返回位于上海浦东新区的中国极地考察国内基地码头。中国第四次北极科学考察历时 82 天，是我国历次北极科学考察时间最长的一次。“雪龙”号极地科学考察船总航程 12 000 多海里，最北到达北纬 88°26′，这是中国船舶目前所到达的最高纬度，创造了中国航海史上的新纪录。

此次北极科学考察也是历次人数最多的一次。考察队由来自 20 多个单位的科研人员、后勤保障人员、媒体记者、“雪龙”号船员组成，同时还邀请来自美国、法国、芬兰、爱沙尼亚、韩国的 7 名科学家参加，共计 122 人。

考察队员在北极点冰面上进行了冰浮标布放、温盐深剖面探测仪观测、海冰和海水样品采集与生态学观测，获取了 0～1 000 米水深的温盐资料、3 根冰芯样品和一批海水样品，沿途同步进行了海冰分布观测，为本次考察北极海冰快速变化机理和海洋生态系统对海冰快速变化的响应综合研究采集了重要的科学数据。

建立浮冰冰站

中国第四次北极科学考察队到达北极点进行科学考察作业，使中国对北冰洋的考察范围延伸到地球的最北端，说明中国的北极科学考察能力在不断提升。

中国第四次北极科学考察共完成 135 个海洋站位的综合调查、1 个长期冰站的海-冰-气综合考察、8 个短期冰站的考察、1 个北极点站位的观测，考察范围涵盖白令海、白令海峡、楚科奇海、加拿大海盆、门捷列夫海岭、弗莱彻深海平原海域、北极点等海域，南北纵贯 2 300 海里，东西横跨 1 100 海里，范围之广、内容之全、取得的资料和样品之多，以及到达的纬度之高，均创造了我国历次北极科学考察中的新纪录。

第五次

2012 年 7 月 2 日至 9 月 27 日，中国北极科学考察队开展了对北极地区的第五次综合科学考察，实施了中国首次跨越北冰洋的科学考察，乘坐“雪龙”号成功首航北极东北航道和高纬度航

中国北极第五次科考队驶入北极浮冰区

道，圆满完成冰岛访问交流任务，取得了丰硕成果。

2012 年 8 月 24 日，在中国第五次北极科学考察活动中，中国科学家在北极高纬度地区发现新型污染物。最新研究发现，一些新型溴代阻燃剂、全氟烷基化合物等有毒有害物质首次在北极高纬度海区出现。这些新型持久性有害污染物对生物和人类多具有致畸、致癌以及干扰内分泌等特征，它们对北极地区环境和生态系统的影响应当引起更多关注。

中国科学家对大气和海水中传统持久性污染物进行了实际观测和模型预测，最新结果显示原有平衡可能已被打破，包括多种有机氯农药在内的污染物通过海气交换重新释放进入大气，进入食物链从而传递进入北极高等生物甚至人体中。

自中国开展北极科学考察以来，尤其是 2008 年和 2010 年开展第三、第四次北极科学考察后，科学家在海洋大气化学等多个学科领域获得大量重要样品，通过后续样品处理和数据分析得出初步结论，北极地区污染程度总体呈下降趋势。

一直以来，北极地区就是全球气候变化响应最敏感的区域，也是北半球人类活动产生持久性有机污染物的主要“埋葬地”。专家认为，随着北极环境快速变化、海冰融化加剧以及人类活动增加，北极海域可能逐渐从一些传统污染物的“汇集地”变为“源头”。

第六次

中国第六次北极科学考察队于 2014 年 7 月 11 日从上海启程。“雪龙”号总航程约 11 879 海里，最北到达北纬 81°11′50″，西经 156°30′52″。历经约两个半月的考察，全队于 9 月 23 日乘坐“雪龙”号极地科学考察船载誉而归，顺利返回位于上海浦东新区的中国极地考察国内基地码头。

本次考察海域主要位于我国历次北极科学考察的传统考察海域——北冰洋太平洋扇区，包括白令海盆、白令海陆架、楚科奇海、楚科奇海台和加拿大海盆等海域。考察期间，共完成 12 条断面累计 90 个站位作业和 1 个为期 10 天的长期冰站与 7 个短期冰站观测，超额完成各项任务，获得多项重要科学成果。

开展首个短期冰站作业

考察队首次在极地海域开展了近海底磁力测量，获得了 2 条测线 592 千米的高精度、高分辨率地磁探测数据；通过中美国际合作，首次在北纬 80°左右及以北的加拿大海盆波弗特环流区布放了 3 套深水冰基拖曳浮标；完成国内首次海冰浮标阵列布放，共布放 4 组，目前均正常工作。

首次实施海冰浮标阵列布放

通过此次考察，对进一步加强中国对北极环境变化的了解，强化对北极战略地位的认识，提升中国在北极事务中的国际地位均具有重要战略意义。

第七次

在 2016 年 7 月 11 日，“中国航海日”到来之际，中国第七次北极科学考察队乘坐“雪龙”号极地科学考察船从上海启程，出征北极。这是我国“南北极环境综合考察和评估”专项（简称极地专项）中的第三个航次，考察队共 128 人，历时 78 天，总

中国第七次北极科学考察队员在北极

航程 10 000 多海里，并于 9 月 26 日返回上海。

中国第七次北极科学考察也是极地专项的重要现场实施环节，是在之前六次北极考察成果的基础上，继续对我国传统的北冰洋考察海域开展综合观测，既考虑到重复性，又兼顾国际热点科学问题。本次主要开展了物理海洋、海洋地质、海洋化学、海洋生物、海洋地球物理等方面的综合考察活动。考察区域涉及白令海、白令海峡、楚科奇海、楚科奇海台、门捷列夫海岭、加拿大海盆等，这次考察也是首次在门捷列夫海岭开展调查作业活动。

为了解北极海冰的变化规律，考察队一共布放了 40 个冰基浮标，包括利用直升机在加拿大海盆冰面上布放的由 13 个浮标组成的浮标阵列，这是我国历次北极科考构建的最为规则的浮标阵列。这些浮标将随海冰一起移动，并在未来两年内持续记录海冰移动轨迹、冰面积雪累积融化等完整热力学过程。

考察队作业期间共进行了两次冰区水下声学观测实验。每次由“雪龙”号上的发射装置通过高频电台发射信号，考察队员在

中国第七次北极科学考察队员在北极的工作现场

冰站钻孔架设接收设备接收信号，整个过程耗时约 7 小时，目的在于研究声音信号在水下远距离传输过程。

了解北极地区气象要素变化特征是综合认识北极地区环境的重要环节。因此，除了“探海”之外，“探冰”“探空”也是考察队的重点工作之一。除了在甲板、冰站上架设气象站，队员们还在作业期间每天释放 2～3 个探空气球。这是一种需要 2～3 人才能环抱的氦气气球，其尾巴上拴着一个汉堡大小的方形探空仪，最高可飞至 2 万米的高空。气球释放后便可自下而上测量气压、气温、湿度、风向和风速等参数，并用无线电将这些数据实时发回地面接收装置。

我国目前对于极地大气结构特征和变化的观测资料相对匮乏。在极地运用探空气球观测，有助于了解极地大气中高层的结构特征，推断极地天气系统的移动发展，有利于提高极地天气预报的准确率。

考察队在冰站作业期间对冰面融池进行了水文采样、辐射率观测等一系列作业。本次考察所获数据不仅为估算北冰洋融池吸收二氧化碳的程度提供了现场观测数据，还为全面评估融池在北冰洋海洋酸化中所扮演的角色提供重要基础。

本次考察共完成了 35 次大型底栖生物拖网，在楚科奇海台、门捷列夫海岭等海域约 1 000 米水深捕获了许多海星、海蛇尾等棘皮动物，此外还选择典型站位进行了底表微生物、大型藻类及鱼类肝脏和肌肉等样品的采集，得到了许多非常珍贵的样品和数据，为研究北极地区物种生活范围北移等海洋生物问题提供了珍贵的现场资料。

第八次

中国第八次北极科学考察队由 96 名队员组成，于 2017 年 7 月 20 日乘“雪龙”号自上海出发，10 月 10 日返回上海，历时 83 天，总航程逾 20 000 海里。本次考察首次穿越了北极中央航道和西北航道，实现了我国首次环北冰洋科学考察，开展了海洋基础环境、海冰、生物多样性、海洋脱氧酸化、人工核素和海洋塑料垃圾等要素调查，极大拓展了我国北极海洋环境业务化调查的区域范围和内容，对我国北极业务化考察体系建设、北极环境评价和资源利用、北极前沿科学研究作出了积极贡献。

本次考察有以下重要成果：

（1）首次开展环北冰洋考察。

（2）首次穿越北极中央航道，并在北冰洋公海区开展科学调查。

（3）首航北极西北航道，加强国际合作，开展海洋环境和海底地形调查。

（4）首次在北极和亚北极地区开展海洋塑料垃圾、微塑料和

中国第八次北极科学考察首航西北航道

人工核素监测。在环北冰洋各海域共完成 19 个站位的海洋微塑料表层水体拖网作业，采集了 32 个站位的表层水体中的微塑料样品，并获得 27 组海漂垃圾监测数据；获取了 42 个站位表层海水和 20 个站位深层海水的人工核素样共 130 份；采集了 49 份其他新型污染样品。

中国第八次北极科学考察队乘“雪龙”号首航西北航道期间，获取了 21 个人工定点气象观测记录，39 个人工海冰观测记录，2 583 帧海冰形态影像记录，139 轨卫星遥感影像数据；完成 3 042 千米的航渡海底地形地貌数据采集，并在巴芬湾西侧陆坡区完成了 1 400 平方千米区块的海底地形勘测，填补了我国在该海域的调查空白，为我国对西北航道的商业利用积累了第一手资料。作为新增项目，累计完成 17 760 千米的海底地形地貌数据采集。

“雪龙”号于北京时间 2017 年 8 月 2 日至 8 月 16 日，历时 15 天，航程 1 700 海里，顺利穿越北极中央航道，沿途克服穿越中央航道期间的高纬度海域难以及时获取冰情信息、雾天能见度差、冰情变化快、遭遇冰山等诸多不利因素。8 月 30 日至 9 月 6 日，历时 8 天，航程 2 293 海里，首次成功试航北极西北航道，克服了航道曲折、可航通道狭窄、水深情况复杂、水文资料不全、航道内浮冰密集、能见度不良、需要夜航等航行困难。考察队根据动态冰情，多次优化航线，加强低能见度下的全力瞭望，全程手动操作舵盘和俥钟以保证航行方向和速度，并加强了对主机、副机、舵机等重要动力设备和辅助设备巡视检查与维护保养工作，制定各种防范措施，确保中央航道和西北航道的顺利穿越，积累北极航道复杂冰区环境下的航海技术和经验，获取北极航道的第一手资料，为北极航道的开发利用进行了成功的探索。

2017 年 9 月 23 日，中国第八次北极科学考察队完成在楚科奇海的最后一个站位作业后，通过白令海峡进入白令海，顺利完成首次环北冰洋考察。

此次环北冰洋考察中，中国科考队不仅在北冰洋公海区首次沿中央航道开展了全程科学调查，在白令海、楚科奇海、北欧海等海域开展了系统的业务化调查，还填补了我国在拉布拉多海、巴芬湾等海域的调查空白。

本次考察中，科考队员们共实施了 7 个海冰站位和 49 个海洋站位作业，开展了以海洋基础环境、海冰、生物多样性、海洋塑料垃圾等要素为重点的多学科综合调查。科考队收集了丰富的冰芯、岩心及生物样品，获取了大量大气、海冰、海洋观测数据和影像资料，推进了我国北极业务化调查体系建设，为北极航道和生态环境的系统分析与评价积累了第一手珍贵资料。

第九次

2018 年 7 月 20 日，中国第九次北极科学考察启动。本次考察主要在白令海、白令海峡、楚科奇海以及北冰洋中央海区开展考察作业，开展了海洋气象、水文、声学、化学、生物、渔业、地质和地球物理学多学科综合考察。2018 年 9 月 26 日，中国第九次北极科学考察队完成考察任务返回上海。考察历时 69 天，实施了 88 个海洋综合站位和 10 个冰站的考察，冰站数量、冰基浮标以及锚碇观测平台的布放量都是历次北极考察之最，并首次成功布放我国自主研发的无人冰站等无人值守观测装备。

中国第九次北极科学考察

2018 年 8 月 18 至 22 日，考察队在北冰洋首次成功布放我国自主研发的无人冰站系统。考察队选择不同区域的海冰开展了两次布放工作。北京时间 2018 年 8 月 18 日凌晨 4 时起，考察队员开始进行无人冰站的布放工作。布放的这套无人冰站包括 A 型和 B 型两种样机，共四个子系统。历时两日近 10 个小时的紧张作业后，北京时间 19 日 9 时左右，现场布放工作全部结束。考察队员们开始通过便携计算机和铱星电话确认观测数据是否传输

中国第九次北极科学考察航线示意图

成功，随着四个子系统的观测数据全部得到确认，第一次无人冰站的布放工作成功完成。21 日，考察队员们再次“下冰”布放无人冰站；22 日，随着观测数据再次确认成功，中国首套无人冰站布放工作圆满落幕。中国北极冰站观测由此翻开新的一页，这注定将载入中国北极科学考察历史，标志着中国北极冰站观测开始迈入“无人时代”。

2018 年夏季，全球多地包括北极圈的部分地区都出现了高温现象，再次引起了人们对北极环境和气候变化的高度关注。

当前，各国的破冰船船基考察主要集中在夏季这个非常有限的时间窗口，导致对海冰春季融化以及秋季冻结等关键过程缺乏了解，而这些过程对于了解海冰变化极为关键。

作为全球气候变化的“风向标”，北极海冰究竟会如何变化？何时北极的夏天会彻底见不到海冰呢？这是一个目前国际学界热门且具有巨大争论的学术问题，如果能准确刻画出北极海冰快速变化的物理机制，将有助于实现气候模式的进一步优化，从而准确预测北极海冰的未来变化。研究北极海冰变化和海－冰－气相互作用机理需要海－冰－气界面多参数长期基础环境数据，无人冰站正是为解决这一问题而设计的。

此次无人冰站的成功布放，将有助于提高对北极环境变化的监测能力，有助于提升对北极气候及海冰的预测预报能力。此次布放的无人冰站，全称为“北极海－冰－气无人冰站观测系统”，可以实现对北极的海洋、海冰、大气三个界面多个通量的无人值守观测。当科考船不在北极科考时，无人冰站的相关观测是一个非常有效的补充。

通过无人冰站可以获取北极冰区长期连续的数据，这些数据将被应用于北极环境和气候变化机理以及数值模拟研究，有利于提升对北极环境和气候变化的监测能力，提高对北极海冰快速变化的预测精度。此外，作为北极气候研究多学科漂流（multidisciplinary drifting observatory for the study of arctic climate，MOSAiC）计划的参与国之一，中国将全力参与MOSAiC计划。其中，无人冰站系统也作为主要海冰观测技术与重点装备之一，于MOSAiC计划实施期间在北极进行布放。

这套无人冰站是我国自主研发的，能够观测到较为全面的要素。考虑到北极恶劣的自然环境和有限的布放保障支持，设计了由A、B两型样机共四个子系统组成无人冰站的方案。此套无人冰站的A型样机为海洋运动剖面子系统，侧重于观测上层海洋季节变化及其对海冰生消的影响；B型样机包括大气边界层观测子系统、海冰观测子系统和上层海洋子系统，侧重于观测天气过程对海冰和上层海洋的影响。此外，此套无人冰站还包含了多项自主研发的核心技术，如海冰内部光辐射长期观测技术、冰面风

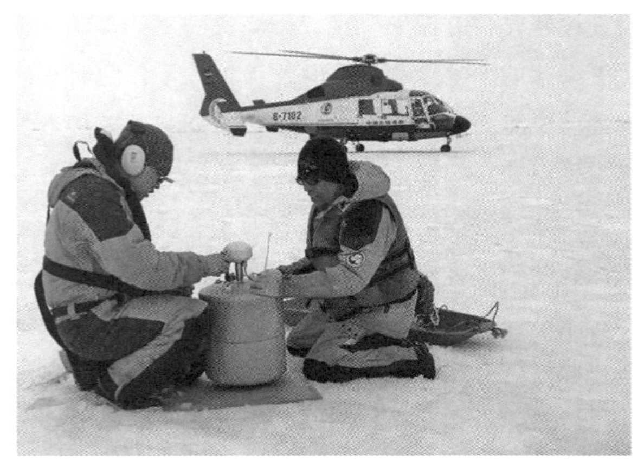

布放海冰综合观测浮标

速观测防冻雨技术和冰下拖曳剖面长期观测技术等。

无人冰站项目启动于 2016 年年中，随后陆续完成了总体方案设计、关键技术研发、样机实验室集成调试和野外现场试验等环节。此次在北极布放的试验样机计划应用 1 年以上。从 1999 年中国首次开展北极科学考察，到 2003 年首次在北极布放观测浮标，再到此次成功布放首套无人冰站，一步步走来，体现着中国北极科学考察能力不断提升。

2018 年 8 月 11 日 6 时左右，29 名考察队员乘坐“雪龙”号极地科学考察船所载的“黄河”艇到达作业区。此次短期冰站为多学科联合作业，队员们在约 6 小时内成功开展了海冰物质平衡浮标布放、海冰物理冰芯采集、海冰温度链浮标布放、光学观测、生物和化学冰雪样品采集等多项科考作业。

本航次为促进中国极地事业发展进一步夯实了基础，为维护和促进北极的和平、稳定和可持续发展作出了贡献。

第十次

2019 年 8 月 10 日，“向阳红 01”号科学考察船从青岛起航，执行中国第十次北极科学考察任务。本次科学考察为期 49 天，航程约 10 300 海里。全体队员于 2019 年 9 月 27 日返回青岛。

“向阳红 01”号为无限航区科学考察船，电力推进，具备动力定位能力，满载排水量为 4 980 吨，续航力为 1.5 万海里，探测深度可达 1 万米，而目前世界上已知的海洋最深处，太平洋的马里亚纳海沟的深度约为 1.1 万米。该船为新一代全球级现代化海洋综合科学考察船，集多学科、多功能、多技术手段为一体，能够满足深海大洋多学科交叉研究需求，是海洋科学基础研究和高新技术研发的海上移动实验室与试验平台。

“向阳红 01”号科学考察船

本次考察紧密围绕北极海域在全球气候变化中的作用等国家需求和科学前沿问题，实施长期原位观测与科研项目考察相结合的海洋综合调查，为 9 项业务化海洋环境监测和 22 项国家科技计划支持项目提供了保障支撑。考察队在白令海、白令海峡、楚科奇海、巴罗海及其他北冰洋夏季开阔海域等区域进行物理海洋、海洋气象、海洋化学与大气化学、海洋生物生态、地质与地球物理等学科的海洋业务化监测为主的综合海洋调查，共完成 58 站次海洋水体综合观测、29 站次底质沉积物采样、21 站次底栖生物拖网、18 站次浮游生物垂直拖网、11 站次生物水平拖网、10 站次微塑料拖网、16 次海雾探空观测，回收和重新布放 2 套锚碇潜标，布放 1 套冰 - 海浮标，布放 3 台水下滑翔机。共获取基础数据 152 G 和各类样品逾 6 640 份，完成了主体工作任务。

第十次北极科学考察为加快建设我国极地观测体系、掌握北冰洋海冰快速减少机理及其气候和生态效应、开展北极地区环境与气候综合评价积累资料，为提高我们对北极的科学认知和应对全球气候变化等提供技术支撑。

在海洋科学考察工作中，深海打捞取样是科学家快速了解海洋的一个重要途径，而动力定位系统可以有效帮助科学考察船在进行深海打捞时保持船身稳定和定位精准，从而更高效地搜索并精准抓取到需要的海底样本。

本航次第一航段，在恶劣的海况下对中印度洋海盆区开展了深海稀土加密调查，在我国前期发现的稀土超常富集区内，进一步圈划出稀土超常富集核心区域，较精密估算了中印度洋海盆远景区稀土的资源潜力，深化了对中印度洋海盆远景区稀土分布范围及成矿规律的认识，使我国成为目前对印度洋深海稀土调查研究程度最高的国家。

本次考察在调查区和走航途中开展了水文气象、地球物理、生物生态、微塑料等多学科综合调查，布放了我国自主研发的白

首次在某海域发现大范围富稀土沉积

龙浮标，收集了宝贵的样品和资料，为评估印度洋的海洋环境、生物生态和气候变化提供了重要数据。

投放白龙浮标

迄今为止，南大西洋中脊绝大多数的热液区和热液异常点都是我国发现和命名的。本次考察的第二、第三航段在南大西洋

700千米长的洋中脊海域开展了热液硫化物精细调查，并取得重大进展。使我国成为目前对南大西洋中脊热液硫化物调查研究程度最高的国家。在南大西洋开普海盆发现了多金属结核，取样和摄像拖体资料显示开普海盆具有一定的多金属结核资源潜力。

此外，还在南大西洋中脊系统地开展了水文气象、海水化学、生物生态等立体化、多学科的综合环境调查。开展了横跨南大西洋的水文调查，获取了横跨南大西洋的水文结构断面数据资料；开展了南大西洋微塑料调查，并检测出海洋微塑料的存在；在南大西洋方舟海山上发现大面积、高丰度的海绵、珊瑚等海底生物，在洵美低海丘上发现热液鱼、盲虾、蟹、海葵等大量热液生物，揭示了南大西洋深海生物空间分布规律与基本特征。

中国北极黄河站

中国对北极的考察一直在有效进行着。

1957年，以竺可桢为代表的我国科学家就曾呼吁，我国地质演变与两极有关，要开展这方面的科学研究，参与极地地质考察活动。

1964年，国家海洋局成立，国务院委派国家海洋局进行南极和北冰洋考察的任务。

国际北极科学委员会是协调北极科学考察的国际组织，它的决策机构是“评议会”。1996国际北极科学委员会于1990年8月28日，在加拿大北极圈内的雷索柳特成立，评议会对一些重大问题做出决定，制订合作研究计划、方针和政策，组织对北极系统的考察和研究工作，办理非北极地区国家的加入事宜，组织委员会以外的广大国家的科学家和国际科学组织的交流及北极科学会议的召开。可以说国际北极科学委员会是环北极国家（加拿大、丹麦、芬兰、冰岛、挪威、瑞典、俄罗斯和美国）成立的一个非官方性的北极科学协调组织，其宗旨是制订北极科学考察研究、环境保护的规划和计划，协调、组织和促进北极地区国家间的科学研究、环境保护及学术交流与合作。从 1991 年以来，已先后接纳非环北极国家，如法国、德国、意大利、日本、荷兰、波兰、瑞士、英国、中国等国家加入，现有成员国为 17 个国家，委员会的常设办事机构在挪威首都奥斯陆。

改革开放初期，20 世纪 70 年代末 80 年代初，以孙鸿烈为代表的一批科技工作者联名向国务院写信，呼吁开展极地科学考察。

1995 年，我国科学家曾以民间组织和民间集资的形式，开展远征北极点的活动。

1998 年 7 月，国家海洋局组织了由专家和船长组成的北极考察团，考察了至北极点的北冰洋航线和自然环境，这些都为中国政府组织的首次北极科学考察奠定了基础。

作为我国第一次由政府部门直接组织的北极科学考察活动，由 124 名考察队员组成的中国首次北极科学考察队于 1999 年 7 月 1 日乘“雪龙”号从上海出发，途经东海、黄海、日本海、鄂霍次克海、白令海，先后在楚科奇海、白令海、加拿大海盆和北冰洋浮冰区、多年海冰区进行了大洋综合调查和冰区综合考察，并于 9 月 9 日回到上海港新华码头。考察队克服了多雾、浮冰、海流、北极熊等困难，行程 14 180 海里，圆满地完成了预定的科考任务。

首航北冰洋的“雪龙”号航行到北纬 75°30′，西经 160°附近，创造了我国航海历史上的最北纪录，其中冰区连续航行2 000多海里，创造了中国船只冰区航行里程的新纪录；考察队在北纬75°附近建立了联合冰站，在面临冰裂的危险下，进行了长达7天的海-冰-气-生物综合观测；考察队部分队员还飞抵最北点——北纬77°18′进行了作业。这次考察获取了大量的科学样品和观测数据。

1999年和2003年，中国政府组织了两次北极科学考察，采集了大量数据资料，获得了对北极的直接认识。经过几代人的艰苦努力，中国在世界极地考察事务中占有了一席之地。然而，与其他主要极地考察国家相比，中国还存在较大的差距。在北极，中国还没有一个固定的立足点，缺乏长期研究的能力。

2001年9月，挪威驻中国大使馆致函邀请中国赴斯匹次卑尔根群岛考察并建站。

2004年7月28日，中国北极黄河站建成。

中国北极黄河站

北极科学考察站的建立，为我国在北极地区创造了一个永久性的科研平台，为解开空间物理、空间环境探测等众多学科谜团提供了极其有利的条件。北极建站后，中国科学家还将建立中国北极卫星常年观测站。

在同一条地球磁力线的南北两端，同时进行极光的观测、对比是各国科学家探寻地球外层空间诸多奥秘的一个途径。由于南极中山站和北极黄河站基本在磁纬 75°上，因此中国科学家可以在南、北两极对极光进行同步追踪和研究。

2018 年 3 月 5 日，中国科学院大气物理研究所一支研究团队对近日出现在北极的热浪进行了初步分析，认为北极地区正在快速升温，但 2 月并非最高气温。

大气物理研究所研究了中国北极黄河站所在斯匹次卑尔根群岛新奥尔松地区的观测资料，指出该地区是北极变暖最快的地区，特别是近 10 年来，2 月最高日平均气温经常高于 0℃。

对北极进行科学考察于我国有着非凡的意义。我国地处北半球，开展北极研究不仅对认识极地系统，进而认识整体地球系统具有重要的科学意义，而且对我国气候、环境、农业、资源等方面的现实意义也是很明显的。北极地区的气候环境过程直接影响我国的气候与环境变化，关系到我国未来国民经济的可持续性发展，中国科学家有必要研究该地区的气候和环境问题。北极地区的公共资源属于全人类，我国有责任、有义务、有能力参与北极地区自然资源的和平利用与保护。

我国经济和社会的发展已经产生了对北极地区自然资源的需求。北极地区是许多科学研究领域的理想场所，中国应该积极参与北极科学研究工作，为人类对自然界和北极认识的进步作出应有的贡献，维护中华民族在北极地区的合法权益。

近年来，我国积极参与北极事务。2013 年 5 月 15 日，两年一度的北极理事会部长会议在瑞典北部城市基律纳召开。会议宣

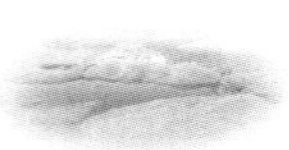

布，接受中国等 6 个国家成为理事会正式观察员国。自 2006 年以来，中国向北极理事会提出申请以来，经过 7 年等待，中国终于从临时观察员成为正式观察员。

北极理事会又译为北极议会、北极委员会、北极协会。北极理事会是由美国、加拿大、俄罗斯和北欧 5 国（挪威、瑞典、丹麦、芬兰、冰岛）8 个领土处于北极圈的国家组成的政府间论坛，于 1996 年 9 月在加拿大渥太华成立，是一个高层次国际论坛，关注邻近北极的政府和本地人所面对的问题。其宗旨是保护北极地区的环境，促进该地区在经济、社会和福利方面的持续发展。

会上，8 个环北极国家的部长们签署了《北极海洋油污预防与反应合作协定》，它将提高北极国家应对漏油事件的能力。这是北极理事会成立以来继《北极海空搜救合作协定》之后的第二份具有法律效力的国际条约。八国部长们还签署了内容更为广泛的《基律纳宣言》，宣言强调了北极理事会在北极事务中的领导作用，经过激烈辩论，北极理事会批准中国、印度、意大利、日本、韩国、新加坡 6 国成为理事会正式观察员国，但欧盟此次被挡在门外。北极事务再次引起世人的关注。

地理意义上的北极地区是指北极圈以北的地区。包括北冰洋绝大部分水域，亚、欧、北美三洲大陆北部沿岸和洋中岛屿，总面积约 2 100 万平方千米，但其中约 800 万平方千米的陆地和岛屿已经由环北极国家分割完毕，我们今天所说的北极之争，实际上是海洋与北极冰盖区的归属争议。除油气资源外，北极地区还发现了世界上最大的铜、镍、钚、钴、铅、锌、金、银、金刚石、石棉和稀有元素等矿产资源。这些地下财富对于饱受能源价格上涨威胁的世界经济而言，意义重大。

北极的陆地和岛屿面积约 800 万平方千米，全部归属 8 个环北极国家，但北冰洋仍属国际公共海域。此外，北冰洋中北极圈内的斯匹次卑尔根群岛的行政主权尽管属于挪威政府，但由于中国政府于 1925 年签署了由海牙国际法庭主持的《斯匹次卑尔根群岛条约》，因此中国人有权自由出入该群岛，并在遵守挪威法律的前提下在那里进行正常的科学和生产等活动。

冰上丝绸之路

欧洲航海家一直在寻找经由北极通往东方的海上贸易之路，北极海域天寒地冻、坚冰阻挡、浓雾弥漫、坏血病及各种疾病频发，被种种因素困扰，使得早期的探索充满了艰辛和不幸，探险家们经过 400 多年前仆后继的奋斗，如今这条被称为“冰上丝绸之路”的北极航道即将迎来商业航运新时代。

迎来商业航运新时代

北极东北航道与西北航道相对应，大航海时代的欧洲航海家从大西洋沿岸港口出发，经挪威海北上，东进穿越俄罗斯与北冰洋毗邻的海域，最后从白令海峡进入太平洋。

早在 11 世纪，科拉半岛和白海海岸的居民为了寻求皮毛和进行捕捞，开始尝试沿着俄罗斯北部海岸向东航行进入喀拉海。

北极东北航道的开辟主要由期望途经北极找到通往东方贸易之路的英国和荷兰航海家所实践。1553 年，英国航海家休·威洛比和理查德·钱塞勒率领船队开始探索这条航道，他们最远到达巴伦支海南面的白海。但除了一艘船得以幸免之外，其余两船上的 70 余人全部遇难。

40 多年后，荷兰探险家威廉·巴伦支连续多次取道北极寻找通往中国的航线。1597 年 6 月，巴伦支探险队因坚冰被困于新地岛，随后巴伦支病逝长眠于这片海域。不过，他在航行中所做的记录、绘制的海图为后来的航海探险家提供了指南。

16 世纪，欧洲殖民国家为了扩大他们的帝国版图和寻求进入东亚地区的贸易路线，开始探索通往神秘东方的路线。16 世纪 50 年代，荷兰人和英国人加入探险行列。因为这条“假想”的航道位于西欧东北方向，故名“东北航道”。

1555 年，英国商业探险公司组织了一次探险性航行，这次他们绕过科拉半岛进入喀拉海，却没有寻找到任何陆地的影子。然而，英国人仍然不甘心。到了 1580 年，他们又派出两艘船进入了喀拉海，企图东进，结果又有一艘船失踪，30 多人死于非命。至此，英国人才被迫放弃打通东北航道的最后希望，而把探索的目光转向了西北方。这些探险队当时希望能绘制出东北航道西部的海图，但结果不是探险队失事，就是迫于恶劣的冰情而返回。

16 世纪，西欧的北极探险终于以荷兰人巴伦支殒命冰海的悲剧而告终。

据不完全统计，到 16 世纪结束的时候，死于北极的探险者至少有 150 人之多，但东北航道仍然没有走通的希望。当西班牙和葡萄牙从东方源源不断运回稀缺物品获得巨大利益时，英国、荷兰探索东北航道的积极性大大下降了，人们对东北航道的探索冷却了两个世纪。

进入 18、19 世纪，因为探险运动和民族主义的兴起，俄罗斯、英国、瑞典、美国及挪威等国再度掀起东北航道的探索高潮。

1725 年 1 月，彼得大帝任命丹麦人维他斯·白令为考察队长，去完成“确定亚洲和美洲大陆是否连在一起”这一艰巨任务。白令和他的 25 名队员自西向东横穿俄国海岸，顺利通过了现在的白令海峡。但是，前后共有 100 多人在探险中死去，其中也包括白令自己。虽然整个东北航道的探险困难重重，但人们并未忘记这条航道，特别是随着欧亚大陆以北的一系列岛屿的相继发现，如何打通东北航道这个问题的答案似乎愈来愈清楚了。

打通北极东北航道的梦想最终由瑞典航海家诺登许尔德率领的国际考察队实现。1878 年 7 月，诺登许尔德从芬兰赫尔辛基出发，来自瑞典、丹麦、意大利和挪威等国的海军和陆军军官以及科学家、医生、工程技术人员和水手组成的庞大国际考察队浩浩荡荡地向东北航道再次冲击，试图完成一次环绕欧亚大陆的历史性航行。

1879 年，他们终于绕过了亚洲大陆的东北角，进入了白令海峡，来自太平洋的海风扑面而来，人类为之奋斗了几个世纪并付出了巨大代价的东北航道终于走通。

20 世纪，人类社会前进的步伐骤然加快，东北航道的利用提上日程。

1904—1905 年日俄战争期间，沙俄意识到东北航道将会发挥一定程度上的军事作用，如经由这条航道移动军舰不但迅速而且高度隐蔽，虽然该计划并未实施，却引发了俄国开发东北航道的科研探险热潮。

1912—1914 年，俄国沿东北航道建立了 3 个无线电站，组建了西伯利亚轮船公司，并且在第一次世界大战期间成功使用这条航道从斯堪的那维亚把货物运至俄国。

1914—1915 年，安德烈·伊波利托维奇·维利基茨基带领船队航行于整个东北航道，这次探险由俄国政府组织，探险获得了富有价值的水文研究成果，并发现了北地群岛。

19 世纪 60 年代以后，在苏联北极地区国际商业开始兴盛。挪威的皮毛商在夏季频繁穿梭于喀拉海，美国捕鲸者及商人已经

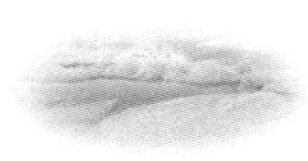

穿过白令海峡经楚科奇海直达叶尼塞河口，并与当地部落进行贸易。东北航道的开发在很大程度上借助于外资，外来投资是促进东北航道开发的主要动因。

1917年十月革命后，苏联政府开始关注东北航道，对东北航道实施了严格的管辖。苏联海商部内专门设置了东北航道管理局，负责航道管理事宜。管理局根据预测的和当时的航行条件以及在指定时间提供冰情、破冰及导航服务的能力，考虑在东北航道通行的申请。苏联立法规定，对违反苏联法律和国际规则的船舶，管理局可提起诉讼或扣压。

至此，从16世纪到20世纪30年代，尽管许多国家探寻、使用并开发东北航道，但由于当时恶劣的冰情和航行安全系数低等情况的限制，航道实际上不具备商业航运价值。直到20世纪60年代，苏联核动力破冰船水平的提高，沿途航行安全体系的初步建设，这条远洋航道开始尝试商业运输。

1967年，苏联在东北航道的国际航线上发出了第一艘货轮。当年7月21日，装载1 800吨货物的苏联“新沃罗涅日”号货轮，从法国勒阿弗尔港开出，经东北航道于8月25日抵达日本横滨。

然而昙花一现后，这条远洋航线重归于沉寂。虽然1997年芬兰油轮曾通过东北航道抵达亚洲，但直到21世纪初，东北航道才真正成为一条初具规模的国际商业航道。

俄罗斯北极物流中心数据显示，2016年经由东北航道航行的船舶共297艘，比上一年增长了35%。业内人士预测，随着北极海冰加速消融，中俄、中欧来往东北航道的船舶将会逐年增多。

2013年，中国远洋海运集团有限公司（简称中远海运集团）

所属“永盛”轮作为中国货轮首次航行在这条航道上。截至目前，该集团旗下的中远海运特种运输股份有限公司在北极东北航道派出船舶10艘、执行多个航次任务。其中，2017年的5艘货船主要承运设备、钢材、纸浆等货物，探索中国商船东北航道的项目化、常态化运行。

东北航道目前的通航时间为3个月左右，9月是航道两侧冰山和浮冰最少的黄金航运期。

随着全球气候变暖、北极海冰加速消融，适于航运的时间将不断变长，沿途基础设施建设也在不断加强，这条东亚与欧洲间距离最短的国际航道正在迎来商业航运新时代。

一路向北到欧洲去，到北美去，这样的场景在不久的将来真要变成现实。中远海运集团近日与俄罗斯诺瓦泰克公司等签订协议，共同推进北极航道商业化运作，打造“冰上丝绸之路”。分析认为，北极航道一旦开通，将大大缩短太平洋与大西洋之间的运输距离，为优化畅通国际贸易大航道、促进世界互联互通及经济增长发挥重要作用。

自20世纪30年代开始，苏联沿着东北航道把北极作为一个整体进行了大量的科研活动，并于20世纪60年代大大提高了核动力破冰船的水平，完善了沿海航行安全体系。随后苏联考虑到航道重要的政治、经济等战略意义，担心外国的介入，遂禁止外国船只通行。挪威、瑞典和美国等国一直坚持国际通行权利，但遭到苏联多次拒绝。

1987年10月1日，戈尔巴乔夫在摩尔曼斯克讲话后，东北航道对外开放，苏联提供服务收取费用。

1991年苏联解体，俄罗斯成为苏联法律和国际条约的继承者。由于东北航道独特的地理位置，其基本由俄罗斯主宰和管

辖。基于这些变化，东北航道管理机构又重新隶属于俄罗斯运输部下面的海洋运输部。俄罗斯积极向国际社会推介东北航道，希望东北航道的开通能够刺激极度萧条的俄罗斯经济，将其作为复兴俄罗斯经济的手段之一，并联合挪威、日本展开了为期6年的研究。但因为当时恶劣的航行状况和俄罗斯索取的“买路钱”过高，东北航道未能引起国际社会的广泛关注。苏联解体后，俄罗斯在黑海已经失去了重要港口，在波罗的海又受到西方的牵制，所以它把注意力转移到东北航道上，甚至比苏联时代更加重视。

在2005年圣彼得堡国际经济论坛会议上，俄罗斯外交部长谢尔盖·维克托罗维奇·拉夫罗夫强调东北航道对于欧亚运输的重要意义，总统弗拉基米尔·弗拉基米罗维奇·普京也不止一次强调东北航道在国际商业运输中的重要作用。

2005年，俄罗斯附近的东北航道畅通，但后来又有冰块阻塞，直至2008年8月中下旬，卫星拍摄的照片显示，西北航道和东北航道第一次同时冰融开通，海冰专家将其形容为“具有历史意义的事件”，代表人类史上首次可绕过北极开展商业航行，由此引发了新一轮东北航道开发热潮。

2009年7月，德国布鲁格航运公司的两艘货船“布鲁格友爱”号和“布鲁格远见”号（两艘都非破冰船）从韩国装货出发，向北航行通过往年因冰封无法通航的东北航道，抵达荷兰鹿特丹港。此次航行在北极航运史上具有重要意义，在一定程度上宣告了一条新商业航道的诞生。

2011年9月，挪威楚迪航运集团使用抗冰货轮装载了41 000吨铁矿石从挪威的希尔科内斯港出发，穿越东北航道，将铁矿石运往中国，开启了具有历史意义的航行。

北极航道是连接太平洋与大西洋的海上捷径。在现有的海洋交通格局中，从东亚到达西欧、北美东岸，或从欧洲到达北美西岸的航线十分遥远，经济成本和时间成本高昂。例如，从东亚到西欧的海洋运输，如果走苏伊士运河，航程为18 000～20 000千米。于是，探寻一条贯穿北冰洋、连接太平洋与大西洋的海上捷径是许多航海家和冒险家孜孜不倦的追求。

事实上，已经有先行者发现了这条捷径，那就是一路向北，横穿北冰洋的北极航道。

不过，出于气候条件原因，这样的航行并没有大规模开展。多年之后，中远海运集团与俄罗斯船运公司的合作目的就是扩大北极航道的商业化、常态化运营，组织亚洲和西欧之间通过北极航道运输货物。俄罗斯诺瓦泰克公司董事会主席列昂尼德·米赫尔松说，希望到2024年北极航道年度运货量达到8 000万吨。

大家达成共识，北极航道的商业化将大大节省中国船运企业的航行成本：过去中国到欧洲国家的船舶基本上都是向南，走马六甲海峡、印度洋过苏伊士运河、地中海这样走。如果航道打通的话，它是向北走，路线的长度会发生重大的变化，走传统线路可能要走将近20 000千米，那么走新打通的航道大约是10 000多千米。对于商贸关系来讲，物流的周转速度会大大加快，降低物流成本，这无疑对整个贸易有极大的促进作用。

北极航道的商业化运营将改变世界海运格局。当然，北极航道常态化运营将受制于北极寒冷的气候，呈现出明显的季节性特征。在北半球的夏季，北极海冰快速消融为北极航行提供了便利，但到了北半球的冬季，巨大的海冰将让北极航道通行变得异常艰难。

有学者认为，虽然相比于低纬度的暖水区域，北极航道每年可通行的期限较短，但北极航道的商业化运营仍将改变世界海运

格局，对国际贸易和世界经济产生深远影响。我们在没有苏伊士运河和巴拿马运河的时候，实际上当年的航行都是绕南美麦哲伦海峡，这样的航线里程是漫长的，耗时长，现在打通北极航道意义不亚于开通苏伊士运河和巴拿马运河，所以它对未来影响巨大。

当前，世界90％的国际贸易是通过商船运输完成的，而中国40％以上的GDP是与船运相关的。对中国而言，北极航道是一条能快速便捷地连接欧洲、北美和俄罗斯市场的新兴海上运输航道，相比传统航道具有节省里程、无海盗干扰、无吨位限制等优势，该航道的开通和迅速有效的发展对中国加强与世界主要经济体之间的经贸往来至关重要。发展北极航道也将为北极资源的开发利用提供便利，同时为中国的海上航线多元化和海运航道战略安全都起到积极作用。北极航道对中国而言还具有综合的地缘战略意义。

北极航道是联系大西洋和太平洋港口的重要航道，是俄罗斯西伯利亚许多城市的生命线，大量燃料、食品和其他物资经由北极航道航线得以补充。1987年运输量达到了高峰的700万吨，但在苏联解体后迅速下降，20世纪90年代末时只有1.5万吨。俄罗斯希望北方航线运输量在2008—2010年间能提高到1 000万吨。从1991年俄罗斯政府宣布东北航道开放以来，对任何国家船只均采取无歧视政策。另外，俄罗斯政府发布了“东北航道航行指南”，现在已译成英文送达各相关国家。

俄罗斯在北极地区的海路运输主要有3种货流：①矿石和金属的传统出口。从诺里尔斯克综合工业区经由叶尼塞河至摩尔曼斯克再出口到国外，其出口利润相当高。②石油天然气出口。这主要集中在巴伦支海和喀拉海的西部，同样是高利润的出口贸易区域。自 2000 年开始，位于伯朝拉海岸的瓦兰杰伊地区的小油轮运输量开始逐渐增加，其中大部分货物运至欧洲。2002 年从白海的几个港口到摩尔曼斯克和西欧的两条新航线也开始发展起来。③食品、燃料、建筑材料和北极居民必需品的进口。俄罗斯为这些物资的进口给予大量的运输补贴以维持其在北极的活动。摩尔曼斯克和阿尔汉格斯克是俄罗斯北海岸居民供给品的主要集散地。其他传统货流，如从西伯利亚出口的木材、煤炭等已经大大减少甚至消失。

另外，作为国际航运一部分的过境运输业务（过境运输指的是他国货物在运送过程中通过本国领土运往另一国的运输）也在大量减少。进入 21 世纪，日本曾考虑使用东北航道从欧洲运输回收的核燃料，但该计划似乎已经取消。

现今，俄罗斯援引《联合国海洋法公约》第 234 条冰封区域的规定，宣称对东北航道拥有管辖权。该条款赋予沿海国单方面制定和执行非歧视性的法律，以及在其专属经济区内执行环保法规的权利。俄罗斯法律规定，所有船舶欲进入东北航道（包括俄罗斯 200 海里专属经济区内的所有区域）应提前提出申请，必须接受俄罗斯的领航和破冰服务，支付固定的航道使用费——常被称为“破冰费”。俄罗斯还声称，位于俄罗斯北极群岛和大陆之间的这些海峡是俄罗斯内水。美国、日本、欧盟方面一直反对俄罗斯单方面控制这些水域，坚持这些海峡应被视为国际海峡，应开放过境通行。

俄罗斯破冰船服务费很高，并且这些费用与实际提供的服务有时没有直接联系。例如，在夏季冰情较轻时，抗冰船可以不需护航而通过航道，但仍需支付全额费用。该收费体制是过境运输业务的一个主要障碍。自东北航道 1991 年对外国船只开放以来，

俄罗斯北极港口

即使在有利于航行的条件下，俄罗斯当局也未出台一个完善的体制来推动使用这条航道。

东北航道过去数百年来一直布满浮冰，几乎无法通行。不过，由于全球气温升高，这一海域的大部分浮冰目前都已融化，使得大型船舶有可能通过这一航道。这条航道很可能成为从东北亚到欧洲的最短航道，航行时间比途经苏伊士运河缩短了30%～40%。

从挪威的希尔科内斯港以及俄罗斯的摩尔曼斯克港出发到中国的上海、韩国的釜山以及日本的横滨港，通过苏伊士运河的距离分别为12 050海里、12 400海里以及12 730海里，如果航速为14节（1节=1.852公里/小时），航行时间分别为37天、38天以及39天。

如果通过东北航道运输，距离将大为缩短，分别为6 500海里、6 050海里以及5 750海里，假设航速为12.9节，需要的时间分别为21天、19.5天以及18.5天。由于距离缩短，燃油成本将大幅减少，因而可以降低二氧化碳的排放量从而减少对环境的污染。此外东北航道还能避开索马里海域越来越猖獗的海盗。

虽然短期内北极航道还需要破冰船开道，暂时不能替代其他航道，但长远来看对未来世界海运的格局将有很大影响。

2004 年，北极理事会进行的北极气候影响评估（Arctic climate impact assessment，ACIA）方案预测，百年内北冰洋在夏季下旬将处于无冰状态。最近，更激进的一些方案认为在 2050 年内北冰洋将是无冰的夏天。

根据 100 年的方案，ACIA 的数据表明东北航道的航行期将从目前的 20～30 天延长到 120 天左右。规模较大、较强的抗冰货轮可能在无护航的情况下运行更长的时间，并且 ACIA 预测在 100 年内，这种货轮在航行季节航行的时间可达 170 天。实际上，那时冰层将比现在更薄，因此航行期也可能比现在预测的更长，同时也会减少遇到多年冰的危险。

中国作为全球第二大经济体，其高速的经济发展带来了巨大的能源需求，东北航道的开通将有利于中国获得北极地区的能源和资源，缓解能源需求的紧张局势。北极地区资源储藏丰富，距离上比非洲、南美洲更接近中国，一旦东北航道全面开通，将大大提高其作为中国能源和原材料海外采购目的地的战略地位。

海运承担了中国 90%以上的国际贸易运输，东北航道的顺利开通，使中国现有东向主干远洋航线上增加一条更为便捷的到达欧洲的航线，不仅减少了海上运输成本，降低和分担了途经苏伊士运河等高政治敏感区所带来的风险，还有利于开辟中国新的海外资源采购地。

此外，东北航道对于中国海外贸易的商业价值也十分明显。随着航道开通，将大大拉近中国与欧洲的距离，导致国际产业布局发生变化，进而影响中国沿海地区产业分工和经济发展战略布局；将成为实实在在的中欧海上捷径，对中国工业中心的重新布局产生巨大影响，中国北方城市将迎来重大发展机遇。

中国的东北经济带，东接朝鲜，北临俄罗斯，将伴随着东北航道的开通改变现状，未来将有可能媲美广东、深圳等沿海地区。由此将会产生东北亚经济重心整体北移，东北亚经济体与欧洲的距离迅速拉近，俄罗斯远东将纳入世界经济发展的中心地带。而东北航道沿岸的俄罗斯、中国、日本、韩国、朝鲜等国家的港口将顺应浪潮，迎来新的发展。

苏醒的“冰上丝绸之路”

2010 年夏天，挪威人伯格·奥斯兰和他的团队利用一艘玻璃纤维三体帆船，成功环绕了北极一周，这是人类首次在一个季节里完成环北极的航行。这次探险是为了见证北极冰的消融，挪威人深切感觉到了北极圈里的白色正在渐渐被蓝色替代。

北极地区过去 5 年的气温平均值达到了 1880 年有记录以来的最高值，这造成了极地的永冻土带向北缩小了近百千米。北极地区的主要积冰带，包括北冰洋的海冰、陆地冰川、极地冰帽和格陵兰冰盖都萎缩到了两千年来的最小范围。

从 1978 年人类开始对北极地区进行卫星遥感监测以来，海冰面积的季节平均值每 10 年递减 6.8%，且 2005—2010 年的下降速度加快了。2011 年 7 月，卫星观测到的海冰面积比前一年同期减少了 21 万平方千米，比 1979—2000 年 22 年同期平均值减少了 218 万平方千米。北极冰正在以每年 1 500 亿吨的速度融化，这使得现在北极地区夏季的冰面面积不到 2000 年时的 1/3。

受来自撒哈拉沙漠的热浪影响，2019 年北半球的欧洲热浪滚滚，欧洲持续高温，温度创下了历史新高。多个国家已经发生严重的人员伤亡事故。

7 月 25 日，英国气温突破历史最高纪录——38. 7℃；7 月 26 日，巴黎气温 42. 6℃同样突破历史最高纪录。而这一周以来，比利时、德国、卢森堡、荷兰的气温同样达到创下历史最高纪录的 41. 8℃，41. 5℃，40. 8℃和 40. 7℃。

然而更让人惊讶的是，连北极圈内北冰洋沿岸的国家和地区都异常炎热！以至于最近一段时间里，北极圈内部分国家的森林都在同时突发各种森林火灾。

说起北极圈，大家往往脑海中第一个蹦出来的是皑皑白雪，北极熊、北极兔等动物穿着厚厚的皮毛在冰天雪地里寻找食物……不过这样美好的画面现在被一场场持续不断发生的火灾逐步毁灭。

2019 年 6 月初以来，北极的格陵兰、西伯利亚和阿拉斯加等地区在全球变暖的影响下，气候比过去更加温暖干燥，加上最近来自撒哈拉沙漠的热浪造成欧洲持续高温，在这两者的结合下，北极圈的部分地区的森林仿佛像一堆易燃的干柴一样，一点就着。到 7 月末，整个北极圈共发生了 100 多起山火火灾。仅 6 月份，山火带来的二氧化碳已达到 5 000 万吨！空气中到处漂浮着树木燃烧后产生的浓厚烟尘，清晰到连卫星影像也能拍到。

处在北极地区的美国、俄罗斯、瑞典等国家近年被火灾搞得苦不堪言，一些火场的面积甚至超过了 10 万公顷（1 公顷 = 10 000 平方米），一场北极圈内最大面积的大火出现了……

俄罗斯北极圈内的地区，过去一直保持着稳定的气温，但是近些年来温度也开始不断上升。在西伯利亚，2019 年 6 月份的平均气温比 1981—2010 年的长期平均值高出近 5. 5℃！

2018 年 7 月末，俄罗斯西北部北冰洋沿岸北极圈内的摩尔曼斯克州境内仅出现两处着火点。然而从 2019 年 7 月开始，北极圈内出现了多处着火点。到当年 9 月，全俄罗斯的 49 个地区中有 11 个地区发生了各种火灾！

最惨的是一些火灾除了会在森林中燃烧之外，北极圈内的土质很多都是泥炭土，这些泥炭土干燥后本身也会燃烧。这种土壤可以让火灾持续燃烧几周，甚至是几个月，人类很难将它们扑灭。

从 2019 年 7 月下旬开始，瑞典各地就陆续发生了多达 80 起的森林火灾，火势异常凶猛，大火从北极圈蔓延到波罗的海。由于处理北极森林火灾经验不足，瑞典不得不出动了大量的空军，甚至启用了制导炸弹来灭火。与此同时还向全球多国发出求助，解决当下的火灾问题以及制定未来的应对措施。

在格陵兰岛，2019 年 7 月 10 日在西西米特出现了第一场大火，后来持续发生的火灾造成格陵兰岛冰盖融化比平常提前了一个月。

格陵兰岛发生火灾

火灾发生后，科学家正在非常紧张地监测北极地区的夏季海冰融化情况，看看它能不能在 9 月前恢复到过去的最低纪录。

在加拿大的北极地区，当地也发生了上百次火灾，无数万公顷林木被大火焚毁。

北极圈持续不断引发的大火释放了大量的烟尘，它们会随风飘散至冰雪表面，阻碍冰雪反射阳光，加速冰雪融化。

世界气象组织正在建立一个山火烟尘的预警机制，希望有助于全面评估相关效应。同时火灾又增加了释放甲烷这种温室气体，提高了对永久冻土进一步解冻的风险，更加刺激了全球气温上升。但最让人担心的是火灾释放了大量的二氧化碳。

科学家监测到：自 2019 年 6 月 1 日至 7 月 21 日，北极各地引起的大大小小的火灾已经释放了大约数十亿吨的二氧化碳，这相当于比利时 2017 年发布的二氧化碳排放总量。这些二氧化碳进入大气层，会让全球气候加快变暖。也就是说未来的欧洲会越来越热，人们将会被迫继续体验“热带”生活，同时北极圈的火灾也会出现得越来越频繁……

虽然引起这些火灾的主要原因是北半球进入夏季，各个国家的气候变得干旱，以及来自撒哈拉沙漠的热浪造成的高温炎热，但是除了气候原因，人类的行为才是主要原因。人类在大气中排放了过量的二氧化碳，造成大气升温，海平面上升，极端天气比过去出现得更加频繁……

即便人类为了控制二氧化碳的排放，多个国家签署了《巴黎协定》，但自 2016 年 11 月 4 日正式生效以来，人类的碳排放量不降反增，在经济发展面前协定就是一张几乎毫无“竞争力”的废纸，遏制气候变化的努力不尽人意。

可见，在金钱面前，地球母亲和人类的未来显得苍白无力……

联合国环境规划署和世界气象组织在2007年的第四次《全球气候评估报告》中认为，自20世纪中期以来观测到的地球平均温度升高的主要原因是地球温室效应。该报告预计，即使世界各国都能够减少二氧化碳的排放量，到2080年，北极地区的秋、冬季的气温仍将升高6～8℃。虽然北极地区的降雪会因此增加，但到2050年，该地区的平均积雪覆盖率将缩小20%。用不了40年的时间，冰封了数万年的北冰洋夏季将无冰可见。

根据最新的气候预测结果，北极海冰的融化速度将是目前的4倍左右，到21世纪中期，北极夏季的海冰有可能完全消失，那时候在北冰洋的航道上将会出现一幅“百舸争流千帆竞，乘风破浪正远航”的繁荣景象。

“一带一路”上的“冰上丝绸之路”

“丝绸之路”起始于古代中国，指连接亚洲、非洲和欧洲的商业贸易路线。狭义的“丝绸之路”一般指“陆上丝绸之路”。广义上又分为“陆上丝绸之路”和“海上丝绸之路”。

“陆上丝绸之路”是连接中国腹地与欧洲诸地的陆上商业贸易航道，形成于公元前2世纪与公元1世纪间，直至16世纪仍在使用，是一条沟通东方与西方之间经济、政治、文化的主要道路。汉武帝派张骞出使西域形成了其基本干道，西汉时期该路线以长安为起点，东汉时期则为洛阳，经河西走廊到敦煌。

“海上丝绸之路”是古代中国与外国交通贸易和文化交往的海上航道，该路主要以南海为中心，所以又称“南海丝绸之路”。

"海上丝绸之路"形成于秦汉时期，发展于三国至隋朝时期，繁荣于唐宋时期，转变于明清时期，是已知的最为古老的海上航线。

"丝绸之路"已成为一个文化符号，唤起人们对历史的记忆。寓意繁荣、友谊、交往、和平。

"一带一路"是"丝绸之路经济带"和"21世纪海上丝绸之路"的简称。它将充分依靠中国与有关国家既有的双多边机制，借助既有的、行之有效的区域合作平台，"一带一路"旨在借用古代丝绸之路的历史符号，高举和平发展的旗帜，积极发展与沿线国家的经济合作伙伴关系，促进区域合作蓬勃发展。共同打造政治互信、经济融合、文化包容的利益共同体、命运共同体和责任共同体。

今天的"一带一路"内容丰富了许多，还包括了拉美国家，如位于南美洲的智利，东与阿根廷相邻，北与秘鲁、玻利维亚接壤，西邻太平洋，由于其位于南美洲最南端，又与南极大陆隔海相望，被当地人称为"天涯之国"，智利是世界上距离中国最遥远的国家之一，智利决定加入"一带一路"倡议，认定拉美是"海上丝绸之路"的自然延伸。

如今，具有划时代意义的是从"一带一路"来到"冰上丝绸之路"。

2013年9月、10月和2017年，中国国家主席习近平分别提出建设"丝绸之路经济带""21世纪海上丝绸之路"和"冰上丝绸之路"的合作倡议。

"冰上丝绸之路"指穿越北极圈，连接北美、东亚和西欧的三大经济中心的海运航道。一般我们所说的北极航道，包括了东北航道和西北航道，两条航道都能穿过北冰洋，连接大西洋和太

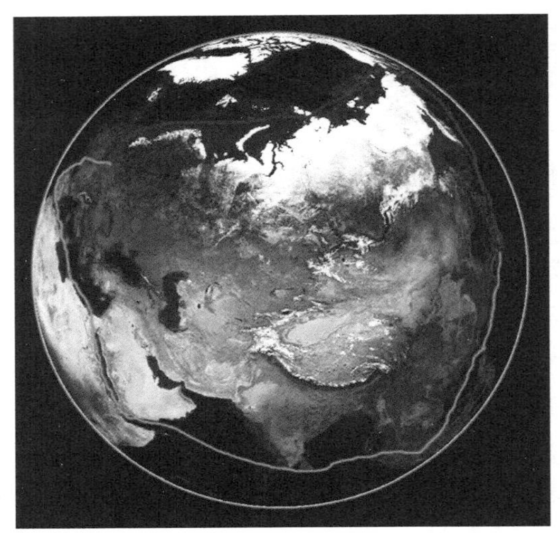

“冰上丝绸之路”

平洋；而中国与俄罗斯合作共建的“冰上丝绸之路”实指东北航道。换种说法，该项举措就是增加一条洋桥航道即“欧美航道”，形成以“构建海洋命运共同体”为主题的国防政策，倡导树立共同、综合、合作、可持续的新安全观。

2017 年 6 月，国家发展和改革委员会与国家海洋局联合发布《“一带一路”建设海上合作设想》（以下简称《设想》）。将“冰上丝绸之路”纳入“一带一路”总体布局。

《设想》提出，中国政府秉持和平合作、开放包容、互学互鉴、互利共赢的丝绸之路精神，遵循“求同存异，凝聚共识；开放合作，包容发展；市场运作，多方参与；共商共建，利益共享”的原则，致力于推动联合国制定的《2030 年可持续发展议程》在海洋领域的落实，与 21 世纪海上丝绸之路沿线各国开展全方位、多领域的海上合作，共同打造开放、包容的合作平台，推动建立互利共赢的蓝色伙伴关系，铸造可持续发展的“蓝色引擎”。

《设想》提出要重点建设 3 条蓝色经济航道：以中国沿海经济带为支撑，连接中国—中南半岛经济走廊，经南海向西进入印度洋，衔接中巴、孟中印缅经济走廊，共同建设中国—印度洋—非洲—地中海蓝色经济通道；经南海向南进入太平洋，共建中国—大洋洲—南太平洋蓝色经济通道；积极推动共建经北冰洋连接欧洲的蓝色经济通道。

中国政府向 21 世纪海上丝绸之路沿线国发出倡议，以共享蓝色空间、发展蓝色经济为主线，以保护海洋生态环境、实现海上互利互通、促进海洋经济发展、维护海上安全、深化海洋科学研究、开展文化交流、共同参与海洋治理等为重点，共走绿色发展之路，共创依海繁荣之路，共筑安全保障之路，共建智慧创新之路，共谋合作治理之路，实现人海和谐，共同发展。

2017 年 7 月 3 日，国家主席习近平与俄罗斯总统普京提出要开展北极航道合作，共同打造“冰上丝绸之路”。

早在 2015 年，中俄总理第二十次定期会晤联合公报中，“冰上丝绸之路”的雏形就已经出现，当时的表述是“加强北方海航道开发利用合作，开展北极航运研究”；到第二十一次定期会晤联合公报中，表述变为“对联合开发北方海航道运输潜力的前景进行研究”；到了 2017 年 5 月举行的“一带一路”国际合作高峰论坛，这一框架就更明晰了。论坛上普京明确说：“希望中国能利用北极航道，把北极航道同‘一带一路’连接起来。”2017 年 7 月 4 日，习近平主席在莫斯科会见德米特里・阿纳托利耶维奇・梅德韦杰夫时，双方就已经正式提出了这一概念：“要开展北极航道合作，共同打造‘冰上丝绸之路’。”

2017 年 11 月，中俄两国再次就打造“冰上丝绸之路”深入交换了意见，达成了新的共识。一是包括中远海运集团已完成多个航次的北极航道的试航；二是两国交通部门正在商谈中俄极地水域海事合作谅解备忘录，以不断完善北极开发合作的政策和法律基础；三是两国企业积极开展北极地区的油气勘探开发合作，正在商谈北极航道沿线的交通基础设施建设项目。

此外，中国商务部和俄罗斯经济发展部正在牵头探讨建立专项工作机制，统筹推进北极航道开发利用。北极地区资源的开发、基础设施的建设，以及旅游、科考等全方位的合作。

中国提出共建“21 世纪海上丝绸之路”“冰上丝绸之路”倡议，就是希望促进海上互联互通和各领域务实合作，推动蓝色经济发展，推动海洋文化，倡导人们要像对待生命一样关爱海洋。面对纷繁复杂的国际挑战，面对国际社会的期待，中国勇担责任，名副其实发挥着稳定锚的作用。

自古以来，俄罗斯对北冰洋的战略布局有过多次调整，但其重要程度未曾下降。北极地区及其大陆架的丰富石油和天然气成为俄罗斯经济未来发展的新增长点。横贯北冰洋的北极航道，一端连着经济发达的欧洲，一端连着经济腾飞的东亚。海上新航线的开通将俄罗斯北极地区与世界经济发达地区相连接，形成新的经济要素，改变俄罗斯资源供给国的全球国际分工地位。

俄罗斯是北极地区的主要国家，拥有丰富的自然资源，拥有在北冰洋最长的海岸线，并控制着亚洲到欧洲的海上最短航道，即北极航道。

俄罗斯总统普京将远东发展提上优先日程，并制定相应的区域发展战略。第四届东方经济论坛以“远东：更多机遇”为主题，其中一项重点议题是讨论俄罗斯远东地区与周边国家的经济合作前景，以及发展远东运输走廊对亚太地区的重要性。俄罗斯视中国为远东开发“最合适的合作伙伴”。2017 年 12 月 8 日，中国在俄罗斯实施的首个特大型能源合作项目——中俄亚马尔液化天然气项目正式投产，这对中俄远东开发合作无疑具有标志性意义。

深入北极圈的亚马尔半岛拥有全世界最丰富的天然气储备，但是因地理和气候原因成为最难开采的气田之一。中俄共建“冰上丝绸之路”，让开采亚马尔冰封的能源成为可能，而中资企业成为这个高难度项目建设和运营的重要力量。

“冰上丝绸之路”中通航环境最好、运输价值最高的是东北航道，该航线的大部分重点航段，也正是“冰上丝绸之路”建设的重点区域。

据测算，“冰上丝绸之路”将使上海以北港口到欧洲西部、北海、波罗的海等港口的航程缩短 25％～55％，每年可节省 533 亿到 1 274 亿美元国际贸易海运成本。

目前，东北航线所在的海域，夏秋两季冰雪消融趋势已达到每 10 年 10％～15％。专家预测，东北航线将会越来越适合航行，适航时间也会逐渐延长，未来甚至有可能实现全面通航。

对于我国来说，共建“冰上丝绸之路”能为中国企业带来实实在在的效益，更是有助于港口发展并缓解我国能源紧张局面。

黑龙江、吉林两省与俄罗斯远东地区接壤，有研究指出，两省若能与俄罗斯远东港口相连，就可通过陆海联运进入“冰上丝绸之路”，向东通往日韩、向西穿越北冰洋驶向北欧，进而极大拓展贸易市场纵深。

如今，俄罗斯“滨海国际运输走廊”建设，正助推东北内陆地区实现“借港出海”的梦想，绥芬、珲春正是获益城市。

“冰上丝绸之路”倡导合作开发北极航道，有助于推动中国东北与俄罗斯远东的联动发展，还将促进朝鲜半岛、日本乃至欧洲地区的互联互通与经贸合作，开辟亚欧合作的新捷径。

韩国提出“新北方政策”和“九桥战略”，在天然气、铁路、港湾、电力、北极航线、造船、农业、水产、工业园区等领域加强与俄罗斯在远东及北极地区的合作，扩大源自俄罗斯远东地区的资源能源的进口，希望在北极航道的发展中占得先机。

北欧国家提出的“北极走廊”计划与“冰上丝绸之路”不谋而合。芬兰、挪威等国计划投资至少 30 亿欧元，建设一条从欧洲内陆经芬兰首都赫尔辛基通往挪威东北端希尔克内斯港的铁路线，在那里与“冰上丝绸之路”会合。一旦航道通畅，来自东亚的货物，可经“冰上丝绸之路”穿过北冰洋运抵北欧，再经“北极走廊”的港口和铁路网输往欧洲各地。北欧在欧亚物流航道中的地位将从目前的“末梢”转变为“门户”。

北极开发与国际治理已成为全球复杂政治与经济关系的重要内容，北极航道在不久的将来可能会成为连接亚洲、欧洲和北美洲市场独特的海上运输航道，并将形成海运交通网络。

中国与北极不只是一个地理概念，而是相互依存、共同发展、紧密联系的关系。“认识北极、保护北极、利用北极和参与治理北极，维护各国和国际社会在北极的共同利益，推动北极的可持续发展。”我国正积极参与北极事务。

中国与北极历史渊源息息相关，积极参与北极国际治理不仅符合自身的重大战略利益，是一种不可推卸责任，而且体现了中国全方位、多层次、立体化的外交布局。参与北极国际治理与开发可以促进中国与北极国家开展全方位的外交，通过实际参与具体国际开发合作项目，实现利益诉求。

2018 年 1 月 26 日，国务院发布《中国的北极政策》白皮书，提出了中国北极的政策主张，倡议各方共建“冰上丝绸之路”，共建经北冰洋连接欧洲的蓝色经济通道。丰富的自然资源储备和开发更短的北极新航线，使北极开发充满了吸引力。

北极航道探险大事年表

公元前 331 年　亚历山大时代的一位天文学家、航海家古希腊人毕塞亚斯从今天的法国马赛出发，于 6 年后进入北极圈，进行有目的的考察，测量了纬度和地磁偏差。

825 年　冰岛僧侣到达北极地区。

860 年　维京人发现了冰岛，并在那里建立了定居点。

870 年　古斯堪的纳维亚贵族奥特到达白海。

920 年　维京人来到格陵兰岛开始定居，但那里的气候一年比一年寒冷，不能种植庄稼，终于 1500 年维京人离开了这块冰冻的岛屿。

1271—1295 年　马可·波罗在中国。

1492 年　哥伦布发现新大陆。

1500 年　葡萄牙人考特雷尔兄弟从纽芬兰岛往北继续航行，后遇难。

1519 年　麦哲伦率领一支由 5 艘船的探险队于当年 9 月 20 日离开西班牙，开始在大西洋的惊涛骇浪中奋力前行。3 年后的 1522 年 9 月 6 日，船队航行 60 440 千米后回到西班牙，完成了人类历史上的首次环球航行。而出发时的 5 艘远洋海船和 200 多名船员，最后只剩下“维多利亚”号和 18 名船员返回，麦哲伦也为此付出了生命的代价。

1553 年　英国航海家休·威洛比率领 115 名船员，驾驶 3 艘船舶，首次探寻北极东北航道。

1555—1580 年　英国商业探险公司对东北航道进行探索，

结果一艘船失踪，30 多人死于非命。至此，英国人才被迫放弃了打通东北航道的最后希望。

1576 年　英国人马丁·弗罗比歇探索西北航道，到达巴芬岛。

1581 年　哥萨克首领叶尔马克·齐莫菲叶维奇·奥莱宁横扫西伯利亚。

1584 年　由荷兰人布鲁内尔领衔的白海商业公司得到了布鲁塞尔一个富商的赞助，开始了深入远东的探险航行。

1587 年　英国西北公司的约翰·戴维斯到达北纬 72°12′。

1594 年　荷兰派出 3 艘船从阿姆斯特丹出发，踏上了远征北极的航程。其中有一艘是由 44 岁的荷兰探险家、航海家威廉·巴伦支指挥，由此开始了他的北极首航。

1596 年　巴伦支第三次出航，6 月 19 日发现了挪威北部的斯匹次卑尔根群岛，此后英国、丹麦、法国等探险家也陆续来到这片土地，由于地理原因，这里慢慢成为人们探险北极的起点。此次发现刷新人类北进新纪录，欧洲探险家首次在北极越冬，次年荷兰探险家巴伦支遇难。

1602 年和 1606 年　英国人两次重探西北航道均失败。

1607 年　亨利·哈得孙首航探索西北航道。

1609 年　哈得孙受雇荷兰再探西北航道。

1610 年　受雇于商业探险公司的哈得孙驾驶着他的航船“发现”号又一次向西北航道发起冲击，探险队到达了后来以哈得孙的名字命名的海湾，其本人后遭船员叛变遇难。

1610 年，英国人乔纳斯·布尔详细地考察了斯匹次卑尔根群岛西岸，确定了英国人的捕鲸生意。

1613 年　英国、法国、西班牙、荷兰一共派出了 30 多条船，多次对斯匹次卑尔根群岛西岸进行了大规模的捕鲸考察。

1616 年　英国人威廉·巴芬发现巴芬湾。

1648 年　哥萨克首领德兹涅夫从西伯利亚远东的科雷马河出发航行到北冰洋，穿过白令海峡。

1697 年　俄国商人到达堪察加半岛。

1703 年　丹麦人维他斯·白令来到俄国。

1725 年　彼得大帝任命丹麦人白令为考察队长，去完成“确定亚洲和美洲大陆是否连在一起”这一艰巨任务。白令和他的 25 名队员自西向东横穿俄国海岸，顺利通过了现在的白令海峡。但是前后共有 100 多人在探险中死去，其中也包括白令自己。虽然整个东北航道的探险困难重重，但人们并未忘记这条航道，特别是随着欧亚大陆以北一系列岛屿的相继发现，如何打通东北航道这个问题的答案似乎愈来愈清楚了。最后，这一殊荣落到了一位瑞典人诺登许尔德身上。

1728 年　白令在彼得大帝任命下从堪察加半岛出航，发现白令海峡。

1741 年　白令航行至阿拉斯加湾，年底遇难。

1755 年　詹姆斯·库克参加英国海军。

1763 年　库克调查拉布拉多、纽芬兰和新斯科舍等岛屿沿岸。

1768—1771 年　库克首次环球航行，发现新西兰、澳大利亚。

1772—1775 年　库克第二次远航，环绕南大洋。

1776—1779 年　库克从太平洋探索西北航道，途中发现夏威夷群岛，命名白令海峡，死于夏威夷。

1803—1815 年　拿破仑战争。

1818 年　《北极航行编年史》出版。英国海军再次派帕坎船长和副手富兰克林打通东北航道；派约翰·罗斯和副手威廉·潘瑞打通西北航道，发现北极因纽特人。

1819—1830 年　英国海军的帕瑞船长多次探索西北航道，冲入冬季冰封的北极海域，差一点就打通了西北航道。

1831 年　英国人詹姆斯·克拉克·罗斯第一次测出北磁极位置。

1845　英国海军部派出富有经验的探险家约翰·富兰克林开始第三次北极航行，船队于 7 月下旬失踪。

1847 年　富兰克林遇难。

1848—1858 年　英国前后开展 40 多次富兰克林救援行动。

1852 年　美国“先进”号机械师凯尼尝试到达北极点失败。

1853—1856 年　克里米亚战争。

1857—1859 年　富兰克林夫人出资组建的搜寻队在大鱼河地区找到富兰克林探险队纸条。

1858 年　瑞典诺登许尔德男爵首次进行北极考察。

1864 年　诺登许尔德男爵开展第二、第三次北极考察。

1867 年　俄罗斯将阿拉斯加卖给美国。

1871 年　奥匈海军上尉魏普雷希特和陆军上尉佩叶乘“泰格早夫”号首航新地岛以北。

1871 年　美国人查尔斯·豪尔到达北纬 82°11′后遇难。

1873 年　“泰格早夫”号第二次航行中发现法兰士约瑟夫地群岛。

1875 年　美国探险家罗伯特·埃得温·皮里、乔治·内尔斯率领的英国探险队在北极的探险历经磨难，终于迫使探险队在饥寒交迫中离场。

1875 年　英国船长南瑞斯发现格陵兰岛和埃尔斯米尔岛最北端。

1876 年　英国人到达北纬 83°20′26″。

进入 18、19 世纪，因为探险运动和民族主义的兴起，英国、瑞典、美国及挪威等国再掀东北航道探索高潮。

1878 年　诺登许尔德男爵率领 4 艘舰艇，乘“维加”号和来自瑞典、丹麦、意大利和挪威等国的海军和陆军军官以及科学家、医生、工程技术人员和水手组成的庞大国际性考察队，浩浩荡荡地向东北航道再次冲击，试图完成一次环绕欧亚大陆的历史性航行，但船队在楚科奇海船只被冻船。

1879 年　诺登许尔德终于绕过了亚洲大陆的东北角，进入了白令海峡，来自太平洋的海风扑面而来，人类为之奋斗了几个世纪并付出了巨大代价的东北航道终于走通。

1879—1881 年　美国海军上尉乔治·德朗用加固游艇“珍妮特”号尝试到达北极点。1881 年德朗遇难，但他发现了北极冰盖运动规律。

1881—1884 年　格雷利探险队刷新北进新纪录北纬 83°24′，全队以悲剧结局。

1882—1883 年　第一次国际极地年。

1888 年　挪威探险家、海洋学家弗里乔夫·南森横穿格陵兰冰盖。

1893 年　南森乘“前进”号出航。

1895 年　南森与约翰逊乘雪橇从冰面到达北纬 85°57′，在法兰士约瑟夫地群岛越冬。

1896 年　南森遇英国探险队，被营救后顺利回国。

1897 年　瑞典人萨洛蒙·安德烈尝试乘坐热气球到北极

失败。

1902 年　美国探险家皮里第一次冲击北极点，当皮里与探险队到达北纬 83°54′时，由于重重冰山的阻拦和拉雪橇的狗群极度疲乏，他们未能到达目的地。

1903 年　挪威探险家罗阿尔德·阿蒙森再走西北航道，到达磁北极点和富兰克林遇难的威廉国王岛。

20 世纪，人类社会前进的步伐骤然加快，东北航道的利用提上日程。

1904—1905 年　日俄战争期间，沙俄意识到东北航道将会发挥一定程度上的军事作用，如经由这条航道移动军舰不但迅速且高度隐蔽，虽然该计划并未实施，却引发了俄国开发东北航道的科研探险热潮。

1906 年　皮里第二次冲击北极点，在他的率领下探险队沿着上一次的路线进入北极地区，比上一次往北多走了 37 千米，可又因道路难行和巨大的冰沟阻挡，不得不折返到出发营地。

1906 年　阿蒙森回到阿拉斯加诺姆港，西北航道首次被走通。

1908 年　皮里第三次挑战北极点，他吸取了前两次的教训，顺利到达了北纬 87°06′。但是，这次胜利在望的探险却因携带的食品不足而功亏一篑。

1909 年　皮里第四次率队出征北极点。4 月 6 日终于到达北极点。

1907—1909 年　美国医生库克冲击北极点。

1912—1914 年　俄国沿东北航道建立了 3 个无线电站，组建了西伯利亚轮船公司，并且在第一次世界大战期间成功使用这条航道从斯堪的那维亚把货物运至俄国。

1913—1915 年　俄国破冰船沿北冰洋完成从太平洋到大西洋航行。

1914—1915 年　安德烈·伊波利托维奇·维利基茨基带领船队航行于整个东北航道，这次探险由俄国政府组织，探险获得了富有价值的水文研究成果，并发现了北地群岛。

1914—1918 年　第一次世界大战。

1917 年　十月革命之后，苏联政府开始关注东北航道，对东北航道实施了严格的管辖。

1920 年　由挪威、美国、英国、瑞典、丹麦、法国、意大利、日本、荷兰等国家在巴黎签署了《斯匹次卑尔根群岛条约》，决定该群岛的主权归属最早发现这片土地的挪威，但各缔约国的公民可以自由进入，如果想要在这里从事正当的生产和商业以及科研等活动，只要遵守挪威法律就可以。

1921 年　列宁成立海洋所，苏联开始大规模北极考察。

1922 年　南森获诺贝尔和平奖。

1923 年　狗拉雪橇首次走完西北航道。

1925 年　中国成为《斯匹次卑尔根群岛条约》缔约国，当年 8 月 1 日规定，缔约国在“承认挪威对斯匹次卑尔根群岛拥有完全主权”的前提下，可以享有在斯匹次卑尔根群岛地域及其领水内的捕鱼、狩猎权，开展海洋、工业、矿业、商业活动的权利和在一定条件下开展科学调查活动的权利。

1926 年　“诺加”号飞艇降落北极点后飞越北冰洋，阿蒙森成为到达南极、北极的第一人。

1928 年　“诺加”号的设计师诺毕尔乘坐“意大利”号飞艇降落北极点后遇暴风雪坠毁。在救援“意大利”号行动中，阿蒙森也献出了生命。

1937 年　第一架飞机降落北极点，苏联建立北极点考察站。

1937 年　载着考察队员的苏联“谢多夫”号“萨特廓”号和“马雷金”号 3 艘破冰船，在新西伯利亚群岛附近遭遇大片浮冰，陷于重围，并随浮冰向北漂流。11 月底，破冰船队漂流到北纬 78°，次年春天又漂至北纬 80°。4 月 28 日，苏联派出 3 架巨型飞机把 148 名船员和考察队员运送回国，在北极地区只留下了少数人员和必需的物资。8 月 28 日又派出了当时最大的破冰船——5 000 吨的“叶尔马”号，到北纬 83°05′接回了“萨特廓”号和“马雷金”号两艘破冰船。“谢多夫”号因船舵损坏而被留在了北冰洋，它载着 15 名船员开始了漫长的漂流。尽管“谢多夫”号伤痕累累，随时都有可能因浮冰和冰群的碰撞和挤压而被压翻，甚至被压碎。但是，考察队员不畏艰险，沉着应战，一次次转危为安，并利用漂流的机会进行了科学考察。

1938 年　苏联北方舰队中最大的破冰船“斯大林”号和另一艘破冰船“里特克”号一同前往北极地区开展营救。

1940 年　1 月 11 日，苏联再次出动“斯大林”号前往营救，并成功救回了全体船员和已损坏的“谢多夫”号。苏联“谢多夫”号破冰船在北冰洋的漂流时间长达 812 天，创造了北极探险史上的空前壮举。

1940—1942 年　加拿大皇家骑警的一艘木质双桅补给机帆船“St. Roch”号从西向东，花了 27 个月走通西北航道。

1939—1945 年　第二次世界大战。

1952 年　美国空军约瑟夫·弗莱彻中校和威廉·贝内迪克特中尉带着科学家艾伯特·克拉里，第一次降落在北极点。

1958 年　美国核动力潜艇“诺特拉斯”号第一次从冰下穿过了北极点。

1959 年　美国“斯凯特”号潜艇第一次在北极点冲破冰层浮出冰面。

1959 年　首个极地轨道卫星“发现者 1 号”发射成功。

1968 年　雪地车首次到达北极点。

1968—1969 年　英国探险队首次步行到达北极点。

1969 年　“曼哈顿”号油轮穿越西北航道将原油从阿拉斯加运抵纽约。

1977 年　苏联核动力破冰船“北极”号首次冲破冰层驶达北极点。

1978 年　日本探险家植村直己乘狗拉雪橇只身徒步进行北极探险，经过险象环生的 57 天，终于在 5 月 1 日到达北极点。

1979 年　7 名苏联科学、探险家携带滑雪板，冒着 −30℃的严寒，从新西伯利亚群岛最北部的根里叶蒂岛出发，向北极进发。行程 1 500 千米，历时 77 天，于 5 月 31 日到达北极点。探险队仅仅依靠滑雪板完成了全程的科学考察，这在人类历史上还是第一次。

1986 年　法国医生爱提尼完成了第一次靠人的体力独身滑雪到达北极点。

1986 年　威尔·斯蒂格率领的威尔·斯蒂格国际极地探险队，队员包括 4 名男性、1 名女性、21 条狗。安·班克罗夫特成为首位徒步到达北极点的女性，布伦特·博迪和理查德·韦伯是首次徒步到达北极点的加拿大人。该探险队为第一支无后援到达北极点的探险队。

1987 年　10 月 1 日戈尔巴乔夫在摩尔曼斯克讲话后，东北航道对外开放，苏联提供服务并对此收取费用。因为自 20 世纪 30 年代开始，苏联沿东北航道一线把北极作为一个整体开展了大量的科研活动，并于20世纪60年代大大提高了核动力破冰船队的技术水平，完善了沿海航行安全体系。随后苏联考虑到航道的重要政治、经济等战略意义，担心外国的介入，遂禁止外国船只通行。挪威、瑞典和美国等国一直坚持国际通行权利，但遭到苏联多次拒绝。1991年，苏联解体后，俄罗斯继承了苏联时期的法律和北极相关的国际条约，俄罗斯的海洋运输部与东北航道管理机构合并。由于当时俄罗斯在黑海失去了重要港口，在波罗的海又受到西方的牵制，因此非常重视对东北航道的管理，甚至超过了苏联时期。

1988年　“Polar Bridge”探险队是一支苏联和加拿大联合穿越北极点的队伍。该队从北西伯利亚出发最终到达加拿大的埃尔·斯米尔岛国家公园保护区，横穿北冰洋，通过北极点。加拿大领队理查德·韦伯成为第一个从两边出发到达北极点的人。该探险队是第一次滑雪横穿北冰洋的队伍。

1991年　秋天，中国学者高登义应挪威卑尔根大学Y·叶新教授的邀请，参加了挪威、俄罗斯、中国和冰岛四国科学家联合的北极综合科学考察，开启了长达10年的中国民间北极科考之路，为政府的北极科考奠定了基础。

1992年　2月14日，加拿大人理查德·韦伯和俄罗斯人米沙·马拉霍夫从加拿大沃德·亨特岛出发。88天之后，他们到达了北纬89°24′。

1999年　7月1日，中国首次北极科学考察队乘“雪龙”号极地科学考察船从上海出发，穿过日本海、宗谷海峡、鄂霍次克海、白令海，两次跨入北极圈，到达楚科奇海、加拿大海盆和多年海冰区，圆满完成了三大科学目标预定的现场科学考察计划任务，获得了大批极其珍贵的样品、数据和资料。满载着中国首次北极科学考察丰硕成果的“雪龙”号，历时 71 天，安全航行 14 180 海里，航时 1 238 小时，于 1999 年 9 月 9 日抵达上海港新华码头。

2003 年　7 月 15 日，中国第二次北极科学考察队从大连出发，途经日本海和鄂霍次克海，进入白令海，北冰洋。本次考察以“雪龙”号为支撑平台，辅以直升机、水面作业艇、冰上车辆延展考察空间，利用卫星跟踪浮标、海洋浮标、潜标、潜水器、卫星遥感等高技术手段以及常规观测设备，开展海洋、冰雪、大气、生物、地质等多学科立体综合观测，圆满完成了预定计划。考察队于 2003 年 9 月 26 日到达上海，历时 74 天，安全航行 12 600 海里，航时 1 010 小时。

2004 年　中国建立了首个北极科学考察站黄河站。

2005 年　圣彼得堡国际经济论坛会议上，俄罗斯联邦外交部长谢尔盖·维克托罗维奇·拉夫罗夫强调东北航道对于欧亚运输航道的重要意义，总统普京也不止一次强调东北航道在国际商业运输中的重要角色。

2005 年　俄罗斯附近的东北航道畅通，但后来又有冰块阻塞，直至 2008 年 8 月中下旬，卫星拍摄的照片显示，西北航道和东北航道第一次同时冰融开通，海冰专家将其形容为“具有历史意义的事件”，代表人类史上首次可绕过北极开展商业航行，由此引发了新一轮东北航道开发热潮。

2008 年　7 月 11 日，中国第三次北极科学考察队乘坐“雪龙”号极地科学考察船从上海启程。本次考察总计 76 天，实际作业时间 40 天，航渡时间 36 天，总行程 12 000 多海里，共计完成 132 个站位的海洋学调查、1 个长期冰站的海-冰-气综合观测和 8 个短期冰站的观测，圆满完成了预定计划。2008 年 9 月 24

日，全体成员回到上海。

2009 年　7 月，德国布鲁格航运公司的两艘货船“布鲁格友爱”号和“布鲁格远见”号（两艘都非破冰船）从韩国装货出发，向北航行通过往年因冰封无法通航的东北航道，抵达荷兰鹿特丹港。此次航行在北极航运史上具有重要意义，在一定程度上宣告了一条新商业航道的诞生。

2010 年　7 月 1 日，中国第四次北极科学考察队乘坐“雪龙”号从厦门启程，前往北冰洋区域执行科学考察任务。这次科学考察围绕北极海冰快速变化机理和北极海洋生态系统对海冰快速变化的响应来进行综合考察，以寻找驱动北极海冰和生态系统变化的因子，预测北极生态系统的变化、评估变化趋势，并制定相关对策。全体成员于 2010 年 9 月 20 日上午乘坐“雪龙”号返回位于上海浦东新区的中国极地考察国内基地码头。本次考察历时 82 天，是我国历次北极科学考察时间最长的一次。“雪龙”号极地科学考察船总航程 12 000 多海里，最北到达北纬 88°26′，这是中国船舶目前所到达的最高纬度，创造了中国航海史上新纪录。

2011 年　9 月，挪威楚迪航运集团使用抗冰货轮装载了 41 000 吨铁矿石从挪威的希尔科内斯港出发，穿越东北航道，将铁矿石运往中国，开启了具有历史意义的航行。北极航道是联系大西洋和太平洋港口的重要航道，是俄罗斯西伯利亚许多城市的生命线，大量燃料、食品和其他物资经由北极航道航线得以补充。1987 年运输量达到了高峰的 700 万吨，但在苏联解体后迅速下降，20 世纪 90 年代末时只有 1.5 万吨。俄罗斯希望北方航线运输量在 2008—2010 年间能提高到 1 000 万吨。从 1991 年俄罗斯政府宣布东北航道开放以来，对任何国家船只均采取无歧视政策。

2012年　7月2日，中国北极科学考察队启程开展了对北极地区的第五次综合科学考察。本次实施了中国首次跨越北冰洋的科学考察，乘坐“雪龙”号成功首航北极东北航道和高纬度航道，圆满完成冰岛访问交流任务，取得了丰硕的成果。2012年9月27日上午，中国第五次北极科学考察队圆满完成科学考察任务凯旋。

2013年　全球有71艘商船通过东北航道。

2014年　在东北航道上进行商业性试航的船舶共计有53艘。

2014年　7月11日，中国第六次北极科学考察队从上海启程。本次考察“雪龙”号总航程约11 879海里，最北到达北纬81°11′50″，西经156°30′52″。考察队于2014年9月23日载誉而归。

2016年　7月11日，在“中国航海日”到来之际，中国第七次北极科学考察队乘坐“雪龙”号极地科学考察船从上海启程，出征北极。这是我国“南北极环境综合考察和评估”专项中的第三个航次，考察队共128人，历时78天，总航程10 000多海里，并于9月26日返回上海。

2017年　7月20日，中国第八次北极科学考察队乘“雪龙”号自上海出发，本次考察队由96名队员组成，10月10日返回上海，历时83天，总航程逾20 000海里。本次考察首次穿越北极中央航道和西北航道，实现了我国首次环北冰洋科学考察，开展了海洋基础环境、海冰、生物多样性、海洋脱氧酸化、人工核素和海洋塑料垃圾等要素调查，极大拓展了我国北极海洋环境业务化调查的区域范围和内容，对我国北极业务化考察体系建设、北极环境评价和资源利用、北极前沿科学研究作出了积极贡献。

2018 年 7 月 20 日，中国第九次北极科学考察启动。本次考察主要在白令海、白令海峡、楚科奇海以及北冰洋中央海区开展考察作业。本次考察开展了海洋气象、水文、声学、化学、生物、渔业、地质和地球物理学多学科综合考察。2018 年 9 月 26 日，中国第九次北极科学考察队完成考察任务返回上海，考察历时 69 天，实施了 88 个海洋综合站位和 10 个冰站的考察，冰站数量、冰基浮标以及锚碇观测平台的布放量都是历次北极考察之最。此外，本次考察还首次成功布放我国自主研发的无人冰站等无人值守观测装备。

2019 年 8 月 10 日，“向阳红 01”号科学考察船从青岛起航，执行中国第十次北极科学考察任务。本次科学考察为期 49 天，航程约 10 300 海里，全员于 2019 年 9 月 27 日返回青岛。

参考文献

[1] 中华人民共和国国务院新闻办公室. 中国的北极政策 [M]. 北京：人民出版社，2018.

[2] 中华人民共和国海事局. 北极航行指南（东北航道）2014 [M]. 北京：人民交通出版社股份有限公司，2014.

[3] 中华人民共和国海事局. 北极航行指南（西北航道）2015 [M]. 北京：人民交通出版社股份有限公司，2015.

[4] 王凯. 向北！还是向北！北极航线的战略价值与展望 [J]. 舰船知识，2016，445：28－32.

[5] 仇昊. 地区开发与军事部署并进美国的北极战略 [J]. 舰船知识，2016，445：33－37.

[6] 陈曦. 来到　观望　征服：苏联北极战略的演变 [J]. 舰船知识，2016，445：38－45.

[7] 仇昊. 聚焦海岭的北极权益博弈：俄罗斯与加拿大的北极战略 [J]. 舰船知识，2016，445：46－52.

[8] 张景涛，刘岳. 极区气象对舰船设计的影响 [J]. 舰船知识，2016，445：53－55.

[9] 许强，钟睿. 最高纬度的炮击：二战时期苏德北极圈内岸炮战 [J]. 舰船知识，2016，445：56－59.

[10] 苏涵. 中国视角看北极 [J]. 舰船知识，2016，446：60－64.

[11] 陆超. 北极海上装备体系初步构想 [J]. 舰船知识，2016，446：65－67.

[12] 陆超. 若只如初见：破冰船的发展与特点 [J]. 舰船知识，2016，

446：68－73.

［13］ 姜永伟. 俄最新型核动力破冰船 22220 型［J］. 舰船知识，2016，446：74－77.

［14］ 姜永伟. 俄“冰山”设计局总裁谈领袖级破冰船［J］. 舰船知识，2016，446：78－79.

［15］ 汉江. 核动力破冰船的代表作“50 周年胜利号”［J］. 舰船知识，2016，446：80－83.

［16］ 汉江. 世界首艘双燃料破冰船：芬兰“北极星号”［J］. 舰船知识，2016，446：84－88.

［17］ 许强，贾子健. 极地潜龙：北极圈内的苏/俄核潜艇动向［J］. 舰船知识，2016，446：89－94.

［18］ 秦昭，赵钢. 北极海路开启［J］. 中国国家地理，2011（12）：30－35，40.

［19］ Ousland B，蔡晔. 用一个夏季环北极航行见证北极海冰的消融［J］. 中国国家地理，2011（12）：36－39，42－50，52－54，56－60，62－64，66－67.

［20］ 三村崇志，徐蒙. 全球冰冻［J］. 科学世界，2019（2）：10－25.

［21］ 迈克·富兰克林. 探索北极［M］. 北京：北京工业大学出版社，2016.

［22］ 吴国盛. 科学的历程［M］. 2 版. 北京：北京大学出版社，2002.

［23］ 埃里克·R. 沃尔夫. 欧洲与没有历史的人［M］. 贾士蘅，译. 北京：民主与建设出版社，2018.

［24］ 维南，陈刚. 海洋工程设计手册：风险评估分册［M］. 上海：上海交通大学出版社，2012.

［25］ 张树义. 探秘亚马孙［M］. 2 版. 南宁：广西科学技术出版社，2014.

［26］ 张树义，等. 行走北极［M］. 南宁：广西科学技术出版社，2014.

［27］《船舶》编辑部. 2017 海洋科学考察船技术高峰论坛论文集.［C］. 上海：上海市船舶与海洋工程学会，2017.

［28］ 胡敦欣，等. 海洋博物馆［M］. 郑州：河南教育出版社，1995.

［29］ 鲁尼．世界人文地图趣史［M］．严维明，译．北京：电子工业出版社，2016.
［30］ 克拉伦斯·格拉肯．罗得岛海岸的痕迹：从古代到十八世纪末西方思想中的自然与文化［M］．梅小侃，译．北京：商务印书馆，2017.
［31］ 杜库姆．船舶知识［M］．孙丽萍，康庄，译．哈尔滨：哈尔滨工程大学出版社，2015.
［32］ 上海中国航海博物馆．人海相依：中国人的海洋世界［M］．上海：上海古籍出版社，2014.
［33］ 巴里·洛佩兹．北极梦：对遥远北方的想象与渴望［M］．张建国，译．桂林：广西师范大学出版社，2017.
［34］ 阿拉斯泰尔·福瑟吉尔，瓦内莎·波洛维兹．冰冻星球：超乎想象的奇妙世界［M］．人人影视，译．2 版．北京：人民邮电出版社，2016.
［35］ 威廉姆斯．改变世界的日子［M］．邱颖萍，吴文智，译．长沙：湖南科学技术出版社，2011.
［36］ 奥顿．改变世界的航海［M］．付广军，译．长沙：湖南科学技术出版社，2011.
［37］ 范厚明，蒋晓丹，刘益迎．北极通航环境与经济性分析［M］．大连：大连海事大学出版社，2018.
［38］ 闫立金，张龑，等．人文海洋［M］．北京：新华出版社，2018.
［39］ 罗伯特·D. 卡普兰．即将到来的地缘战争［M］．涵朴，译．广州：广东人民出版社，2013.
［40］ 刘惠荣，孙凯，董跃．北极蓝皮书：北极地区发展报告（2017）［M］．北京：社会科学文献出版社，2018.
［41］ 钱宗旗．俄罗斯北极战略与“冰上丝绸之路”［M］．北京：时事出版社，2018.
［42］ 国防科学技术工业委员会组织．舰船［M］．北京：宇航出版社，1999.
［43］ 托马斯·B. 柯廷．无人潜水器［M］．船海书局，译．上海：上海交通大学出版社，2018.
［44］ 李巨泰．21 世纪战争走向［M］．北京：长征出版社，2000.
［45］ 宋宜昌．大洋角逐［M］．长沙：湖南人民出版社，1999.

［46］ 王生荣. 海洋大国与海权争夺［M］. 北京：海潮出版社，2000.
［47］ 徐舸，庞继先，高晓星. 大洋巨无霸：21 世纪的航母编队［M］. 南京：江苏人民出版社，2000.
［48］ 靳怀鹏，刘政，李卫东. 世界海洋军事地理［M］. 北京：国防大学出版社，2001.
［49］ B. C. 特列季亚科夫. 21 世纪战争［M］. 北京：军事谊文出版社，2002.
［50］ 吕炳全，李维显，王红罡. 海洋的故事［M］. 上海：上海科学普及出版社，2004.
［51］ 艾伦·普拉格尔，塞尔维亚·厄尔勒. 海洋的故事［M］. 王桂芝，刘建新，马红波，等，译. 海口：海南出版社，2002.
［52］ 孟席斯. 1434：一支庞大的中国舰队抵达意大利并点燃文艺复兴之火［M］. 宋丽萍，杨立新，译. 北京：人民文学出版社，2012.
［53］ 房仲甫，李二和. 与郑和相遇海上［M］. 北京：同心出版社，2005.
［54］ 约翰·R. 黑尔. 海上霸主：雅典海军的壮丽史诗及民主的诞生［M］. 史晓洁，译. 桂林：广西师范大学出版社，2012.
［55］ 埃贝斯迈尔，西格里安诺. 来自大海的礼物［M］. 苏枫雅，译. 北京：中国大百科全书出版社，2012.
［56］ 凯瑟林·库伦. 海洋科学：站在科学前沿的巨人［M］. 郭红霞，译. 上海：上海科学技术文献出版社，2007.
［57］ 哈伍德. 改变世界的地图［M］. 孙吉红，译. 北京：生活·读书·新知三联书店，2016.
［58］ 屠强，等. 千奇百怪的海洋世界·生存篇［M］. 北京：人民邮电出版社，2017.
［59］ 劳拉·李. 天气改变了历史［M］. 林文鹏，蔡和兵，译. 上海：上海科学技术文献出版社，2008.
［60］ 安格斯·康斯塔姆. 世界海盗全史［M］. 杨宇杰，等，译. 北京：解放军出版社，2010.
［61］ 凌立. 人类大历史［M］. 北京：中国友谊出版公司，2019.
［62］ 姜守明，高芳英. 世界地理大发现［M］. 济南：山东画报出版社，2004.

［63］ 拉塞・海宁恩，杨剑．北极合作的北欧路径［M］．北京：时事出版社，2019．

［64］ 喻晓．南极北极：纯净之地的诱惑与召唤［M］．北京：北京理工大学出版社，2016．

［65］ 上海海事局，上海海事大学．极地水域船舶作业国际规则：极地规则［M］．上海：上海浦江教育出版社，2015．

［66］ 斯托克，荷内兰德．国际合作与北极治理：北极治理机制与北极区域建设［M］．王传兴，等，译．北京：海洋出版社，2014．

［67］ 艾尔弗雷德・W．克罗斯比．哥伦布大交换：1492 年以后的生物影响和文化冲击［M］．郑明萱，译．北京：中信出版集团，2018．

［68］ 菲利普・德・索萨．极简海洋文明史：航海与世界历史 5 000 年［M］．施诚，张珉璐，译．北京：中信出版集团，2016．

［69］ 威尔・杜兰特．世界文明史：文艺复兴［M］．台湾幼狮文化，译．成都：天地出版社，2017．

［70］ 罗莎琳・韦德．极地［M］．蒋志刚，等，译．昆明：晨光出版社，2016．

后记

人类对北极的探索是一个永恒的话题，自 20 世纪以来，随着全球气温的上升，北冰洋海冰融化速度逐年加快，人们对北极的认识越来越清晰。穿越北冰洋、连接大西洋和太平洋的北极航道开通后，不仅大大缩短了彼此之间的地缘距离，给人类的生存空间带来极大的方便，而且世界地缘战略海运格局也因此发生了重大变化，迎来了一个“新大航海时代”。

北极作为全球战略重地，拥有丰富的资源。因此，认识北极、研究北极、利用北极具有重大意义。为此，笔者撰写了本书，旨在向社会各界普及北极知识，了解北极的发展与未来。

阅读本书，在纵览北极古老传说以及北极地区生态环境的同时，更对人类寻找北极航道可歌可泣的史实不胜唏嘘。自 16 世纪开始，探险家们就开始了对北冰洋真正意义上的科学探索活动，数以千计的探险家进入北极地区，与酷寒、黑夜、饥饿和疾病展开了艰苦卓绝的斗争，本书全景式地表现了他们的悲壮事迹和开辟北极航道的全过程。

作为一本展示北极地区全貌的科普读物，希望本书的出版能给读者认识、研究北极提供一些有益的启示。

本书所用的图片，多为科考队拍摄采集的资料图片，在此特别感谢中国极地研究中心，但鉴于有些图片为数十年前拍摄的照片，此后又为各种出版物和网站转辗使用，目前已经很难知晓摄影者和图片原所有者的姓名，故无法加以注明。本书出版后，凡认定是本书某照片的所有者，敬请与笔者或出版社联系。